国家社科基金项目（编号：16CJY043）；江西省学位与研究生教育教学改革研究项目"STEAM 理念在学术型研究生跨学科课程教学中的应用探索——以'房地产开发项目前期管理研究'课程为例"等资助

农村土地承包经营权退出的风险识别及防范机制研究

任艳胜　著

经济管理出版社

图书在版编目（CIP）数据

农村土地承包经营权退出的风险识别及防范机制研究/任艳胜著 . —北京：经济管理出版社，2022. 10
ISBN 978-7-5096-8755-0

Ⅰ. ①农… Ⅱ. ①任… Ⅲ. ①农村—土地承包制—产权—风险管理—研究—中国 Ⅳ. ①F321. 1

中国版本图书馆 CIP 数据核字（2022）第 189326 号

组稿编辑：任爱清
责任编辑：任爱清
责任印制：黄章平
责任校对：王淑卿

出版发行：经济管理出版社
　　　　　（北京市海淀区北蜂窝 8 号中雅大厦 A 座 11 层　100038）
网　　址：www. E-mp. com. cn
电　　话：（010）51915602
印　　刷：北京晨旭印刷厂
经　　销：新华书店
开　　本：720mm×1000mm/16
印　　张：14. 25
字　　数：222 千字
版　　次：2022 年 11 月第 1 版　2022 年 11 月第 1 次印刷
书　　号：ISBN 978-7-5096-8755-0
定　　价：89. 00 元

前　言

当前我国处于城镇化快速发展阶段。2019 年我国人口城镇化率达到 60.58%，农业转移人口市民化进程快速推进。当前，新型城镇化推进过程中持续存在农业转移人口"离乡不弃农、进城不退地"等现象，且日益突出。探讨如何更好实现农村土地承包经营权退出刻不容缓。长期来看，农地承包地退出具有重要意义，但应正视现阶段农村土地承包经营权退出可能带来的各类风险。2015 年、2016 年、2019 年国家相继出台一系列通知或意见等强调引导农户自愿有偿退出农村承包地，2020 年 11 月《中共中央关于制定国民经济和社会发展第十四个五年规划和二〇三五年远景目标的建议》再次提及农村土地承包经营权退出。同时，近年来成都、重庆、武汉、苏州等地陆续开展农村土地承包经营权退出试点工作，但在实践中，我国很多地方存在退出政策制度不完善、政府作用不够等，导致退地农户利益易受侵害，经济发展、环境保护、社会稳定等可能面临威胁；而目前国内外有关如何减少或解决及农村土地承包经营权退出风险问题的系统性研究还很少，退出土地承包经营权的风险防范机制及政策制度等研究迫在眉睫。

基于上述背景，本书依据风险管理理论、系统论、制度变迁理论及农地产权理论等，从理论上构建农村土地承包经营权退出的风险识别及防范分析框架，并据此进行风险识别与评价、构建风险防范机制等。本书的核心内容主要包括以下四个方面：

第一，农村土地承包经营权退出风险应对国内外实践经验及启示。要尊重农民主体地位、强化退地资格审查、注重退地老年农民长远生活，因地制宜根据各地实际情况创新退地风险防范机制或措施，强化政府担当，充分发挥政府及市场作用，重视中介组织等多主体协同应对退地风险，完善退地财政金融等配套体系，健全法律法规体系，重视权利保障与退地利用相结合。

第二，农村土地承包经营权退出的风险识别。退地风险点识别及导致退地风险高低的主要影响因素的识别是农村土地承包经营权退出风险识别的两个主要任务；农户退出土地承包经营权的风险可能向国家宏观层面风险扩散，须综合多方法识别以农户为分析视角的土地承包经营权退出风险。可将导致退地风险发生或扩大的影响因素识别研究转化为对农户退地风险认知的影响因素分析，采用有序Probit模型从退地主体、退地外部环境、退地客体、退地补偿保障四个维度开展实证研究。

第三，农村土地承包经营权退出的风险评价。退地风险评价是在退地风险识别基础上，对土地承包经营权退出发生不利影响的可能性及其严重后果的综合评价。通过专家调查法并结合模糊综合评判法评价土地承包经营权退出风险结果为：区域内农村土地承包经营权退出总风险偏高，自然生态风险为中等水平，农民权益与能力损失风险、社会风险、制度风险、粮食安全风险等也处于较高状态，在风险防控中须重点关注这些较高的退地风险。

第四，农村土地承包经营权退出风险防范机制构建及政策制度设计。依据风险管理理论、农地产权理论等，明确农村土地承包经营权退出风险防范机制主要由退地风险预警预防机制、监控机制、处理机制等三部分组成，构建该机制须充分发挥政府作用，但也必须依靠市场机制，建立全过程动态退地风险预警预测及监控机制，构建退地履约保险制度等多主体市场化模式实现风险分担。农村土地承包经营权退出风险防范政策设计要在我国当前基本法律法规框架下，注重与现有政策制度衔接，将农户风险认知纳入退地风险应对政策制度设计中。

本书是我主持的国家社科基金"农村土地承包经营权退出的风险识别及防范机制研究"结题报告。主要负责全书逻辑构建、思路把控、关键章节撰写及修改统稿；学生贺建建参与撰写第二章，黄燕玲、陈思羽参与撰写第三章，谢建峰、陶慧妹参与撰写第四章，姚浩宇参与撰写第五章，吴晨参与撰写第六章、第七章、第八章，吴晨、张雨朦参与撰写第九章。对上述同学表示衷心感谢！因时间所限，书中难免出现纰漏、错误或不妥之处，敬请广大读者批评指正。

在此要感谢江西省自然资源厅征地处、利用处及江西省农业农村厅宅改办、湖北武汉市黄陂区自然资源与规划局等部门领导及武汉黄陂区农村改革试点区、南昌高新区及吉安市吉水县等地乡镇、村组及农户等，他们对课题调研给予热情周到的配合与帮助，没有他们的支持，课题组不可能获得翔实的一手材料和数据。

感谢问卷调研组每位同学，杨祺、彭纪林、胡艳萍、姜琴、黎琪、周文婷、梁玲、李秀江、钟美兰、何玉洁、许雪婷等同学认真刻苦、不怕劳累，奔波在城郊或农村腹地调研。特别感谢湖北海多星地理信息工程有限公司李晓龙总经理、黄陂区自然资源与规划局王庆主任、吉水县城王锋书记，他们三位为我们课题研究和调研提供了强有力的支持。还有其他许多值得感谢的有名或无名的村支部书记、受访农户等，由于各种原因不能一一列举，在此一并表达谢意。出版本书最大的希望是读者能从本书中有所收获或启发，政府相关部门或基层领导能从本书中获得一些智力支持，让更多农户共享改革红利、国家更好防范土地承包经营权退出风险。

感谢父母、妻子在我写作过程中的无私付出和大力支持，使我能够全身心地投入工作而不用担心家事。感谢女儿的可爱与懂事，使我始终拥有无穷无尽的力量完成写作。最后，感谢经济管理出版社的大力支持，感谢任爱清编辑的辛勤付出和专业精神！

任艳胜

2022 年 8 月于南昌

目　录

第一章　导论 ……………………………………………………… 1

第一节　研究背景及意义 ………………………………………… 1

一、研究背景 …………………………………………………… 1

二、研究意义 …………………………………………………… 5

第二节　研究主要目标 …………………………………………… 6

第三节　研究思路与技术路线 …………………………………… 7

第四节　研究内容与数据来源 …………………………………… 8

一、研究内容 …………………………………………………… 8

二、数据来源 …………………………………………………… 9

第五节　研究重点及难点 ……………………………………… 11

一、研究重点 ………………………………………………… 11

二、研究难点 ………………………………………………… 11

第六节　主要研究方法 ………………………………………… 11

第七节　可能的创新及研究不足 ……………………………… 13

一、可能的创新 ……………………………………………… 13

二、研究不足 ………………………………………………… 13

第二章　文献综述 ……………………………………………… 15

第一节　农村土地承包经营权退出研究 ……………………… 15

一、农村土地承包经营权退出内涵及影响因素 …………… 15

二、农村土地承包经营权退出原因及意义 ·················· 18

三、农村土地承包经营权退出障碍 ····················· 19

四、农村土地承包经营权退出的政策机制 ··············· 22

第二节 农村土地承包经营权退出风险研究 ················· 24

一、农村土地承包经营权退出的风险构成 ··············· 25

二、农村土地承包经营权流转或退出风险的生成机理 ········· 27

三、农村土地承包经营权退出的风险认知影响因素 ·········· 28

四、农村土地承包经营权退出或流转风险的定量分析 ········· 28

第三节 农村土地承包经营权退出的风险应对政策机制研究 ······ 29

一、构建风险防范机制 ··························· 29

二、完善法律法规、提升农民意识 ·················· 30

三、加强政府调控监管 ························· 31

第四节 研究述评 ··························· 32

第三章 研究基础理论 ························· 33

第一节 概念界定与研究范围 ····················· 33

一、概念内涵 ······························· 33

二、研究范围 ······························· 38

第二节 理论基础 ··························· 41

一、风险管理理论 ···························· 41

二、系统论 ······························· 42

三、制度变迁理论 ···························· 44

四、农地产权理论 ···························· 46

第三节 理论分析框架 ························· 47

一、农村土地承包权退出风险识别 ·················· 48

二、农村土地承包权退出风险评价 ·················· 49

三、农村土地承包权退出风险防范机制 ················ 50

本章小结 ································· 50

第四章　农村土地承包经营权退出风险应对的国内外实践经验及启示 ……… 51

第一节　国内试点或实践经验与不足 …………………………………… 51

一、宁夏回族自治区平罗县 …………………………………… 51

二、四川省内江市 ……………………………………………… 52

三、重庆市梁平县 ……………………………………………… 53

四、贵州省湄潭县 ……………………………………………… 54

五、成都市温江区 ……………………………………………… 55

六、浙江省嘉兴市 ……………………………………………… 55

七、江苏省苏州市 ……………………………………………… 56

八、武汉市黄陂区 ……………………………………………… 57

九、台湾地区 …………………………………………………… 58

第二节　国外实践经验总结 ……………………………………………… 59

一、美国 ………………………………………………………… 59

二、法国 ………………………………………………………… 60

三、日本 ………………………………………………………… 60

四、韩国 ………………………………………………………… 61

五、越南 ………………………………………………………… 61

六、拉丁美洲 …………………………………………………… 62

第三节　国内外实践启示 ………………………………………………… 63

一、尊重农民主体地位、强化退地资格审查、注重
退地老年农民长远生活 …………………………………… 63

二、因地制宜根据各地实际情况创新退地风险防范机制或措施 …… 64

三、强化政府担当、充分发挥政府及市场作用 ………………… 65

四、重视中介组织等多主体协同应对退地风险 ………………… 66

五、完善退地财政金融等配套体系 ……………………………… 67

六、健全法律法规体系、重视权利保障与退地利用相结合 …… 67

本章小结 …………………………………………………………………… 68

第五章　农村土地承包经营权退出的风险点识别 ············· 69

　第一节　农村土地承包经营权退出的风险点识别原则 ········· 69

　　一、客观全面原则 ································· 70

　　二、合理合规原则 ································· 70

　　三、科学测度原则 ································· 70

　第二节　农村土地承包经营权退出的风险点识别方法 ········· 71

　　一、主要风险识别方法分析 ························· 71

　　二、退地风险点识别方法选择 ······················· 72

　第三节　退地风险点及表现 ··························· 73

　　一、农民权益与能力保障损失风险 ··················· 73

　　二、社会风险 ····································· 76

　　三、自然生态风险 ································· 78

　　四、制度风险 ····································· 80

　　五、粮食安全风险 ································· 81

第六章　导致农村土地承包经营权退出风险的影响因素识别 ····· 83

　第一节　农村土地承包经营权退出风险的生成机理 ··········· 83

　　一、退地相关利益主体间信息不对称 ················· 83

　　二、退出农户抗风险能力不足、农户农地产权重要性被低估 ······· 84

　　三、退地环境待优化 ······························· 85

　　四、社会管理体制不完善 ··························· 85

　第二节　分析框架 ································· 86

　第三节　理论基础与研究方法 ······················· 88

　　一、理论基础 ····································· 88

　　二、研究方法 ····································· 94

　第四节　结果估计与讨论 ··························· 95

　　一、变量选择与描述性统计 ························· 95

　　二、模型检验 ····································· 105

　　　三、结果分析 ……………………………………………………… 107

　本章小结 …………………………………………………………… 111

第七章　农村土地承包经营权退出的风险评价 ………………… 112

　第一节　风险评价方法选择 ……………………………………… 113

　　　一、国内外风险评价方法总结 ……………………………… 113

　　　二、退地风险评价方法选择原则 …………………………… 115

　　　三、退地风险评价方法选择 ………………………………… 116

　　　四、灰色模糊综合评判方法的基本原理和步骤 …………… 118

　第二节　农村土地承包经营权退出的风险评价实证 ………… 124

　　　一、建立评价指标集 ………………………………………… 124

　　　二、确定评价指标的权重和灰度 …………………………… 125

　　　三、建立评价集 ……………………………………………… 131

　　　四、构建二级指标的灰色模糊评判矩阵 …………………… 131

　　　五、一级指标灰色模糊评判 ………………………………… 132

　　　六、总指标灰色模糊评判 …………………………………… 135

　本章小结 …………………………………………………………… 137

第八章　农村土地承包经营权退出的风险防范机制研究 ……… 138

　第一节　退地风险防范机制内涵与框架建立 ………………… 138

　　　一、内涵与内容构建 ………………………………………… 139

　　　二、分析框架与流程 ………………………………………… 141

　　　三、机制构建目标 …………………………………………… 141

　　　四、机制构建原则 …………………………………………… 142

　第二节　退地风险预警预防机制 ……………………………… 143

　　　一、风险预警预防机制构建 ………………………………… 143

　　　二、风险预警预防路径 ……………………………………… 147

　第三节　退地风险监控机制 …………………………………… 152

　　　一、风险全过程动态有效监管 ……………………………… 152

二、注重风险缩减 ·· 153

三、构建风险多主体内外协同监控模式 ····················· 154

第四节　退地后风险处理机制 ···································· 155

一、完善纠纷调解机制及各主体利益诉求表达机制 ······· 155

二、施行退地风险分摊（或分担） ····························· 157

三、多主体协同化解退地风险 ··································· 158

第九章　农村土地承包经营权退出的风险防范政策保障及制度设计 ····· 160

第一节　政策建议 ··· 161

一、丰富多元化补偿模式、缓解退地农民权益与能力
保障风险 ··· 161

二、协调各参与主体社会关系、化解农地退出社会风险 ····· 164

三、贯彻生态文明理念、重视可持续发展、降低退地自然
生态风险 ··· 167

四、有效降低制度风险、完善退地法律法规 ················ 170

五、完善政府职能、坚持市场化方向、强化退地后粮食安全 ····· 171

六、大力发展农村集体经济、强化基层治理、促进乡村振兴 ····· 174

第二节　制度设计 ··· 176

一、优化退地风险的绩效考核制度 ····························· 177

二、退地供需方安置联动制度 ··································· 177

三、完善退地风险防范市场机制 ······························ 178

四、积极培育农地退出中介组织体系 ························· 179

五、建立土地承包经营权退出反悔机制 ····················· 180

六、探索风险保障金制度等资金保障体系 ·················· 181

七、常住退地农户均等享有城镇基本公共服务 ············ 182

八、农业转移人口市民化下户籍制度 ························· 184

参考文献 ··· 186

第一章 导论

第一节 研究背景及意义

一、研究背景

当前我国正处于城镇化快速发展阶段。国家统计局资料表明，1949～1978年，我国农村地区的城镇人口仅由 10.64% 增加到 17.92%，每年平均提高 0.3%。而 20 世纪以来，我国农村和城镇人口数量已经增长了 4.8 倍。2012～2018 年我国人口城镇化率已由 52.57% 上升到 59.58%，2019 年我国人口城镇化率达到60.58%，农业转移人口市民化进程快速推进。同时，虽然大量进入城市或城镇的农民被认定为城镇人口，但实际上并没有完全城镇化。由于土地、户籍问题没有得到有效解决，许多农民虽然长期工作生活在城镇，却仍保留着农村户籍与农村土地，尚未实现从农民到市民身份的转变，从而出现"半城市化"现象；"半城市化"又会导致"空心村"形成、土地资源浪费等问题。同时，当农村劳动力流入城市后，不少农村地区出现劳动力不足、农地撂荒面积增加等问题。

截至 2015 年底，全国 31 个省（区、市）农用地面积 96.82 亿亩、建设用地面积 5.79 亿亩，与 2014 年底相比全国农用地面积净减少 426.3 万亩、建设用面积净增加 713.5 万亩①。我国不少地方农民入城务工挣钱后，纷纷返回老家，在农村置地建房或在自己宅基地上增加建房面积，导致农村建房规模加大。而同时，我国耕地总面积则从 2010 年的 21.36 亿亩降至 2017 年的 20.23 亿亩，7 年间全国减少耕地面积达到 1.13 亿亩②；近年来每年还要进口超过 1 亿吨粮食，2018 年我国进口 8800 多万吨大豆，成为全球最大的大豆进口国，大豆对外依存度更超过 80%③，必须高度重视我国粮食安全及由此产生的土地资源合理配置等问题。

国家统计局调查显示，2015 年我国约有 27747 万农民工，其中外出农民工占 60.85%，约为 16884 万人④，据统计，2018 年我国 2.88 亿农村转移劳动力中有 7533 万农民工已在城镇稳定就业，但仍有 83.6% 的农民工希望进城定居并保留其农村承包地⑤；到 2020 年，全国将有大约 1 亿农业人口进城落户，我国当前新型城镇化发展过程中持续存在农业转移人口"离乡不弃农、进城不退地"现象，且日益突出（高强和宋洪远，2017）；这些都在很大程度上直接影响我国实现农业转移人口的"离农离土"（张广财等，2020a），对快速推进我国新型城镇化高质量发展、实现经济社会协调可持续发展带来隐患。根据日本、韩国等发达国家城镇化与农村发展经验教训，实现进城转移农户与自家农地分离，防止农地和农业劳动力配置的扭曲，将会避免陷入兼业化老龄化的"日韩陷阱"及最终的农业萎缩困境（速水佑次郎和神门善久，2003；刘同山，2016a；董欢，2017）。因此，探讨如何更好地实现农村土地承包经营权退出，有助于促进农村农业发展、优化农村土地资源配置、推进农业转移人口市民化进程。

农村土地承包经营权退出是在我国新型城镇化快速发展背景下提出的，我国已具备探索农村土地承包经营权退出机制的历史条件，迫切需要通过扩大试点积累经验，打通城乡间要素流动通道，以在更大范围内优化配置资源（宋洪远，2017）。2011 年 2 月，《国务院办公厅关于积极稳妥推进户籍管理制度改革的通

① 吕苑鹃. 全国耕地面积继续维持在 20.25 亿亩 [N]. 中国国土资源报，2016-08-11（001）.
② http：//www.xinhuanet.com/politics/2017-06/14/c_1121141738.htm http：//www.xinhuanet.com/politics/2018-06/26/c_1123034843.htm.
③ https：//baijiahao.baidu.com/s? id=1639081326320753222&wfr=spider&for=pc.
④ 文乐. 城镇化进程中的土地供给、房价与农业转移人口市民化研究 [D]. 华中科技大学博士学位论文，2017.
⑤ 国家统计局. 2018 年农民工监测调查报告 [J]. 农村工作通讯，2019（11）：40-43.

知》颁布，标志着我国承包地处理机制进入全面自愿有偿退地阶段（金励，2017）。21世纪以来，尤其是2014年中央一号文件的提出，我国农地实现从"两权"分离过渡到了"三权分置"（黄祖辉，2009），"集体土地所有权继续保留、农户承包权退出、经营权放活"格局将是我国农村土地"三权分置"未来的演化方向（张克俊，2016）。

当代中国社会正步入风险社会，甚至可能进入高风险社会（薛晓源和刘国良，2005），同时，我国非市场配置等土地管理体制带来的经济与社会风险等日益增加（刘守英，2012），长期来看，尽管承包地退出具有重要意义，但也应正视现阶段农地退出带来的潜在风险（王常伟和顾海英，2016），必须对农村土地承包经营权退出保持足够谨慎的态度。20世纪70年代末至2000年前后国内极少研究农地退出的风险问题，2014年我国提出农村土地"三权分置"后，农地承包经营权退出实践及研究中风险内容逐渐增多。政府及社会应高度重视如何有序引导农民自愿退出农村土地承包经营权，切实防控退地风险，充分保障退地农户土地权益等。

2015年8月，国务院办公厅出台的《关于加快转变农业发展方式的意见》中明确提出探索土地承包经营权自愿有偿退出，但该意见仅提出开展农村承包经营土地有偿退出试点，未能给予明确政策说明（杨照东等，2019）；2015年11月，中共中央办公厅、国务院办公厅印发的《深化农村改革综合性实施方案》明确规定，"在有条件的地方开展农民土地承包经营权有偿退出试点"；2015年12月，党的十八届五中全会提出维护进城落户农民土地承包权、宅基地使用权、集体收益分配权，支持引导进城落户农民依法自愿有偿转让上述权益。2016年8月，国务院《关于实施支持农业转移人口市民化若干财政政策的通知》中明确要求，"逐步建立进城落户农民在农村的相关权益退出机制，积极引导和支持进城落户农民依法自愿有偿转让相关权益"；2016年10月，中共中央办公厅、国务院办公厅印发了《关于完善农村土地所有权承包权经营权分置办法的意见》，其中明确提出"农户有权依法依规就承包土地经营权设定抵押、自愿有偿退出承包地"。2019年11月，《中共中央 国务院关于保持土地承包关系稳定并长久不变的意见》中明确提出，"维护进城农户土地承包权益，现阶段不得以退出土地承包权作为农户进城落户必要条件……对承包农户进城落户的，引导支持其按照自愿有偿原则依法在本集体经济组织内转让土地承包权或将承包地退还集体经济组织"。2020 年 10 月,《中共中央关于制定国民经济和社会发展第十四个五年规划和二〇三五年远景目标的建议》中再次提及农村土地承包经营权退出问题,强调要"保障进城落户农民土地承包权、宅基地使用权、集体收益分配权,鼓励其依法自愿有偿转让"。

近年来,我国成都、重庆、武汉、苏州等地陆续开展农村土地承包经营权退出试点工作,但在实践中,我国很多地方存在退出政策不完善、政府作用发挥不够、补偿和保障资金不足等诸多问题,导致在退出农村土地承包经营权时农户利益受到侵害,再加上市场经济波动、城乡二元经济体制影响等,给农户带来不确定影响,农户退出退地可能面临风险。虽然我国征地农民社会保障政策总体较完善,但有关自愿退出土地承包经营权农户的社会保障配套政策尚不足,如宁夏平罗县退地保障实践中的主要问题就是退地补偿标准低、农民积极性不高(童彬,2017),浙江绍兴、重庆、陕西等地土地承包经营权退出实践普遍面临农民对退地补偿不满意等问题(高佳,2016)。此外,退地资金不足已成为农地承包经营权退出改革最大瓶颈之一。政府或村集体在一定时间内常无法承担高额农村退地周转费,例如,在重庆梁平国家农业改革试验区,农户自愿退出土地承包经营权所需总补偿金远超过该村集体所能筹集到的资金,村集体无法短时间内筹集足够资金满足农民一次性支付补偿金的要求,退地后农民失去土地保障但一时又拿不到补偿金,产生了一系列矛盾或风险问题。总之,长期来看,作为一项符合中国农村新时代发展要求的制度创新,农村土地承包经营权退出是从更深层次打破传统农村经济体制、实现农业现代化发展的重要制度,具有重要意义,但必然会带来诸多风险,应正视我国现阶段农户退出土地所导致的潜在风险(王常伟和顾海英,2016)。

有学者认为,如果相关立法滞后、社会保障制度不健全、补偿机制不合理,农民永久性失去土地承包经营权后就会产生失业风险、生存风险、法律风险、制度风险、经济风险、社会风险等一系列退出风险问题(张学敏,2014),仅靠经济补偿也不一定会起到作用(胡继亮和刘心仪,2017)。同时,我国农村是典型的小农经济,农民风险规避倾向比一般经济主体更强(黄季焜等,2008),作为农村社会最小生计单位的农户承受着自然、市场、政策等多重生计风险(赵雪雁等，2015），目前有关如何减少或解决土地承包经营权退出风险问题的系统性研究也较少，农村土地承包经营权退出风险识别及防范机制研究迫在眉睫。

鉴于以上分析，本书选取农村土地承包经营权退出风险问题开展研究，在现有研究基础上，结合国内外农村土地退出风险防范实践，以我国农村土地承包经营权退出试点区——武汉黄陂区为研究区域进行农村入户调研，尝试开展农村土地承包经营权退出风险识别及防范机制研究，这不仅有利于防控退地风险、促进我国农业转移人口市民化，而且对于我国新时代实现集约用地、保持社会稳定、实现城乡融合等具有较强的理论及实践意义，也为全国更大范围农村土地承包经营权有序退出实践提供典型区域的案例研究。

二、研究意义

（一）理论意义

（1）农地"三权分置"制度问世具有很强急就章特征，其实践需求及政策设计走在了理论前面（刘守英等，2017），需要加强对相关领域理论及政策深入研究。本书立足于农地退出风险问题研究，试图从理论上构建土地承包经营权退出风险识别及防范分析框架，明确土地承包经营权退出风险识别及防范分析思路，以完善农地流转理论，为发展我国农地产权理论及风险理论等提供研究基础和新的素材。

（2）本书剖析了导致土地承包经营权退出风险高低的影响因素并提出风险防范机制及政策制度的设计思路，完善了我国当前农村土地承包经营权退出机制研究，进一步深化了"三权分置"背景下我国农村土地承包经营权研究内容，丰富了农村土地承包经营权退出机制的配套政策选择方案。

（3）本书完善了我国城市化及人口流动问题的理论研究。农村土地承包经营权退出是农村人口市民化进程中实现和发展农民财产权的必然路径（张勇，2020）。由于独特的农地产权制度，当前我国城镇化进程不同于其他国家，本书尝试探讨退出土地承包经营权后如何防控退地风险，以充分保障退地农户土地财产权益、推进退地区域农业转移人口市民化进程；也强化了对退地农户这一特殊农民群体的研究，对新时代我国城乡融合发展及人口迁移理论是有益的补充。

（二）现实意义

（1）当前我国大规模推进农村土地承包经营权有偿退出的条件还不成熟，退地制度改革必须建立完善的风险防范机制及配套措施（董欢，2017）。本书为把农村土地承包经营权退出引起的风险限制在最小范围，试图挖掘农村土地承包经营权退出的主要风险点及导致风险发生的原因，为最大程度管控土地承包经营权退出风险、实现农地退出风险可控、引导农地规范有序流转、深化农村土地承包经营制度改革、促进城乡社会和谐稳定发展等提供科学依据。

（2）本书尝试在土地承包经营权退出风险识别及评价基础上有针对性地构建风险防范机制，通过优化土地承包经营权退出政策制度设计，实现农村土地集约利用、维护农民土地财产权益，为推进我国农业转移人口市民化、完善政府职能等提供具有可操作性的决策参考，紧扣时代脉搏，具有较强的针对性和时效性。

（3）在我国农地退出试点范围不断扩大的趋势下，本书尝试构建土地承包经营权退出的风险防范机制，并在此基础上结合我国武汉黄陂区改革试验区进行研究，提出具有一定针对性、指导性的政策制度，从而有效控制当前我国土地产权制度改革带来的风险，丰富农村土地承包经营权退出的政策储备，为更好推进农村土地承包经营权退出改革试点乃至全国层面上更大范围农村土地承包经营权退出实践提供具有可参考性的借鉴及研究案例，具有一定的现实意义。

第二节　研究主要目标

（1）将农村土地承包经营权退出风险识别及评价纳入分析框架，构建科学有效的农村土地承包经营权退出风险防范机制，为风险管理理论及农村土地产权理论发展等提供研究素材。

（2）全面深刻认识及农村土地承包经营权退出的风险形成规律，为可能的农村土地产权理论、风险理论及系统论等创新提供指导。

（3）尝试将风险识别及防范机制与中国当前退地实践相结合，提出行之有效的对策建议，为我国农村土地承包经营权退出实现风险可控提供政策建议，为引导农村土地承包经营权规范有序流转、解决当前中国耕地粗放经营与撂荒问题、推进农业转移人口市民化进程等提供科学依据及具有可操作性的决策参考。

第三节　研究思路与技术路线

本书核心问题是土地承包经营权退出风险识别及其风险防范机制。这一命题主要包括以下四个关键性问题：一是如何识别土地承包经营权退出的关键风险点？二是如何评估土地承包经营权退出的风险高低？三是如何剖析影响风险高低的因素？四是依据退地风险识别及评估如何防范风险？针对上述问题，遵循"现状分析→对比借鉴→风险识别→机理分析→机制设计→政策保障"思路研究，本书的思路框架如图 1-1 所示。

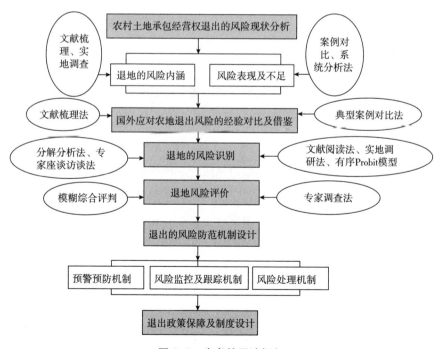

图1-1　本书的思路框架

第四节 研究内容与数据来源

一、研究内容

第一章为导论。本章在梳理我国农村土地承包经营权退出实践基础上，分析研究背景并系统阐释本书研究的理论及现实意义，接着论述研究主要目标，梳理课题研究思路及技术路线，在此基础上论述土地承包经营权退出风险识别及防范机制研究内容与数据来源，并深入分析研究重点及难点，概括主要研究方法，最后深入总结本书可能的创新及不足之处，为未来研究指明方向。

第二章为文献综述。本章从农村土地承包经营权退出内涵及影响因素、退出原因及意义、退出障碍与政策机制以及农村土地承包经营权退出风险构成、退出风险生成机理、退出风险认知的影响因素、退地风险的定量分析与风险应对政策机制等方面对国内外研究进展进行总结评述。

第三章为研究基础理论。本章从概念界定与研究范围出发，依据风险管理理论、系统论、制度变迁理论及农地产权理论等，分别从土地承包经营权退出风险识别、风险评价及风险防范机制等方面构建退地风险识别及防范机制理论分析框架。

第四章为农村土地承包经营权退出风险应对的国内外实践经验及启示。本章较完整地总结了城镇化加速发展时期，国内农村土地承包经营权退出试点中风险应对政策或机制、美日法韩印越等国家或地区农村土地流转或撂荒中应对农户风险的主要做法，并在此基础上分析国内外产业发展、社会稳定、农业生产、环境保护等国家及社会风险的防控机制及政策设计的不足之处，明确相关政策机制需求。

第五章为农村土地承包经营权退出的风险点识别。本章从土地承包经营权退出的风险点识别原则及方法出发，从农民权益与能力保障损失、社会风险、自然生态风险、制度风险、粮食安全风险等方面剖析土地承包经营权退出的风险点体系并分析其严重后果。

第六章为导致农村土地承包经营权退出风险的影响因素识别。本章详细分析了土地承包经营权退出风险的生成机理，构建了退地风险认知的影响因素分析框架，并从退地主体、退地外部环境、退地客体、退地补偿保障四个维度出发构建指标体系，实证研究影响农户退地风险认知的因素，并据此得到研究结论及政策启示。

第七章为农村土地承包经营权退出的风险评价。本章全面梳理国内外重要的风险评价方法并确定出本书土地承包经营权退出风险的评价方法，在此基础上以武汉黄陂区农村改革试验区为研究区域进行土地承包经营权退出的风险评估实证研究。

第八章为农村土地承包经营权退出的风险防范机制研究。本章明确退地风险防范机制内容及分析流程、构建目标及原则，并从退地风险预警预防机制、风险监控机制、退地后风险处理机制等方面详细构建退地的风险防范机制。

第九章为农村土地承包经营权退出的风险防范政策保障及制度设计。本章提出土地承包经营权退出的风险防范政策建议，并从退地风险监管考核、退地供需方安置联动、完善风险防范市场、培育中介组织、建立风险保障金及反悔机制、户籍制度、城镇基本公共服务均等化等方面创新退地的风险防范制度设计。

二、数据来源

本书在完成农户入户调研问卷草稿后，课题负责人带领由本学院土地资源管理硕士研究生及工程管理、房地产开发与管理专业大三本科生组成的课题组在南昌市农村人口较稠密、工商业发达、经济水平较高的高新区、湾里区、青山湖区及宜春市区、吉安市吉水县等地城郊接合部农村对有过征地或农地撂荒的农户进行入户预调研，结合课题组共收集 350 份问卷；调研前培训调研学生如何提问，在预调研中要求学生结合问卷采用开放式提问方法对农户深度访谈，调研后反馈修改问卷，2019 年 5 月底前完成该阶段预调查；2019 年 6 月底，课题组进入武汉黄陂区改革试验区周边村镇开展为期 1 周的预调研并得到 100 份问卷，每天调研结束后当晚，课题组都要组织学生交流讨论修改问卷，不断完善问卷并最终完成退地农民的问卷设计。

同时，2019 年 6 月底，课题组在武汉预调研期间，课题负责人将基于文献梳理法所整理的农村土地承包经营权退出风险点体系交予多位在武汉的专家进行当面访谈交流及讨论，最终识别出武汉黄陂区土地承包经营权退出的风险点；并于 7 月初在武汉黄陂区开展较大规模农户调研前完成了退地风险评估的专家调研问卷设计。主要在以下两个方面展开调研：

（1）农村实地入户较大规模调研。2019 年 7 月初农户问卷完成设计后，课题负责人带领 11 人的课题组于 7 月在武汉黄陂区农地退出改革试验区内农村腹地、城乡接合部村组对纯农户、兼业农户、进城农户及村干部等开展较大规模实地调研。调研得到武汉黄陂区自然资源管理局相关领导的大力支持。在其帮助下，课题组分成若干小组在当地干部的带领下分别深入试验区城郊村组调研，每个村组起码有 1 个村组干部陪同调研；问卷访谈过程中要求村组干部不在调查者身边，以减少调研干扰。调查严格按照随机抽样方式获取农户样本，一对一入户访谈问卷。课题组在访谈中克服各种困难，每天都会对调研问卷进行检查，及时剔除不合格问卷等。同时，课题组对黄陂区自然资源局人员、试验区受访村组干部也进行了问卷调查及案例访谈，收集整理了大量定性纸质资料作为补充。在本阶段调查完后，为增强样本代表性等，课题组后期在黄陂试验区其他相对偏远、经济较差的农村腹地村组又组织了农户入户调研。最终，课题组在黄陂区大规模调研中共发放农户调查问卷 658 份，最后回收问卷 600 份，经过整理得到有效问卷 417 份，问卷调查有效率达到 70%。

（2）风险评价专家调查。本部分风险评价所用数据主要有土地承包经营权退出风险点评价指标评分及对评价指标的权重判断两部分。专家调研以问卷调查形式展开，层次分析法所需要的判断矩阵等主要通过课题组 6 位老师作为专家主观赋权得到。此外，利用课题负责人学缘优势，由在武汉的华中农业大学、武汉大学、中南民族大学、湖北大学、湖北工业大学、武汉纺织大学等土地资源管理、农业经济博士生导师及黄陂区自然资源管理局干部组成 15 人风险评价专家小组填写专家调查表，根据黄陂区当地情况按照低、较低、中等、较高、高五类评分标准对具体风险点评价指标打分，课题负责人最后整理汇总数据。

第五节　研究重点及难点

一、研究重点

（1）进行农村土地承包经营权退出的风险点识别、研究导致退地风险的影响因素及评价土地承包经营权退出的风险等，为把握我国农村土地承包经营权退出风险提供第一手资料。

（2）基于退地风险识别及评价来构建我国农村土地承包经营权退出的风险防范机制并设计政策制度，为我国土地承包经营权退出实现风险可控提供建议。

二、研究难点

（1）进行农村土地承包经营权退出的风险识别，以便为评价退地风险构建风险防控机制奠定基础。

（2）在我国当前社会条件下，结合风险识别及风险评价来设计符合中国特色的农村土地承包经营权退出风险防范机制，为退地风险应对提供理论依据，为我国农地退出提供政策建议。

第六节　主要研究方法

（1）文献追踪法。本书主要通过对国内外农村土地承包经营权退出风险内涵、国内外风险管理、农地退出、应对农地流转风险或农地退出风险等领域的文献梳理，掌握本领域最新研究进展，归纳总结国内外土地承包经营权退出风险研究的重点，结合对农地承包经营权退出风险防范机制的文献梳理，为本书提供研究视野、思路及方法等借鉴。

（2）实地调查访谈。问卷评估法由于设计灵活、操作简单、实施性强等，已成为当下研究风险认知问题常用的方法，能更全面地衡量风险感知（王传连，2018）；同时，为尽量解决使用宏观数据所必然带来的理论上的"可加性"及计量上的问题，可开展微观农户调研数据研究（苏治和胡迪，2014）。本书选择武汉黄陂区这一全国首批农村土地承包经营权退出试点区域，以入户面对面方式、采取随机抽样方法进行问卷调研得到 600 份退地农民及村组干部调研问卷，经过整理剔除无效问卷最终得到 417 份有效问卷数据，并据此分析导致退地总风险升高（或降低）的影响因素；同时，课题组也深度访谈在武汉的专家小组以识别土地承包经营权退出风险点，为构建土地承包经营权退出的风险防范机制提供依据。

（3）比较分析法。从我国具体国情出发，研究国内外农民离地进城或农业人口转移市民化时的农地处置政策方案，对比国内政府主导型征地实践及农民自下而上主动退地政策制度，分析国内外应对农地退出、农地流转或耕地撂荒、农地市场交易等各类风险的举措异同之处，剖析退地风险管理机制；同时，对农地流转各风险类型进行对比重构，为更科学识别退地风险点、构建我国农村土地承包经营权退出的风险防控机制提供依据。

（4）统计分析方法。采用理论分析与实证研究相结合的方法，充分借鉴国内外研究，依据风险管理理论及农地产权理论等构建农村土地承包经营权退出的风险识别及防范机制理论分析框架，在此基础上，采用文献梳理法、分解分析法、专家座谈访谈等识别退地风险点，通过农户入户调查并采用有序 Probit 模型对导致退地风险高低的影响因素进行识别判断，并结合专家调查法、模糊综合评判法等进行土地承包经营权退出的风险评价。本书研究充分考虑调研地区及农户的异质性、退出风险复杂性等，分析方法具有科学性针对性，研究方法可行，为更好构建农村土地承包经营权退出的风险防范机制奠定基础。

第七节 可能的创新及研究不足

一、可能的创新

（1）学术思想特色。在我国农地"三权分置"背景下，现有退地风险研究多是农地流转风险方面，缺乏专门针对农村土地承包经营权退出风险识别及防范机制的系统研究；本书尝试用风险管理理论统领整个研究思路，确定农村土地承包经营权退出风险识别及评价思路方法，并据此构建风险防范机制及政策设计，以解决农村土地权利转移下利益调整及保障等问题，具有一定学术思想特色。

（2）研究视角特色。本书尝试将导致退地风险发生或扩大的影响因素识别研究转化为对农户退地风险认知的影响因素分析，试图增强农村土地承包经营权退出的风险应对研究有效性，顺应风险管理制度社会化发展这一趋势；同时，探索将农户社会网络、信任度、知识经验或水平、退地生活就业环境等重要影响因素纳入整个土地承包经营权退出的风险识别分析框架中，对弥补当前该研究实证分析不足等缺陷，具有一定创新特色。

（3）研究方法的融合特色。本书尝试结合经济学理性思维与管理学风险管理思维等，系统运用有序 Probit 模型及模糊综合评判等模型方法，结合文献阅读法、实地调查访谈与典型案例分析等，以我国农村改革试验区武汉市黄陂区为研究区域，定性与定量相结合研究农村土地承包经营权退出风险识别及防范机制，具有一定的研究特色。

二、研究不足

（1）需进一步丰富退地风险研究内容、拓展研究区域。本书仅以我国中部地区武汉市黄陂试验区为实证研究区域，研究范围有待拓展，以进一步增强研究结论可靠性及普适性。当前我国农村土地有偿退出试点区域不断增加，未来要扩大研究范围，增加农户调研样本量，在全国经济发达地区的试验区、欠发达地区的试验区之间以及同一个试验区内不同片区之间开展土地承包经营权退出的风险识别、风险评估及防范机制对比研究。此外，将来也可尝试分别在土地承包经营权退出前、退出中、退出后三个不同阶段构建退地风险防控机制，以增强退地风险防范机制的有效性、针对性，丰富退地风险管理政策体系。

（2）要完善现有研究方法。借鉴更多国外研究，探索以农户为访谈对象开展我国农村土地承包经营权退出的风险评价研究，同时，可以专家为访谈对象开展农村土地承包经营权退出风险的影响因素识别，并将上述研究方法与本书退地风险识别及评估方法相结合，以期得到更多、更科学的退地风险研究结论，指导我国更多区域、更大范围农村土地承包经营权退出实践。

（3）应提高研究深度与广度。本书只开展了导致农村土地承包经营权退出总风险的影响因素识别，未来要进一步厘清土地承包经营权退出的各级风险点内涵，并在此基础上识别导致退地各级风险点高低的影响因素，增强退地风险识别研究的全面性；可依据退地风险点体系及传导路径等构建退地风险预警机制，据此开展土地承包经营权退出的风险预警定量研究。还应考虑采用结构方程模型（SEM）等方法剖析农村土地承包经营权退出风险的形成机理，并依据退地农户土地权益损失（或成本）结合条件价值法（CVM）等综合测算农户退地补偿标准。此外，可基于利益相关者理论及风险形成机理等，对农户、村集体、农地使用者、中介组织、地方政府等退地参与主体间行为选择进行动态博弈分析，构造动态响应理论模型并对农户风险规避进行响应模式分析，以完善退地的风险防范机制、优化政策制度设计。

第二章 文献综述

第一节 农村土地承包经营权退出研究

近年来，农地退出是我国农村土地产权制度改革的重要话题，国内农村土地承包经营权退出研究逐渐从关注农村土地承包经营权内涵及影响因素、农村土地退出原因及意义逐渐发展到关注退地障碍、退地政策机制等方面；国外不存在所谓农村土地承包经营权，有关农村土地退出研究集中在农村土地流转、交易、撂荒等方面，且农地产权处置与农民利益协调等多通过市场机制、政府作用等实现；同时，国内外有关农村土地承包经营权退出研究较少聚焦于土地承包权退出及其风险的研究，需强化退地机制研究。

一、农村土地承包经营权退出内涵及影响因素

农村土地承包经营权退出内涵研究多集中于土地退出类型、是否主动退出等，多数研究重点关注农村土地流转，认为农村土地退出应包含永久性退出；国外则更关注土地市场交易及耕地撂荒等，主要从退地农民个体及家庭特征、认知意愿、土地产权特征等方面分析影响农户退地行为或意愿的因素。未来研究需进

一步界定土地承包经营权退出内涵，研究如何减少退地障碍，助推农村土地承包经营权退出等。

(一) 退地内涵

曹丹丘和周蒙 (2021) 认为，农村土地退出是指符合退出条件的农户在依法自愿有偿原则下主动退出部分或者全部承包土地，其主要特征表现为主动退出、有偿退出、永久退出和单一权利退出。张克俊和李明星 (2018) 认为，高度成熟的农地承包经营权退出必须以农户自愿主动对其承包地进行永久性放弃为基本前提。张立平 (2018) 指出，我国农村土地退出包括制度性退出和主动性退出两种方式。王丽双和王春平 (2015a) 认为，学术界将农村土地退出分为诱致性退出和强制性退出两种。前者给予农户一定补偿、通过政策鼓励引导农户自愿主动放弃承包地、农户有决定权解除与集体的承包关系，后者是政府出于公共利益考虑而采取征收等方式强制性收回土地、农户被动放弃承包地。当前农村土地承包经营权强制性退出主要以政府征地为主。高强和鞠可心 (2021) 认为，我国城镇化及农民市民化是一个平缓发展的过程，农村土地退出应遵循渐进式路径，明晰土地权利构建退出路径。

国内外社会背景及农村土地产权制度不同，国外多数国家是土地私有制，并没有农村土地承包经营权概念，也没有农地退出概念，更多使用农村土地买卖、土地撂荒等概念。国外农地退出研究主要集中在农地产权市场交易、农村土地流转或土地撂荒等方面。相对来讲，国外农地流转研究更深入，相比于土地买卖或自由买卖，土地流转中土地租赁很受欢迎 (Burger, 2001)。在土地交易状况方面，Wegeren (2003) 分析了俄罗斯 20 世纪 90 年代土地交易情况；Colin (2013) 研究了科特迪瓦南部在 2008 年土地私有不动产的交易情况。

(二) 退地影响因素

高强和鞠可心 (2021) 认为，农村土地确权促进了农村土地经营权退出但抑制了承包权退出；罗必良等 (2012) 提出，农户农业收入占比、家庭土地面积、村委会保护土地权利状况等影响农户土地承包权退出。高佳 (2016) 从户主性别、耕地面积、是否接受退地补偿等角度讨论农民退出农村土地意愿。黎洁和孙晶晶 (2021) 认为，城乡联系特征、搬迁特征、农地权属认知、承包地特征等会影响搬迁农户承包经营权退出意愿。张广财等（2020）认为，农户分化并未引起农户土地承包经营权的退出意愿，反而抑制其土地退出行为。陈振等（2018a）基于农户风险认知视角提出农户风险认知强弱对农户土地流转意愿的高低起着决定性影响。赵振宇等（2017）认为，农户性别、年龄、文化水平、主要职业等个体禀赋因素会在一定程度上对农户是否做出土地流转决策产生影响。鲁春阳等（2018）认为，退地补偿和保障替代有助于农地退出，为其提供足够经济拉力，追求家庭收益最大化。

农户农业生产效率异质性及非农就业市场的存在可在极大程度上促进农地流转发展（Yao，2000）。王建友（2011）指出，通过确权明晰土地权利是城乡土地同等流转的前提条件。不同经济发展水平的区域之间，农民退出农村土地的意愿具有差异性，农民退地意愿受到地域环境影响。吴泽斌等（2020）认为，农户是"有限理性经济人"，农户与环境交互所形成的认知在一定程度上能够影响农户的流转意愿；农户会根据自己农地特征有选择性地进行土地流转（周春芳，2012）。"三权分置"农地制度、土地集中连片规模经营等有助于承包地流转（洪银兴和王荣，2019）。吕晓等（2017）剖析了农户土地政策认知程度与其农地流转意愿和行为之间的深度关联，发现农户土地政策认知水平越高越能提高其农地转出意愿、促进其农地转出行为的发生。就农户禀赋而言，农户作为行为"经济人"对收益和损失有特定的偏好，其风险态度及风险感知会对农户的农业决策产生重要作用（王倩等，2019）。高佳和宋戈（2017）通过构建多群组结构方程（SEM）模型来深入研究农民的土地产权意识对其农地流转行为的影响，并认为农民土地产权认知能在一定程度上影响其土地流转意愿。黄晓慧等（2019）发现，农户技术认知显著正向影响农户流转行为。Yao（2000）指出，受农户收入差异和交易费用的影响，土地边际产出的高低会直接影响农户对转入与转出土地的需求选择。Feder 和 Nishio（1998）对泰国、Galiani 和 Schargrodsky（2010）对布埃诺斯以及 Yami 和 Snyder（2016）对埃塞俄比亚的调查研究都表明确权能促进土地流转。生产能力越强的农户，其转入农地的意愿越强烈（Deininger and Jin，2005）。

二、农村土地承包经营权退出原因及意义

新型城镇化推进、农村劳动力流动、农业经营效益低、农民生产生活方式改变等会导致农户退出土地承包经营权，土地承包经营权退出有利于缓和人地矛盾、提高社会及经济效益、优化土地资源配置等，这是社会发展的必然要求。

（一）退地原因

汪晓春等（2016）认为，农业生产经营收益偏低、农民生活方式转变等会带来土地承包经营权退出。魏亚男和宋帅官（2014）指出，当前我国农村土地生存保障功能不断弱化是农地承包经营权退出的一个重要原因。农户土地退出意愿受到宅基地退出意愿的影响或作用，从而改变生产就业方式、重新分配家庭劳动力资源，以获得更高的经济利益（黄善林等，2021）。Kada（1980）指出，谋生是美、日两国兼业农户将土地进行流转的主要动机。MacMillan（2000）认为，建立完善的市场机制有利于提高土地交易效率促进土地流转。Beilin 等（2014）认为，政治、文化及技术等因素是土地撂荒的重要原因；Corbelle Rico（2012）认为，区位等土地生物物理限制因素等是农民耕地撂荒的重要原因。

（二）退地意义

实行农村土地承包经营权有偿退出有助于农地制度完善、农村生产力发展、农村土地资源优化配置、维护市县农民财产权（张克俊和李明星，2018）。土地退出可缓解我国农村凸显的人地矛盾，有利于推进我国城镇化进程，完善农村土地承包经营制度。现阶段我国实施农村土地有序退出有助于推进土地城镇化和人口城镇化。吴康明（2011）认为，开展农村土地退出可破解城乡二元结构迷局、促进中国经济发展方式转型。Lohmar 等（2001）认为，土地流转在提高农村土地分配效率及农业生产效率等方面作用突出，Jin 和 Jayne（2013）认为，土地流转有利于土地进一步集中在具有较强生产能力的农民手中，Huy 和 Nguyen（2019）在越南的研究案例支持该结论。Markowski Lindsay 等（2018）认为，美国家庭林场的森林用途转换及统一规划有利于提高森林生态系统弹性并带来许多社会效益。Mohapatra 和 Verma（2020）发现，可以利用公平市场估值等手段完成带有商业目的的土地交易，这有利于提高利益相关者的幸福感。Brabec 和

Smith（2015）认为，通过土地流转形成规模性经营能有利于农业经济效益提高。获得增收是农户流转土地的普遍目的，土地进行流转对流转双方都有一定增收效应（Li 等，2019）。Restuccia 和 Santaeulalia Lopis（2017）认为，因土地流转受限导致当地土地错配现象相当普遍。Jin 和 Jayne（2013）调查发现，土地流转使肯尼亚地区在农户种植业收入和总收入方面都有较大提升。Zhang 等（2018）收集江苏省相关数据后认为，土地转出难以影响农户收入。Jin 和 Deininger（2009）指出，土地流转大幅提高流转双方的福利水平。

三、农村土地承包经营权退出障碍

农村土地承包经营权退出障碍主要表现在退地保障、退地管理制度、法律法规及思想理念、市场等障碍方面，应更加全面系统地分析制约农村土地承包经营权退出的体制机制，为研究农村土地承包经营权退出防范乃至其风险识别奠定基础。

（一）退地保障障碍

农村土地承包经营权退出会面临退地多主体间的利益冲突（王萍，2020）。余晓洋等（2020）认为，与土地挂钩的补贴政策过多、土地承包权退出经济补偿能力受限、农户土地产权认知不清晰等约束条件抑制了农户土地承包权的退出行为。农地承包经营权退出改革仍然面临诸多障碍，其根本原因正是由于各相关者的利益诉求缺乏耦合机制，退地激励效应不足，在退地改革过程中多种利益冲突，构成改革推进的主要障碍（王萍等，2021）。土地保障主要抑制纯农户和高收入农户的退地意愿，对兼业程度高、土地依赖程度低和低收入农户影响不显著（张广财等，2021）。土地退出会侵害农户权益，产权制度不明晰使农民退地的合法权益无法得到有效保障（鲁春阳等，2018）。王常伟和顾海英（2016）指出，农村土地承包经营权目标退出群体应考虑老年农民，我国对老年农民社会保障力度相对不足，农民养老保障体系偏薄弱。钟涨宝和聂建亮（2012）认为，农民的传统观念、退地农民社会保障制度、承退方强势破坏交易公平等都会影响农村土地退出。农民非农就业选择机会数会影响农民农村土地流转意愿（Deininger 和 Jin，2005）。在很大程度上，农产品价格能影响到农民农村土地流转（Angus 等，2009），且农产品价格波动会破坏农民家庭收入稳定性，影响农产品供给，加剧土地交易市场风险（Alwang and Norton，2011）。此外，农村土地流转补偿资金主要有政府财政压力大、资金来源短缺等问题（柴姣和柴苗苗，2019）。

（二）退地管理制度障碍

农村社会保障制度、户籍制度等是农村土地承包权退出机制构建方面政府仍需努力的方向（钟涨宝和聂建亮，2012）。张坤（2020）认为，农村土地承包经营权退出仍在初步尝试阶段，其机制有待完善，存在退出主体界定不合理、退出方式较混乱等问题。在土地退出机制初步建立与后续完善过程中存在制度阻滞、意愿阻滞和保障阻滞（韦留柱和杨盼盼，2015）。在强制退出或自愿退出情形下农村土地退出存在着程序问题。张辉和韩耀超（2016）认为，在当前农地流转实践中普遍表现出农户自主性强、流转程序失范、流转对象复杂等特征，这不仅限制了基层管理部门职能的有效发挥，也给土地流转纠纷的发生埋下隐患。付钟堂（2018）指出，乡村两级监管有名无实，中介、金融、保险等服务组织尚未有效参与，配套机制缺陷明显阻碍了农地流转管理。张娇娇等（2019）认为，当农户面临承包方失约风险时，更加容易满足于农业生产收益而放弃流转土地。

土地承包经营权退出机制在法律制度和权力架构上均面临制度缺失和权利虚化的窘境，须进一步完善土地承包经营权退出法律、体制及制度，建立土地承包经营权退出有关的政府管理和社会服务机制（童彬，2017）；土地流转制度建设滞后性使相关制度不完善，在面临一些突发情况时无法有效制约，甚至可能导致土地流转制度出现偏离、扭曲等运作问题（王天琪，2020）。产权模糊性极易引发土地产权纠纷案件和土地流转难题（陈军亚和龚丽兰，2019）。行政干预过多、侵害农民利益、漠视市场作用甚至强推等属于部分地方政府或少数地方官员管理农地流转时存在的不合理干预表现（蔚霖等，2020）。

Kung（2002）和 Feng（2008）认为，农业劳动力无法向外转移也会在一定程度上阻碍土地流转。Douglas（2000）认为，政府宏观调控作用并不利于土地市场的有效运转。Gorton（2001）认为，当前土地产权障碍使土地市场的正常交易功能难以发挥，须加强农业联合生产。Bogaerts 等（2002）认为，国家层面的制度因素会严重阻碍土地交易顺利进行。

（三）法律法规及思想理念障碍

美国、法国、日本等发达国家土地流转能得以顺利推进主要得益于这些国家相对健全的土地法律法规及政策。谢根成和蒋院强（2015）指出，农村土地承包经营权退出概念不准确，必然会给法律的适用带来困难。高飞（2019）认为，公有制职能虚位、法律表达笼统以及立法逻辑混乱是土地退出产生制度困境的主要原因。张霞和严飞（2017）提出农村土地流转受到法律条文约束，难以充分发挥市场在农村土地流转中的激励与调配作用。王宇（2011）认为，流转主体模糊、流转程序不合理及法律条款太笼统导致农村土地流转存在法律障碍。蔡德仿和梁文捷（2016）指出，法律制度不健全无法对农村土地流转形成有效约束。阎晓磊和黄红霞（2019）指出，法律法规形式繁杂、政策不连续、文件不规范都对农村土地流转造成了法律障碍。我国针对农村土地承包经营权退出的可操作性法律法规很缺乏。此外，受传统文化习俗和认知的影响，多数农户对于农村土地退出抱有抵触情绪（肖雯和何灵，2018）。从农户心理角度来看，农民传统观念限制了土地流转（刘昭乐，2020）。农民"恋农"情绪能在很大程度上影响农民退地（罗必良等，2012）。谢根成和蒋院强（2015）认为，土地产权主体虚位、程序价值缺失以及法律概念内涵模糊等是我国农村土地承包经营权退出机制方面的缺陷。秦光远和谭淑豪（2013）认为，农户风险认知对农户土地流转意愿会产生影响。须建立承包地退出风险保障机制，构建农民土地承包权有偿退出的法律机制（吴爽，2017）。

（四）市场障碍

农村土地流转市场制度完善与否影响我国农村土地流转成败。农村土地流转交易市场体系尚有缺陷，其交易流程不规范、交易信息传达迟缓等问题是市场出现障碍的重要原因（杨艺等，2017）。农村土地流转交易制度不完善、土地流转交易市场及其服务体系尚未建立导致土地流转交易所未能发挥其应有作用（张晓梅和刘钟霞，2019）。陈姝洁等（2015）认为，当前缺乏对村集体发挥土地流转中介组织作用的关注，流转交易费用会影响到土地流转市场。陆红（2012）提出土地流转中的垄断或限制竞争等行为在很大程度上约束了市场调节作用。Bogaerts 等（2002）认为，过高的土地交易费用抑制了农户参与土地交易的积极性。Deininger 和 Jin（2005）也认为，成本过高会限制土地流转行为，使土地无法实现有效流转。MacMillan（2000）指出，土地自由交易市场存在着缺陷，会产生市场风险，政府必须予以合理干预。

四、农村土地承包经营权退出的政策机制

农村土地承包经营权退出政策机制研究集中在多方式退地补偿、完善农村土地退出程序及配套制度、优化市场体系、强化退地激励等方面，主要内容有以下三个方面：

（一）多方式退地补偿

王常伟和顾海英（2019）认为，在探索土地承包经营权退出现金补偿的基础上，还应考虑农户的保障性诉求，设计多种补偿"菜单"。农村土地退出的关键是制定合理的退出标准和形式，要强化农村土地退出补偿标准等研究，推动农村土地退出机制完善与发展（邢冬静，2015）。张勇（2020）指出，农户在退地补偿要求方面呈现高度差异性，顺利推进农村土地退出的关键就是构建多元化的退出补偿机制。魏亚男和宋帅官（2014）指出，确权能明确土地价值从而为退地补偿提供参照，要构建多元化退出补偿机制。退地补偿须符合当前法律要求、所处地方及退地农民特征。我国农村土地承包经营权退出的补偿形式主要有现金补偿、社会保障补偿和股权补偿等方式，要适当提高补偿标准、提高退地农户积极性。董欢（2020）认为，要构建多元化退地模式，退地路径要因地制宜、以农民意愿和农民利益为出发点。须基于农户群体角度、因地制宜地构建合理的农地退出机制（刘同山和牛立腾，2014；陈帅鹏，2017）；农地退出须坚持平等原则，科学计算经济补偿标准以保护农民利益维持农村社会稳定（高佳，2016）。

余晓洋（2022）从城市居民待遇、城市住房保障、非农就业能力和经济补偿等维度探讨助推农户土地承包权有序退出。高强和宋洪远（2017）指出，建立农村土地退出补偿机制，要给予退地农户合理经济补偿。要在财政支持条件下，以退出承包经营权为条件，对退地老年农民进行一定补助（王常伟和顾海英，

2017）。鲁春阳和文枫（2019）认为，须建立科学评估方法体系合理测算土地承包经营权市场价格，以利于政府制定出令农户满意的农村土地退出补偿标准。形成一个高度成熟的农村社会保障体系是顺利开展农村土地流转工作的关键环节，也是维持相关农村地区未来稳定发展的重要手段（魏陈磊，2020）。谢根成和蒋院强（2015）提出，各级政府要对退地农民安排专项资金保障、完善就业指导及培训、失业救助等。应给退出农村土地承包经营权的农民设立若反悔可根据协议返回自己土地生产生活的退地"冷静期"（王建友，2011；魏亚男和宋帅官，2014）。注意退地农户补偿机制及权益保护措施以建立土地退出机制（童彬，2017；高强和宋洪远，2017）。国外的土地流转补偿已经形成了以市价为基础、兼顾照顾弱势群体的基本原则（陈霖，2010）。

（二）完善农村土地退出程序及配套制度

完善退地程序。保障农村土地有序退出需要建立较完善的土地退出程序机制和制度设计。高强和鞠可心（2021）认为，在"三权分置"制度框架下，政府需要系统评估农地确权的制度绩效并将经营权退出和承包权退出联动考虑。裴丽平（2017）认为，可从主动退地程序中设置公告和交付、变更登记，以及被动退地程序中设置退地撤销登记等两方面入手完善农民退地程序，同时赋予农民申诉、诉讼权利。Holcombe（2004）认为，土地流转政策有效性取决于土地市场，在建立完善市场机制的同时也有必要规范土地流转过程。Lisec等（2008）提出，建立合理完善的土地市场交易模式，以简化农村土地交易程序、降低交易费用、助力农村土地市场持续发展。

完善退地配套制度。完善农村土地退出配套制度须建立相应政府管理机构、社会服务机构及财政资金支撑体系。高佳（2016）认为，须增加对退地农民的激励及保障，促进退地农民生计的可持续性，实现退地农民的生存权和可持续发展权。裴丽平（2017）指出，在为退地农民提供基本社会保险的同时也要加强对退地农民的再就业培训，对满足条件的退地农民进行失业登记。Hooper（2007）指出，为促进农村土地流转，国家要为土地流转建立完善的配套制度，如立法部门要建立法律体系，政府部门要登记土地流转情况。

(三) 重视政府优化市场体系强化退地激励

政府监管及宏观调控在土地流转市场健康运作中不可替代（李亮，2020），要将市场在资源配置中的基础性作用与国家对市场主体的控制作用有效结合，设置严格的经营主体准入门槛（周慕，2018）。郜亮亮（2018）认为，要重视流转市场鼓励流转，充分考虑农地转入方意愿、能力和激励问题，提升农村特别是土地产权制度等各项改革"速度"。韦留柱和杨盼盼（2015）指出，应加强政府政策引导与支持力度。刘平（2019）认为，农地退出的实质就在于通过激励政策指导农民自愿转让与放弃农村土地承包资格并给予农户合理补偿。刘同山和吴刚（2021）指出，要在健全土地流转市场时探索建立土地承包经营权转让市场，为离农、进城农户自愿退出农村土地提供制度通道。

国外发达国家大多采取以经济补偿或完善保障等手段激励老年土地退出农地经营（王常伟和顾海英，2017）。发达国家推进城市化实践中多会对农民土地退出行为给予引导和激励（张广财等，2020a）。鲁春阳和文枫（2019）提出政府应出台农村土地退出激励机制，充分发挥政府作用，为在城镇稳定生活的农民解决创业、子女上学、社会保障与服务等方面问题。

第二节　农村土地承包经营权退出风险研究

尽管我国学术界关于土地承包经营权退出研究已有初步进展，但其相关理论研究与实践探索都还任重道远，绝大多数都是关于农村土地流转而非农村土地承包经营权退出。农村土地承包经营权有偿退出改革体现鲜明的创新性，但受复杂因素制约，其进程始终暗藏或伴随着大量隐性或潜在风险，在一定程度上给我国经济发展与社会稳定埋下潜在隐患。

20世纪70年代末至2000年前后，国内较少研究农村土地承包经营权退出风险问题。权利二元、政府垄断、非市场配置和管经合一的土地管理体制带来了日益增加的经济与社会风险（刘守英，2012）；2014年中央明确农地"三权分置"，但由于我国农村产权改革存在着认知冲突与操作难题（党国英，2014），基层政府也未发挥应有作用（温铁军等，2011），市场机制下的土地承包经营权退出面临政策目标及农民意愿等冲突（罗必良等，2012）。当前研究则强调在土地流转风险应对中应发挥政府作用，土地流转风险的定量化研究严重不足，须深入研究农村土地承包经营权退出的风险问题。

一、农村土地承包经营权退出的风险构成

当前农村土地承包经营权退出风险构成方面缺乏永久性退出土地承包权的风险研究，更多关注农村土地流转风险。现有农村土地流转风险或退地风险主要有农户收益风险、市场风险、粮食安全风险、法律或产权风险、道德风险或履约风险、政治风险及农村生态风险等类型。

（一）农户收益风险

在城市社保体系未健全情况下，盲目大规模推进土地流转会加剧农户生计转型风险，对不同类型农户群体会产生不同的风险后果（刘润秋，2012；冯晓平和江立华，2011）。杨保勤和陈景春（2015）认为，土地退出的农户收益风险主要包括居住保障、经济确定性、农民权利和农村生态等方面。高佳（2016）指出，土地承包权退出后会有农户面临权益损失。Ghatak 和 Mookherjee（2014）指出，在政治及经济奖励等因素影响下农户更愿意把农用土地用于工业化进程，但这加剧了承租人所面临的经济风险。Baumgartner 等（2015）对大规模土地交易的影响进行综合评估，认为土地流转引起的农业活动减少会给当地贫困人口带来风险。土地流转虽然可以给农民带来当前收益，但农民也将承担社会养老保障风险（陈振等，2018b）。

（二）市场风险

信息、交易系统及价格形成机制等方面的市场缺陷是产生市场风险的主要成因。牛星和李玲（2018）认为，可从农村土地流入方、流出方及村委会等不同农村土地流转核心主体出发研究农村土地流转市场风险，相对来讲农村土地流入方面临着市场风险。农村土地退出或农村土地流转市场的动态变化可能给转入方带来经济利益或造成经济损失，从而产生经营或管理风险。MacMillan（2000）指出，自由化土地交易会发生市场失效风险，造成市场动荡。

（三）粮食安全风险

当前中国农村土地在资本化过程中存在大量过度资本化的客观事实，也就是农村土地资源脱离了粮食生产用途的资本化过程（全世文等，2018）。部分地区农村土地经营面临耕地面积减少、质量下降等压力（孙月蓉和代晨，2015），地方层面推进下土地流转可能出现土地"非农化"与"非粮化"等问题，在一定程度上会导致干旱地区坡地撂荒（陈园园等，2018）。为追逐非农用地的增值收益而改变土地用途，或虽然未改变土地农用的耕地性质，但由种粮转向高效非粮经济作物生产的农地流转会危及国家粮食安全（李长健和杨莲芳，2016）。

（四）法律或产权风险

法律风险主要是指农村土地流转过程中流转双方之间的协议不规范、履约不足、农民法律意识淡漠等。郭晓鸣（2018）指出，农地退出法律风险包括退出不稳定、退出主体违约、退出土地处置困境等。吴爽（2017）指出，承包地退出可能会产生一定的法律风险，在退出过程的不同阶段应注意不同类型的风险防范。单平基（2020）提出，当前有关土地经营权的分离虽已逐步成熟，但操之过急地把承包权也进行脱离，容易产生承包经营权虚化风险。

（五）道德风险或履约风险

退地道德风险具体表现为政府失信风险和各利益主体违约风险等。土地受让方不能得到协议所列收益、不能得到及时足额支付属于履约风险。吴昊和赵朝（2018）提出，农村土地流转的道德风险常伴有流转规模大、参与人员多、流转期限长等特征。近年来，我国农村土地流转中常有签约方违约、流转业主跑路等情况发生，严重损害农民利益，破坏社会稳定（范丹等，2018）。土地流转中土地流入方为保护自身利益而单方违约中断土地流转，农户错过农忙时节必然遭受经济损失（张妮，2018）。赵晓峰等（2022）认为，下乡资本降低土地流转成本的企图会遭遇转出农户以合同抗争为主的抵抗，并影响双方信任关系的建立。

（六）政治风险

退地政治风险表现为政府在退地中职能缺位或过度干预导致利益相关方遭受

损失的可能性后果。刘卫柏（2013）提出基层地方政府可能会出于提高推动农村土地流转速度和规模等政绩目的，假借推动农业现代化发展名义采取行政强制手段迫使农户流转土地。林旭（2009）认为，土地流转可能加剧农村两极分化的风险、产权主体权益受损的风险和政治风险等；国外研究也认为土地流转失范会带来贫富两极分化风险（斯万，2009）。

（七）农村生态风险

土地流转中生态风险主要是指土地流入方出于经济目的，在土地上过度使用农药化肥地膜等对土地生态系统造成破坏的可能性（苏海珍等，2016）。张晓梅和刘钟霞（2019）认为，土地完成流转后土地转入方受经济利益驱动违规开发土地会破坏土壤结构和污染生态环境。侯学博等（2022）指出，农牧地流转非牧用途会带来生态风险。

二、农村土地承包经营权流转或退出风险的生成机理

农村土地承包经营权退出风险主要由于社会政治经济环境影响、土地制度及流转服务组织体系缺乏、退地协议不规范等原因而产生。Ghatak 和 Mookher-jee（2014）指出，因政治引导和经济奖励等因素，土地所有者更加倾向于将农用土地用于工业化进程，这间接地让承租人面临经济风险。胡健（2014）从农地流转各主要参与主体、流转信息来源渠道、农地流转运行机制等方面分析农地流转的主要风险源。张晓梅和刘钟霞（2019）认为，农村土地流转交易制度尚未完善，尤其是基层农村土地流转服务体系与服务机构并未有效参与其中，这将加剧形成制度风险。程令国等（2016）通过对土地确权刺激土地流转的内在成因进行分析，发现确权改革能有效降低土地流转过程中的制度风险，从而起到促进作用。刘英博（2019）指出，我国大多数土地流转制度不完善故存在较大风险。朱锦丰和管文行（2015）指出，当前土地流转补偿不合理会引发社会矛盾。当前我国农村土地承包经营权有偿退出制度存在农村集体成员身份进入和退出机制不健全、农民权益缺乏维护、土地的用益物权不完善、市场化退出不足等问题（韩立达和韩冬，2016），从而导致农户土地退出过程中产生纠纷。

三、农村土地承包经营权退出的风险认知影响因素

农村土地承包经营权退出的风险认知影响因素定量化研究不足。农户个体特征或家庭禀赋、信息掌握程度、社会文化、农户个体及家庭特征等内部因素、对土地等资源生计依赖程度、环境与相关服务、心理因素等方面都对个体风险感知产生影响（王刚和宋锴业，2018；苏芳等，2019；王传连，2018；林晶，2018；任立等，2018，2019）。农地退出风险认知影响因素主要包括个体特征、经济社会、区域及信息等（王兆林等，2015），张朝辉（2018）从预置性、政策性、过程性、外部性四个维度出发分析影响农户退耕风险感知的主要因素。秦光远和谭淑豪（2013）指出，家庭总人口规模、家庭经营规模、粮食价格变动风险、家人生病风险等对农民退地风险有显著影响。

四、农村土地承包经营权退出或流转风险的定量分析

当前我国农村土地承包经营权退出或流转的风险定量研究集中在退地风险影响因素分析及退地风险评价两个方面；国内退地风险实证研究主要在土地征收、退耕等领域，基本处于起步阶段。而国外多集中于农地撂荒、农地整治等领域，实证分析方法相对较丰富，定量化研究成为常态。总体来说，我国农村土地承包经营权退出风险的实证研究尚处于初级阶段，理论基础和实证研究不足，面临的风险问题复杂多样，必须科学识别和评估退地风险，才能有效降低土地退出风险，促进土地承包经营权退出。

关于退地风险影响因素分析。占治民（2018）基于 Logistic 模型实证研究了影响我国土地承包经营权抵押贷款政策风险的主要因素。王兆林等（2015）采用多元排序选择模型对农村承包地退出风险的影响因素进行定量研究。常露露和吕德宏（2018）利用决策树算法和二元 Logistic 模型对拥有不同土地规模农户的抵押贷款风险影响因素进行识别。

关于农村土地流转风险评价。考虑到定量分析数据缺乏，国内学者多选择层次分析法综合评价风险（吴冠岑等，2013）。李雪萍（2012）基于调研结合 AHP 法评价风险，选择土地流转风险层析结构模型分析风险因素的影响程度。陈振等

（2018b）采用 Borda 序值法测算流转风险影响序值及风险概率序值并排序风险。刘敬杰等（2018）运用 DSP 识别方法识别风险因子，采用 AHP 及多层次模糊综合评价模型评估主体风险。陈菁泉和付宗平（2016）构建风险指标评价体系并用 AHP 法对农地经营权抵押风险评价排序。于丽红等（2014）利用 AHP 法评价农村土地经营权抵押贷款信贷风险。王良健等（2014）综合采用事故树分析法、问卷调查法、AHP 法及综合评判法评价征地引发的社会稳定风险。侯志阳（2010）运用社会语言的话语分析方法，构建土地流转收益矩阵对土地流转风险进行福利经济学分析评价。

国外对土地撂荒或处置的风险分析多偏向于生态风险评价、风险识别及测度等方面，多采用综合风险指数、Logistic 模型、故障树等分析方法对比及选用方面（Yu 等，2010；Alexander 等，2013；Raspotnig 和 Opdahl，2013；Corbelle Rico 等，2012；Zhang 等，2014；Terres 等，2015）。Odozi 和 Elliott（2015）通过风险评估工具对尼日利亚边境土地粮食贸易风险进行研究，为土地流转风险评价提供参考及借鉴。

第三节　农村土地承包经营权退出的风险应对政策机制研究

近年来，国内土地承包经营权退出的风险应对政策机制研究逐步增多，较重视发挥政府与市场作用、强化法律法规、提升群众意识等；国外土地交易、土地流转及土地撂荒等风险应对多通过市场机制实现，采用合作经营等减少风险，关注市场失灵；国内外该领域研究多从农户等微观主体角度分析土地撂荒的应对策略，专门应对退地风险的防控机制及政策研究较缺乏，需进一步深入研究。

一、构建风险防范机制

目前国内较少学者系统研究农村土地承包经营权退出风险认知及规避、农户农地产权退出的风险防范研究框架及具体对策（王兆林和杨庆媛，2014；张学敏，2014）；如何把握农村土地流转中的风险防范机制，便成了社会关注的重大问题（林旭，2009）。此外，充分尊重农民意愿是土地流转风险防范的首要原则（叶前林和何伦志，2015），农民是农业现代化主体所在，必须在维护好农民利益的同时尊重农民首创精神。而怎样有效规避风险等是土地流转时农户始终普遍追求的目标（李孟星和秦宏毅，2018）。

国内需要通过各种手段来阻止风险发生，而建立农村土地流转风险预警预防机制能更好保障土地流转合法公开性及农民权利、减少退地风险（林旭，2009）。常伟和李梦（2015）指出，在农村土地大规模流转中存在一定风险，可从强化政府抗风险能力、做好信息风险评估和信息沟通工作、完善社保制度和农业保险制度等方面防范化解风险；也可以从建立土地纠纷仲裁制度、完善基层组织纠纷调解制度及评估制度等入手完善机制降低风险损失（邓晓华，2020）。林旭（2009）指出，农村土地流转关键在于建立风险防范机制，要将农村土地流转风险有效化解或大幅降低，把损失控制在可接受范围之内。应识别农村土地流转不同阶段、不同参与主体可能面临风险及各类风险间影响关系，厘清各类风险的风险源及其作用路径，并从各类风险的风险源出发提出相应防范对策（陈振，2021）。

即便国外土地市场成熟但仍然存在风险问题，有关国家或地区土地流转、撂荒等风险多通过市场机制实现，农户可采取联合生产经营、劳动力非农转移或通过政府补贴等化解矛盾、减少风险（Gorton，2001；Van Dijk，2003）。Binswanger 和 Deininger（1993）指出，完善的农村保障有助于规避土地流转中农户的社会风险。从风险角度出发，构建承包权退出风险防范机制应以退地后健全农民社会保障作为切入点（张坤，2020）。

二、完善法律法规、提升农民意识

要防范土地流转中农村土地所有权虚置带来的风险，须明确"集体"范畴，明确划分土地所有权主体，完善农村集体土地所有制。风险治理研究应深入风险产生的主观领域里，提升主观风险意识，从而有效防范风险造成的冲击（张云昊，2011）。吴楚月（2021）认为，在修法条件尚不成熟之际应制定相关条例规定明确农村土地退出机制的内容。肖光坤（2020）指出，顶层设计者要健全法律制度强化制度防控，监督管理者要明确责任强化联防联控，广大农户要提高农村土地流转风险意识强化自我防控。党德强（2019）指出，广大农户群众要冲破传统"小农意识"思想束缚，通过合法形式自觉参与土地流转，用法律知识规避土地流转风险、用法律手段化解农地流转纠纷、用法律武器维护自身合法权益。李景刚等（2014）指出，务必重新审定土地流转导致的风险，发挥农户风险意识在农村土地流转风险监控中的作用，认真对待流转纠纷中的风险信号以规范农地流转行为。

在国外，Hoops（2018）指出，通过法律对土地流转纠纷的失职者予以惩罚，以监督土地所有者避免其对土地资源造成浪费。须充分发挥农村社区基础性作用在农村构建农地流转风险防范法律制度（黄蕾，2017）。Deininger 和 Xia（2018）指出，最新土地法明确土地租赁条款从而保护小农土地权利、避免发生纠纷及风险。

三、加强政府调控监管

市场缺陷极易导致市场风险并引发社会风险，政府适度调控及监管必不可少。我国农村土地流转须强化政府地位及调控职能，只有保证各利益体的权利义务，使农村土地流转风险可控，才能实现农村稳定保障农民利益。政府监管可为农村土地流转的风险防范提供保障。政府扶持或奖励是对土地流转的重要促进（苗绘，2021）。吴学兵等（2021）认为，政府补贴对农村土地有偿流转存在显著的积极作用，王天琪（2020）认为，政府要加强风险意识和风险管理，首先落实土地流转风险识别机制完善工作，其次实时保持对土地流转风险的全方位监控，最后择优选择化解风险的对策与路径。完善土地流转纠纷协调机制。

国外政府也采取较多干预措施，如采取购买土地发展权、提供社会保障及补贴、财税、提高补偿、完善基础设施、稳定产权等措施弥补市场失灵、化解风险（Saltmarshe，2000；Deininger 等，2003；于立，2013）。

第四节　研究述评

本书研究主要体现在以下三个方面：

（1）当前农村土地承包经营权退出及其风险防范研究集中于农地流转领域，多停留在农村土地承包经营权退出内涵、原因、影响因素、退出机制及退出风险类型分析、风险影响因素选择、风险管控政策机制等方面，"三权分置"背景下农村土地承包经营权退出的风险防范分析框架研究基本处于起步阶段。

（2）农村土地承包经营权退出风险是在以人为核心、以土地为基础的社会—经济—生态复合系统受到退地冲击后产生的，当前对农村土地承包经营权退出风险的专门研究很少，如何更全面识别农村土地承包权退出风险、剖析退地风险的影响因素等方面实证研究需要加强，当前研究不足可能导致无法更科学、全面地化解和防控农村土地承包权退出风险，这为今后本领域进一步研究指明了方向。

（3）当前农村土地承包经营权退出的风险应对政策机制研究处于起步阶段，远未达到具体操作落实等层面，对今后我国农村土地承包经营权退出实践的借鉴作用较有限；如何构建更具科学性、可操作性的退地风险防范机制需要更加深入系统地研究，这为未来研究提出了新领域，新方向，值得后续深入研究。

第三章　研究基础理论

第一节　概念界定与研究范围

一、概念内涵

（一）风险

当代中国因巨大变迁正步入风险社会，甚至可能进入高风险社会（薛晓源，2005）。风险问题研究起点就是理解"风险"内涵。风险概念源于意大利，开始指自然风险，随着经济社会的发展，风险含义与内容逐渐增多。考虑到具体问题及研究重点的差异性，当前国内外不同学科的学者在研究风险分析角度、内容、方式等方面存在差异，国内外学术界对风险内涵定义仍未能达成共识（何晖，2012），目前关于风险内涵的理解主要集中在以下四个方面：

（1）风险是某种结果不确定性或是构成要素本身及外部条件变化而导致的不确定性。风险管理概念首先在《保险学》中提出，其定义风险为不确定性（Mowbray 等，1995），最著名的风险定义是由奈特（2006）其在《风险、不确定性和利润》一书中提出的，认为"风险"与"不确定性"有显著差异性，可衡量的不确定性是风险。风险是决策中可能的重要结果和（或）不想要的结果有不确定性的存在（Sitkin and Weingart，1995），是能测度的不确定性（奈特，2006），是人们对某种决策的不确定性或损失的不确定性（王兆林，2013a；林建伟，2015）。

（2）风险是结果发生的可能性或概率。风险是可测度的不确定性，是一定时间内因某现象出现而导致不利后果的可能性（奈特，2006；布雷耶，2009），Broketto 等认为，风险是不利事件（集）发生的机会且用概率来描述（王明涛，2003）。佩费尔指出，风险是可测度的客观概率，奈特指风险是可测定的不确定性（叶青，2001）；在一定的时空领域内，风险因素、事故及结果递进联系所呈现的可能性是风险（叶青和易丹辉，2000）；风险强调不可持续的状态，是使经济社会稳定与发展受到损害的一种可能性（谢保鹏，2017）；风险的分析不仅包括不幸事件发生的可能性，还包括不幸事件所产生后果的大小（林建伟，2015）；Miller 和 Lessard（2001）认为，风险是不确定性导致的结果与预期存在差异的可能性。

（3）风险是指预期与实际结果间的偏离。风险是指在一定时期及条件下某事件发生的实际结果与预期之间的偏差，偏差越大风险越大，无偏差则无风险（汪忠和黄瑞华，2005）。风险是预期损失的不利偏差，是实际绩效与预期绩效间的负向偏差（段开龄，2000；李炳秀，2011a），是指在特定条件及时间内，实际损失与预测损失之间均方误差与预测损失的数学期望之比（胡宜达和沈厚才，2001）。

（4）风险是损失发生的可能性及损失程度。Sitkin 和 Pablo（1992）认为，风险包含结果不确定性、预期及可能性等。陈传波（2004）认为，风险包括事件发生概率和事件后果估计两方面，风险是未发生的可能性、人们必须面对可能发生的不利事件等（刘金平，2011），是指发生对组织不利事件的不确定性，主要包括事件发生可能性及事件后果大小（陈振等，2018a；管理学编写组，2019）。朱静怡和朱淑珍（2001）认为，风险是指在一定时间和条件下，各种结果不确定性所导致的主体受损失大小及损失发生可能性大小。王明涛（2003）认为，风险是在一定时间内决策方案出现不利结果可能性及其损失程度。风险通常被定义成在特定的时间段内有害事件发生的概率与有害事件造成的后果的乘积（毛小苓和倪晋生，2005）。

当前学术界并未统一风险的内涵或定义，研究风险的角度不同，对风险概念的解释也就不同，各内涵观点都具有一定合理性（郭晓亭等，2004；林晶，2018），同时，虽然风险管理和保险等相关教材关于风险定义也不统一，但基本都认同风险具备不确定性和损失（胡建，2014）。本书中的风险是指在特定时间及条件下，某事件或某活动导致产生未来损失（害）等不利后果的概率及其危险程度，强调产生严重后果的可能性及其严重程度。风险具有可识别性、偶发性和意外性，同时又具有现实性且可管理性，可构建制度或设计政策加以防控或化解。本书中风险含义主要包括以下三方面内容：一是风险指未来发生损失或危险的可能性；二是风险还应该考虑该不利后果的严重性或严重程度；三是风险与国家发展或民众基本利益紧密相关，是对产生个人或国家、社会所不希望的糟糕结果的可能性及其后果的综合考量，其一旦成为现实，就可能对国家、社会发展及人们生产生活带来严重危害或潜在利益损失。

（二）风险识别

风险识别是风险管理的第一步（陈传波，2004），为后续风险管理提供决策参考。只有正确识别风险才能有针对性地采取措施规避风险（胡建，2014），及早识别或感知有关风险及其可能带来的危机性影响是国家与个人普遍面临的风险与危机管理的关键问题（杨云，2010）。

风险识别是指人们运用科学方法连续系统地认识所面临的各风险并分析风险事故发生的原因（许晖，2004；刘钧，2008），风险识别过程主要包括风险点识别及导致风险的影响因素识别两部分内容，前者是指确定主要客观风险了解其不利后果，是人们对外界环境中所要面临的各种风险的感受和认识，后者是指掌握产生风险的原因识别引起风险的各种因素（沈建明，2003；何晖，2012；胡建，2014；鲍海君等，2014；管理学编写组，2019）。

具体来讲，风险识别就是要运用相关理论知识或方法工具，对实践活动或项目可能发生的风险，按其发生背景、环境条件、表现特征与可能结果等进行梳理分析与识别，要对所有影响实践或项目的风险进行系统科学地总结分析，客观全面地认识其面临的各主要风险点，发现和描述实践或项目所面临的各种风险点，探讨风险扩大化的潜在后果；同时，深入剖析辨识影响各风险点高低的主要因素，从而最终识别出实践或项目的主要潜在风险及导致风险点高低的影响因素等，为风险防控或风险管理提供依据。

（三）农村土地承包经营权退出

引导农村土地承包经营权规范有序流转或退出，发展农业适度规模经营是实现我国乡村振兴战略的必然要求。"退出权"是对退出行为的法权界定。林毅夫最早提出用退出权来解释中国农民退出公社包干单干的自由，贺雪峰对此也有论述，他们都认为退出权是原生性的，是具有法理根基的。当前法律仅对土地承包经营权流转进行界定，但对于农村土地承包经营权退出并未明确界定（张克俊和李明星，2018）。

我国对土地管理和流转等方面的法律法规较多，如《中华人民共和国农村土地承包法》《中华人民共和国物权法》《中华人民共和国土地管理法》《中华人民共和国农业法》等。但由于各部法律法规基于不同的立法角度和条件，对土地相关权利比如土地承包经营权的定义和规范各有不同。这使依据法律法规处理土地问题时，各法律法规对土地权利的不同规定会造成一定的冲突和矛盾（韩丽芳，2019）。

进行农村集体产权制度改革无疑为农村土地承包经营权退出提供了重要保障（高圣平和范佳慧，2020）。学者对承包权的语义理解存在普遍差异等会造成"三权分置"中承包权法律内涵与构造存在分歧（谭贵华，2019）。2014年中央提出土地"三权分置"制度改革，要求坚持土地集体所有权、稳定农户承包权、放活土地经营权。农村土地承包权中的"长久不变"逐渐演变为"长期不变"，在一定程度上使土地承包权成为了近似"类所有权"的存在（朱继胜，2017）。2016年10月，由中共中央办公厅和国务院办公厅印发的《关于完善农村土地所有权承包权经营权分置办法的意见》中将农村土地承包权界定为"土地承包权人对承包土地依法享有占有、使用和收益的权利"，农村土地承包权不是一项新的权利（刘守英等，2017），2018年12月修正的《中华人民共和国农村土地承包法》确定农村土地承包经营权是集体成员基于承包资格而享有的用益物权，农村土地承包经营权是农户以集体经济组织成员身份为基础的（肖鹏，2017）。

我国实行家庭联产承包责任制，农村土地承包经营权退出主体应该是农户而非集体经济组织，农村土地承包权退出应以户为单位进行，必须始终坚持农民参与的自主选择（罗必良，2012），这能够最大限度地保护更多农户权益、减少农村土地承包经营权退出成本。同时，在我国，土地经营权是由农村土地承包经营权派生出来的、是对土地承包经营权的一种限制（房绍坤，2019）。当前我国农村土地经营权流转（退出）研究非常多，而农民自愿退出承包权的研究较少，且对于人口城镇化及农业现代化协同发展、鼓励农村土地流转与推进规模经营的政策导向而言，处于起步阶段的土地承包经营权退出研究更具有深层次现实意义，急需理论指导（罗必良等，2012；张学敏，2014）。因此，在当前我国农地"三权分置"背景下，本书探讨的农村土地承包经营权退出即为农村土地承包权退出，借鉴相关研究（罗必良等，2012），主要是指农户将自家承包地主动放弃、自愿退回给集体或转让等行为，不包括政府强制征地等农户被动退出农地；其中，土地承包权转让是农村土地流转的一种方式、具有市场机制交易特点，其他的土地承包权放弃或退回集体皆具有非市场机制运行特点。农村土地承包经营权退出是长久性整体性退出、彻底放弃土地，是不可逆转的行为选择，是农户对该权利的永久放弃，是从根本上对农户土地权属的一种调整（罗必良等，2012；董欢，2017；王常伟，2018）。

本书的农村土地承包经营权退出是农户积极的策略，是作为集体组织成员的农户依法、自愿、有偿放弃其土地承包经营权，是土地权利发生转移的过程，不涉及农户集体成员身份的退出问题。退出土地承包经营权后的农户只交还承包的集体农村土地而不退出村社集体成员资格，仍具有农村集体户口，是该集体经济组织成员（孙德超和周媛媛，2020），农民自愿退回承包地则在承包期内将不得重新申请承包地（高佳，2016）；农村集体经济组织可对退回给农村集体经济组织的农村土地进行再分配。由于退出的土地承包经营权是兼具财产和身份要素并承载社会保障功能的复合型权利，因此农村承包地退出必须慎重对待（刘平，2019）。

（四）农村土地承包经营权退出风险

本书的农村土地承包经营权退出是指农村土地承包权退出，意味着农村传统的利益分配格局被打破，然而新的稳定的公平合理利益分配及协调机制未能迅速建立起来，这必然导致农村潜在风险或危机蔓延。而农村土地承包经营权退出涉及的不同利益主体，如农户、村集体、地方政府、中介组织、农村土地转入方等面临的风险各不相同；与其他利益主体相比，作为农村土地退出者或转出者的农户在退地中总体处于弱势地位，其权益或要求最容易被忽视，其面临的风险相对更复杂。

农村土地承包经营权退出风险具有更大关联性，退地个人层面风险可向全社会乃至国家层面风险转化扩散，一旦发生风险，其危害往往会扩散至农村其他领域，可能会对国家与社会发展全局造成更大危害或影响；须协同应对风险，这有助于对风险本质规律的认识。对于农户而言，退地后面临的风险主要是农民权益与能力保障损失，而退地后耕地非农化、土地质量下降、撂荒等问题也必须予以关注，这类问题一旦发生，不仅影响国家粮食安全，而且会破坏生态环境、危害社会稳定等。

因此，本书以"土地承包权退出相对弱势者"——农户来作为研究视角，农村土地承包经营权退出风险（以下简称农村土地承包权退出风险或退地风险）内涵包括发生退地不利后果的可能性及其损失严重性两方面内容，其定义为在各种引发风险发生的影响因素作用下，土地承包经营权退出可能带来的农民权益与能力保障损害及由此可能引发的社会稳定、生态环境等方面不利结果或糟糕后果，这些不确定性和严重后果是构建农村土地承包经营权退出风险防范机制的重要依据。

二、研究范围

（一）调研区域选择

2015 年，中央提出在有条件的地方开展农民土地承包经营权有偿退出试点，承担该试点任务的农村综合改革试验区相对较少。本书选择以武汉黄陂试验区为研究区域主要基于以下三方面原因：

（1）农业大省湖北省属于全国13个粮食主产区之一，而作为中部地区唯一的副省级市武汉市所辖的黄陂区，是中部地区推进"五化协同"（工业化、信息化、城镇化、农业现代化和绿色化）、探索农村土地制度改革的理想区域，同时，武汉市黄陂区国家农村综合改革试验区内农村土地承包权退出试点情况较好，相比我国东部经济发达地区或西部经济欠发达地区，选择武汉市黄陂区进行研究在全国层面上可能会有较大范围的参考价值与现实意义，具有一定地域典型性。

（2）黄陂区紧邻武汉中心市区，占武汉长江新区规划建设面积的57%，属于周边农业转移人口市民化或农民进城的重点聚集区，农民更容易受到未来武汉新型城镇化发展影响，且区内外工商业实力较雄厚、发展前景较好；该地农民已部分或完全脱离农业生产，收入基本以二三产业工资性收入、经营性收入为主，非农就业渠道广，且该区交通便捷、多数农户退地后有稳定住所，不管是当地农户离农（退出承包权），还是进城工作生活等，都不会因为退地而影响其日常生活及当地社会稳定等，该区域农民作为退地风险问题研究对象较合适。

（3）作为我国农业农村部首批开展的农村综合改革试验区，经过多年改革实践，相比其他后续获批的农村改革试验区来讲，武汉市黄陂区农村土地承包经营权退出实践试点更久，基层政府或退地农户对于退地风险防范或管控等方面可能了解更深入、具有更直观准确的感受，便于调研发现更多有价值信息；另外笔者也曾对武汉市黄陂区其他土地问题进行过调研。因此，相对来讲，本书选择武汉市黄陂区作为调研区域较合适。

（二）区域概况

武汉市黄陂区位于湖北省东部偏北，区位独特，交通便捷，前川城区距武汉市市中心18公里，定位为武汉"8+1"城市圈结合部、长江新区附城主体区、乡村振兴先行区以及武汉北部产业新城。黄陂区拥有中部地区最大的门户机场天河国际机场、全国最大内河港武汉新港及亚洲最大铁路货运编组站三大国家级交通枢纽，在全国城市城区中独一无二；有中国市场规模最大、中西部最好的汉口北综合商贸物流枢纽区，是中国工业百强区及全国投资潜力百强区，有大批国家级和省市级基础设施和产业项目；自然生态环境及人文资源丰富，是"武汉后花园"，区内A级景区列全国县市区之冠，荣获"国家全域旅游示范区"等称号。

2019年黄陂区三产比重大致为10.8∶38.3∶50.97，未来发展空间及环境承载力较强，发展前景较广阔。

黄陂区位于东经114°09′～114°37′与北纬30°40′～31°22′。整体地势北高南低，大部分地区为平原与湖滨，1/3的面积为低山区和丘陵区。该区西北部为大别山余脉，属低山丘区，海拔在150～800米，面积占全区的14.8%；东北部丘陵区面积占全区21.5%、中部平原丘岗区面积占全区47.4%、南部平原湖区面积占全区16.3%。全区地貌大体上呈现"三分半山，一分半水，五分田"特点。当前黄陂全区面积2261平方公里，约占武汉全市土地总面积的26.15%；全区耕地面积80.5万亩，其中，水田面积约64.7万亩、旱地面积约15.8万亩、林地面积约104万亩、可养殖水面约28.7万亩。2019年黄陂区户籍总人口116.33万中常住人口约102.8万，全区现辖19个街、乡、镇、场，611个村或队、45个社区，是武汉市各城区中面积最大、人口最多的新城区。

2017年7月，武汉市黄陂区率先开始农村土地承包经营权有偿退出试点工作、封闭运行，是全国首批农村综合改革试验区。在农业农村部项目任务书下达后，全区统一安排动员部署全面启动试点工作。黄陂区委、区政府迅速成立了农村产权制度改革试验工作领导小组及成员，办公地点设在区农委，下辖各乡镇成立了相应领导小组和工作专班。区农委制定了《黄陂区农村土地承包经营权有偿退出实施细则（试行）》，构建农地有偿退出操作机制、补偿机制、保障机制并探索土地利用和新型城镇化发展机制等系列机制，改革所涉乡镇、村两委及广大退地农户积极参与本地退地实践，不断发现问题解决问题、吸取退地经验教训，农村土地承包经营权退出改革实践稳步推进。

截至2019年4月底，武汉市黄陂区已有1754亩土地承包经营权有偿退出，2019年黄陂区已有3545亩农田集体转给了农业科技有限公司等，实行迁村腾地，推进新型城镇化进程，打造华中花木基地等，且已安排有偿退出农民就业，农户可直接一次性领取补偿款或依据补偿款作为投入公司的本金每年获取收益；当地退地农民集体也联合注资成立了村办企业，每年都有分红，该地区还在对接洽谈引入一些合适的用地企业进行合作。目前武汉市黄陂试验区整体上已探索出一套符合当地特色、行之有效的农村土地承包经营权退出实践模式。

第二节 理论基础

一、风险管理理论

风险客观存在，具有多变性、突发性及危害性（陈传波，2004）。自 20 世纪五六十年代以来，风险越来越受到人们的重视。当前经济社会快速发展，社会复杂程度加深，迫切需要风险管理理论。风险社会处于一种高度仰赖社会控制机制的氛围中，国家须积极采取行动降低风险或恐惧（古承宗，2013）。风险不是单一出现的，而是众多风险相互交织共同存在，风险主体面临的风险成本和效应并不能用数字精确衡量，只有在充分研究基础上，才可以选择有效措施处理风险，从而更好规避风险减少损失。

20 世纪 80 年代，作为一种新兴理论体系的风险管理理论被引入中国，学术界不断完善发展风险管理理论。发展至今风险管理理论内涵不断丰富，应用领域逐渐扩大，不只是局限于经济和金融领域，渐渐扩展到了家庭资产管理、金融和保险等其他领域或行业并获得了广泛应用及认可。风险管理是指风险管理主体根据事件或活动发生的风险特征特点，对风险进行识别与评估，最后进行有效风险防控或处理，从而控制和管理各类事件中的各种风险、尽可能减少风险发生带来的损失、减轻或消除风险带来的不利后果的主动动态行为过程。

风险管理核心宗旨就是在保证项目或事件顺利实施基础上，采取风险应对措施，最大限度地减少可能发生的风险损失，或将各主要风险点控制在可接受范围内，是人们主动对各种风险进行认识、控制和处理的综合性科学管理活动，避免了不确定性带来的损失；其中，如何识别风险、对各风险进行评估是风险管理的重点工作。风险管理适应范围具有宽泛性适用性（陈传波，2004），其适用于宏观领域如国家间经济合作，也适用于微观领域如个人方案抉择等。

一般来讲，科学识别风险是风险管理的首要任务及关键环节，准确识别风险才能够准确评估及防控风险，这是一项系统性工程；具体来讲，要客观感知外界存在的各种风险，进一步分析造成这种风险的影响因素，这是做好风险识别工作的关键之处。此外，风险评估是在风险识别基础上采取多样化评价方法对潜在风险点进行全面调查及量化计算（许谨良，2011），要对各风险点定量分析排序，了解退地各主要风险点高低，为农村土地承包权退出风险防范机制构建提供参考。在风险识别和风险评价后，即完成影响风险发生的主要因素识别和风险点高低评价排序后，可构建退地风险防范机制，以减少风险发生可能性、控制好导致风险高低的影响因素、降低退地风险水平，从而防控风险，尽量减少风险带来的各种不利后果。

土地承包经营权退出会使农民永久性失去土地，农村土地承包经营权退出风险类型具有多元性，会产生法律、制度及社会风险等（吴爽，2017）。围绕农村土地承包经营权退出风险体系进行理论分析有助于深层次发现退地风险及其形成原因，以提出更科学有意义的风险控制方案或策略。农村土地承包经营权退出是实现城乡融合、推进乡村振兴战略中不能回避的客观现实性问题，土地承包经营权退出是个复合性问题，在退出过程中面临多重风险问题；而农村土地承包经营权退出中潜在的种种风险阻碍着农民农村土地承包经营权退出的积极性。因此，根据风险管理理论，农村土地承包经营权退出风险识别及防范机制研究要求选择合适的方法工具识别退地风险，明确承包经营权退出主要风险点并剖析影响退地风险的主要要素，然后再对退地后风险进行评价，在此基础上构建更具有现实意义的土地承包经营权退出风险防范机制或政策制度设计。

二、系统论

系统常定义为由若干要素联结而成、具有某种功能的有机体，在持续运行情境中常表现为某种状况或态势，并持续保持变化状态。20 世纪 30 年代生物学家L. V. 贝塔朗菲提出系统论，随后该思想得到快速发展。根据系统论观点，任何系统都不是由各部分简单相加构成，系统本身就是由各个系统元素共同组成，通过某种系统组合体形式表现出来；各组成部分之间相互影响相互制约，每个部分在系统中都具有对应的功能，某组成部分如果脱离了系统整体则就失去了意义。

系统论重点就是将被研究事物或对象视为一个系统，关注系统所处状态与其变化可能性及各系统状态间的变换。在动态系统观下，系统是十分复杂的，虽然其内部的各种信息要素相互作用，但同时内部各种信息要素又与整个系统外部的要素不断互动、产生反馈、推动整个系统不断发展更新；系统论要求在分析该系统内部组成基础上，通过观察研究各组成部分、研究对象系统整体及其与外界环境间的变化，揭示该对象规律及特征，从而调整该对象各组成部分间关系以优化整个研究对象。

　　系统论主要是针对不同学科、不同系统中的共同特征展开综合性研究，可从复杂系统理论等方面进行。复杂系统理论主要揭示一些现有方法难以解释或分析的复杂系统的动力学，其基本特征是无序性和动态性，同时还具有多层次性（宏观—微观）和突发性等特征。我们常采用系统论思想并通过一些数学方法对系统常规模式、结构和规律及系统功能等进行定量研究，以研究总结各系统共同特征，探寻可在任何系统中应用的原理、原则及数学模型。该理论虽然较经典，但经过多年发展到现在已被广泛接受和应用，并在管理学、经济学等多个学种中以不同方式、不同状态、不同规模体现（Axelrod and Cohen，2000）。

　　根据系统论理论，农村土地承包权退出的风险控制体系是一个多元复杂的系统（王双全等，2019）。土地承包权退出所涉及的要素和环节众多，内外部复杂因素交织，要坚持多种维度系统性看待，其内部多主体利益冲突、失信等导致土地承包权退出风险体系化；退地风险也具有自己独特复杂体系化特征，包括农户经济及权益风险、社会风险、自然风险、制度风险、粮食安全风险等，各风险相互交织渗透且在一定条件下可由局部风险转化扩散为系统整体风险；农村土地承包权退出风险具有立体性、系统性、全面性，不仅涉及退地农户以及退地所在区域市民，而且也涉及退地村（组）集体、乡镇政府甚至整个社会等，是一种多主体参与的复杂风险系统。

　　研究系统的复杂性是必要的和科学的（占治民，2018），我国农民本身抗风险能力较弱，农村土地承包经营权退出需要构建风险防范机制与政策，这一机制需要始终坚持系统观（严金明等，2017）。土地承包权退出的风险防范机制是由退地风险识别、风险评价及风险防范等构成的完整系统，退地风险识别是风险评价的研究基础，只有当前面研究完成后，才能进行下一阶段研究，这三方面内容不是孤立的，缺一不可、有序且存在一定联系，须协调机制内部运行关系，整合各种有利资源，系统寻找影响风险防范系统有效发挥作用的方面或因素；可秉持系统观进行风险识别，从主体内部及外部出发全面剖析显著影响农村土地承包权退出风险高低的主要因素，找到尽可能全面的导致退地风险高低的关键原因，对退地风险点评价排序并降低风险发生，优化退地系统的整体运行，从整体上防止农村土地退出风险向更大范围更高程度扩散，更加科学全面有针对性地构建退地风险防范机制设计退地风险防范政策，以保障好退地所涉利益主体权益、防范退地风险、推动农村土地承包权退出实践顺利开展。

三、制度变迁理论

风险发生带有强制性制度变迁的印记，需要从制度主义视角来审视这些风险（叶继红和孙崇明，2020）。制度本身必须被社会所有人认可、人们自愿去遵循，它可以通过一定方式来降低人们在互动关系中的交易成本而通力合作，通过一定方式使外部利润内部化，并且可以使生产更加高效。制度的取代、转移和交易等活动要接受各种科学技术及其社会环境条件的限制，其变迁伴随外部环境变化及内在要求而发生的，当相关制度不能够满足个体发展要求时，那么个体期望可以让自己实现更大收益，达到预期收益目标，从而会自主表现出对于产生新制度的需求。制度变迁过程中遵循预期成本效益原理，通常采用预期成本效益分析方法进行分析，当一个制度因素在变化过程中获得的预期成本比其他人的预期利润要多很多时，相关主体才会去努力推动并促进制度变迁最终实现（张学敏，2014）。制度对于促进社会经济健康及持续发展有着非常重要的意义，它可以推动资源更加合理配置，因此，应重视制度制定及其合理性（陈鹏，2019）。

新制度经济学家认为，制度变迁是制度向新制度发展或转变的一个不断完善、逐渐优化、由局部到整体的循环发展过程，当新制度与各主要利益体的目标不一致时，各利益体会不满意现制度，不断推动改革现制度，催生新制度，从而推进制度优化（陈鹏，2019）。在最初制度环境下，制度不均衡产生的内在动力和外部竞争推动了制度被打破和创新，进而演化到制度竞争和选择阶段，最后回到均衡状态，再次开始下一轮制度变迁循环。新制度经济学派代表人物诺斯认为制度是社会中的一种准则，是一些人为创造、并在日常生活中约束和规范着人们行为的准则，是一个人或者一个团体在社会必须要遵循的规则、秩序和道德的行为规范。诺斯指出，在区域发展过程中制度起着决定性作用而非技术性因素。一个社会想要经济发展更快更稳，必须有相关机制作支撑，制度在其中有着举足轻重的作用，如果制度不能很好地体现，那么经济发展必然会走很多弯路，甚至会发生严重后果。

根据新制度经济学观点，制度变迁主要分为强制性制度变迁与诱制性制度变迁两种类型：前者是指由政府以命令或法律法令等形式强制实行或者重新分配不同利益从而强制性进行干涉约束的一种行为制度安排，是由政府行政命令或法律法规等推动的"自上而下"方式制度变迁，该变迁的主体是国家；后者是指在出现制度不均衡状态时，由个人或非政府群体在新制度可能获利状况下，不通过政府强制干预，而通过主动自觉参与变更现制度的"自下而上"方式制度变迁，其是否发生主要依赖于人们在预期的收益上以及预期费用上的比较，当现有制度无法实现预期收益时，国家或社会才会需要新制度。我国农村土地承包权退出风险防范制度发展就是如此。对我国农民而言，农村土地承担了经济、社会保障、财产等多重功能，在很多农村建设发展较落后地区，对于农民而言，土地仍然起到保障农户生活等作用（杜文骄和任大鹏，2011）。随着我国新型城镇化快速发展，现行我国农村土地制度体系无法更好地适应当前生产力发展、社会进步、人们需求增长等要求，出现了很多土地私下交易、耕地非农化、土地撂荒等问题，无法顺利推进农村土地承包权退出、更好保障农民集体权益、促进退地区域社会稳定生态优美等。同时，由于政府职能及农民个体和家庭结构的变化，当前我国不断提出对退地管理制度进行创新要求，但考虑到土地承包权退出使农民或当地发展面临较多风险、而农民承受风险能力又相对较弱，因此我国农村承包经营权退出风险防范机制及政策创新具有较强迫切性，可从制度变迁角度科学设计农村土地承包权退出风险防范政策机制。

农村土地承包权退出制度作为农村土地制度改革的重要组成部分，其退出模式具有强制性制度变迁及诱致性制度变迁特征（范传棋，2017）。退出风险防范制度具有强烈的强制性制度变迁特征，在退地中政府强制性制度变迁推动下（吴康明，2011），土地承包权退出未必一定能得到预期改革效果，应关注退地农户自身、退地集体土地生态保护、地方社会经济发展、粮食安全保障、退地制度运行等方面风险应对的要求，充分考虑市场化政策工具等，通过各种激励措施给予退地农民更充分补偿及较高社会保障水平等，促使退地农户积极主动增强风险防范意识、提高自身风险防范能力，以诱致性制度变迁方式促进当地社会稳定、生态优美、制度规范有效等。因此，依据制度变迁理论可进一步完善我国农村土地承包经营权退出风险防范机制及政策措施设计，以引导我国更大范围上农村土地承包经营权退出、规避退地风险、推进农村土地承包经营权制度改革等。

四、农地产权理论

马克思认为土地产权体现了生产关系，土地使用权、收益权、处分权、转让权、抵押权、出租权等都是从土地所有权中分离出来的。根据马克思土地产权理论，我国实行家庭联产承包责任制，这保证了农村集体土地所有权稳定，农民也可以在自己承包的集体土地上从事农业生产并拥有承包地的收益权等。

在特定环境下土地产权能分离出一项或多项独立运作的权能，同时土地产权分离后须形成新的经济关系，否则就没有什么意义（邵彦敏，2006）。分离出来新的农地产权要形成新的经济关系或生产关系。在土地产权公有制情况下，土地各项产权制度常以国家法律等重要方式固定下来，成为国家重要的一项制度安排。土地制度在一个国家具有特殊、不可替代的重要性，在宏观层面上，可以直接促进或制约一个国家或区域的长久发展，在微观层面上，能够对所有土地所涉主体产生不可替代的重要影响，具有较重要的理论价值及现实意义。

我国土地产权是土地所有者产权束与土地使用者产权束的分离，是以土地所有权为基础的产权权利总和（周诚，1997）。我国土地承包经营权是基于集体所有权且对土地占有、使用、收益等的派生权利束。随着经济社会快速发展与城市化进程加快，2014年中央提出"三权分置"将已独立于农地所有权的承包经营权进一步分为土地承包权、土地经营权两种产权权利，在这样的产权分离状态下，农户可以将承包土地的经营权进行流转以获取流转收益，也可以将土地承包权主动退回集体或转让给其他农户统一利用以开展农地承包经营权退出改革；这样在农地退出过程中形成新的土地产权权能及收益分配结构，必然会对原有土地产权体系、农地收益分配结构及农民农村生产生活秩序等产生全新冲击，其中可能隐藏着较大不确定风险或矛盾冲突，这就需要完善农村土地产权制度改革顶层设计、科学构建农地承包经营权退出的风险识别及防范机制，以降低农民集体及国家社会的土地承包权退出风险，推动我国农村土地承包经营权制度改革封闭运行、风险可控。

第三节　理论分析框架

农地退出实际上是土地的一种权利与利益转移过程，在退地中农村土地系统要素特征必然会表现出来并可能伴随着一定风险。从系统论观点来看，这些风险主要归于农户个人风险、经济风险、社会风险三个方面，各个子系统风险之间相互影响相互交织渗透，同时或错时发生。风险管理是对客观存在的各风险采取应对措施，以消除不利因素减轻不利影响（何晖，2012）。根据风险管理理论，土地承包权退出的风险识别及评价是退地风险防范的关键；退地风险点及风险影响因素识别不够全面科学、风险评估方法运用不当、风险防范机制政策不完善，都可能导致退地风险升高或扩大；而应该采取哪些有针对性的政策措施来应对风险升高，或者在风险发生前可采取哪些具体措施避免风险发生或降低风险发生是农村土地承包权退出风险管理研究的应有之义。

国家涉及大众的决策都须争取大众理解支持，民众态度是决策者决策的重要依据之一（孟博和刘茂，2010），且心理学认为所有不利后果都涉及人们心理感受；在目前政府尚无力主导风险管理制度走向社会化这一进程背景下，倡导以农户为主体、以农户风险管理需求为基础的风险管理制度，有助于推动这一社会化进程并能最大限度地为小规模农户提供保障（陈传波，2004），因此本书土地承包权退出风险识别与防范应重点研究基于农户视角的退地风险防控问题，同时，与大众相比，专家又有相对可靠的验证标准，在风险估计上分析风险来源、危害性及较准确损失估计等具有优势（李一川，2012），因此，可结合农户与专家等意见综合研究土地承包权退出风险问题。

基于上述分析，根据前文相关内涵，本书中农村土地承包权退出风险识别及防范需要识别出退地风险点，对导致土地承包权退出风险的影响因素进行系统分析，以寻求产生农村土地退出风险的内在规律，并结合退地风险评估，防范农村土地承包权退出的风险。具体来讲，在本领域文献阅读梳理基础上，依据研究区域实际情况，首先，采用专家访谈等分析退地可能的主要风险点；其次，基于专家调查法等对农村土地承包权退出风险进行评价，以识别退地产生的主要风险类型、评估退地研究区内不同风险点的高低；再次，结合农户调研分析识别导致农村土地承包权退出风险高低的影响因素；最后，根据上述风险识别与评价结果设计风险防范机制及应对策略，以退地后农户生活水平不降低长远生计有保障、社会效益及自然生态质量提升、保障粮食安全、退地运行制度流畅等为风险防控目标，从而为政府部门制订更全面且有针对性退地风险防范制度政策提供决策参考，为更好构建农村土地承包权退出机制、完善我国农业转移人口市民化政策制度提供借鉴。

一、农村土地承包权退出风险识别

根据前文风险识别内涵，风险识别主要包括辨识所要面对的主要风险了解其严重后果，以及掌握导致风险发生或升高的原因确定影响风险高低的主要因素两部分内容。因此，为构建农村土地承包权退出风险防范机制，农村土地承包权退出的风险识别既要找出退地可能带来哪些主要风险点，将产生退地严重后果的主要风险点全部挖掘出来，又要在众多因素中找到哪些影响因素导致土地承包权退出风险升高或降低，从而深入研究退地风险点产生或扩大的原因，把可能的退地风险消灭在萌芽状态。综合来讲，确定农村土地承包权退出可能发生的主要风险点、研究得到导致退地风险升高或降低的各主要影响因素是农村土地承包权退出风险识别的两部分主要内容。

（一）农村土地承包权退出风险点识别

土地承包权退出风险点识别是退地风险识别的第一个重要任务，关键就是要识别退地后可能发生的主要风险点。风险系统非常复杂，风险经常相互交织相互渗透，需要根据项目内外或实践活动收集到各种相关信息对该项目或活动所带来的各种风险进行分类，并从中找到关键风险点作为主要风险。

风险识别难度和地区社会环境等复杂程度呈正比（夏诗园，2016），我国当前农村土地承包权退出的风险点主要包括个体层面风险及国家社会层面风险，风险体系错综复杂；在土地承包权退出风险点识别过程中，需要结合已有研究并采取更加科学的理论方法分析各种退地风险发生的可能性与其严重后果，对退地实践活动主要风险点综合感知、准确认知并归类，为退地风险识别后的风险评价乃至风险防范机制设计奠定基础。

（二）导致农村土地承包权退出风险的影响因素识别

在退地风险严重后果发生或风险暴露之前，全面挖掘导致退地风险高低的影响因素是退地风险识别阶段的第二个重要任务。风险点感知后退地风险识别是否精准、有效，关键就是能否揭示出引发退地风险的重要影响因素。

因此，在确定出上述导致土地承包权退出风险升高（或降低）的显著影响因素之后，应对这些影响因素进行协调或处理，以改变退地风险发生条件，从而力争阻断风险发生的可能路径，降低退地风险发生概率或减轻风险的损失或严重后果。只有主动、有目的、有意识地全面把握导致退地风险升高或降低的这些显著的影响因素，才有可能采取合适的退地风险应对机制以避免退地风险扩大或减缓风险发生可能。此外，土地承包权退出总风险可细分为不同的各个一级、二级退地风险点，本书暂不关注导致各一级或二级退地风险点的影响因素。

二、农村土地承包权退出风险评价

土地承包权退出风险评价是完成土地承包权退出风险防范的重要前提，为构建科学的土地承包权退出风险防范机制等奠定坚实基础。风险评估是建立在科学的基础上的，对风险进行鉴定、辨别，并严格定性定量分析的方法（谢晓非和徐联仓，1995）；当前绝大多数风险评价都是在风险识别基础上进行。因此，在退地风险识别后，需选择科学的评价方法开展农村土地承包权退出的风险评价以确定出各风险点高低水平，为风险防范机制构建指明方向。

三、农村土地承包权退出风险防范机制

土地承包权退出风险防范是土地承包权退出风险管理的重要目的，也是退地风险识别及风险评价的最终落脚点。应综合研究退地风险识别与风险评价结果，针对不同类型的土地承包权退出风险类型及等级，从风险预警预防、风险监控、风险处理化解等方面构建农村土地承包权退出的风险防范机制，以有效化解土地承包权退出风险。

本章小结

本章首先界定了所涉及的风险、风险识别、农村土地承包权退出、农村土地承包权退出风险等核心概念，明确了研究区域——武汉市黄陂农村改革试验区概况。其次系统深入地分析了风险管理理论、系统论、制度变迁理论及农地产权理论等理论依据；依据以上理论，构建了农村土地承包权退出的风险识别及防范机制理论分析框架，对农村土地承包权退出的风险识别、风险评价及风险防范机制进行较深入阐述，为后续研究奠定坚实的理论基础。

第四章 农村土地承包经营权退出风险应对的国内外实践经验及启示

第一节 国内试点或实践经验与不足

本部分主要对我国大陆地区土地承包经营权退出改革试点及台湾地区农地退出实践进行分析总结。基本情况如下：

一、宁夏回族自治区平罗县

平罗县限定农村土地退出条件，明确"三权同退"减少风险。将农民所拥有的土地、房屋等各种财产正式登记下来，探索采用"插花安置"方法推动当地农民退出土地，尝试集体回购农地，合理补偿农民退地权益，进一步降低当地农业生产及搬迁安置成本，显著提升农村搬迁移民生活水平。

（一）实践模式内容

（1）限定农民退出条件减少权益风险。平罗县要求只有城镇稳定就业、生活有保障、有城镇住所的农民才具有退地许可，且退地不会影响自身生活条件，避免生活条件差的农民想通过退地获得退地补偿而长久可能存在风险。

（2）明确"三权同退"。设立农村土地承包经营权、宅基地使用权、房屋所有权"三权同退"有偿退出制度，避免由于农民选择不同产权的退出而可能产生的法律纠纷，强调补偿发放及退地全流程规范化管理。经济较薄弱村集体可申请先暂时使用政府所设的土地收储基金，其后将退出土地上经营所获利润还给土地收储基金从而减少村集体经济负担及政府财政补贴成本，有效降低政府与退地农民风险。同时，该地重视农村土地"三权"退出的补偿款发放，实现退地从开始到结束全流程规范化管理，减少风险发生。

（3）创造性采取"插花安置"方式、因地制宜确定差异化的退地经济补偿标准。即采用土地退出和农民搬迁安置相结合的做法，用搬迁安置经费对退地农民一次性补偿，同时尝试采取类似"插花"方式有选择地将贫困退地农民安置在经济较好、有较多闲置土地房屋的村组安置点以提高安置效果（刘同山等，2016b）。

平罗县根据农民需求不同采取不同的土地退出方式，即已进城且有偿退地的农民保留部分土地产权权益及收益分配权，永久彻底退地农民全部退出土地权益及收益分配权。此外，平罗县根据区域内农村土地特性及土地流转价格等进行分区，将同一分区内土地分成三个等级，根据不同区域不同等级的土地确定不同的经济补偿标准。

（二）实践过程中的不足

（1）政府财政支出较大。土地收储的补偿款主要来自宁夏回族自治区政府提供的安置资金，其稳定性持续性较差，导致集体后期面临资金短缺问题，导致有大量的承包地未被收储。

（2）承退方把关不严可能给农民带来损失，退地捆绑做法的合理性有待考量。对部分新型农业经营主体的把关不严格，引进的优势特色产业效益偏低、产业特色不明显，未能促进退出土地上的现代农业发展；且由于退地与退地集体经济组织利益捆绑，导致农户一旦退地就丧失集体成员权及其他权利福利。

二、四川省内江市

四川省内江市在退地实践中探索形成"三换"模式，建立了严格的退出资格审查机制，多方面要求保障农民权益（牛海鹏和孙壹鸣，2019），构建"农户预退出+集体收储+挂牌招商"机制，实现退用结合的长效改革（董欢，2020）。四川内江创新性提出"三换模式"，在提高退地工作效率的同时也促进了当地生态种养业、农旅产业等发展，不仅促进退地区域经济发展，而且为退地农民提供更多退地模式选择，同时，虽然农户退出承包地，但仍保留了其集体成员权，从而显著降低其退地风险。

（一）实践模式内容

（1）施行"三换"模式，采取多元化退地补偿方式，充分尊重农民意愿。2019 年四川内江市创新性提出"退出换现金、退出换股份、退出换保障"的"三换"模式（丁延武等，2010），为退地农户提供自主选择的退地补偿方式，使用股份制使农户持续性获得收益，采用多元化补偿方式并采取土地退出换股份的方式，为农户提供稳定保障，减少未来风险。

（2）建立退出资格审查机制，遵循多项原则有序退出。当地想退地的农户需通过资格审查机制，即自愿退地、家庭意见统一、退地权属明晰、本人工作稳定有固定住所且不靠土地为生等。另外，内江市坚持农民自愿、风险可控、保障农户权益、封闭运行等原则，审慎稳妥开展试点，以保障经济社会平稳有序运行。

（3）格外关注老年群体。村集体将所有退出土地整合在一起交由企业进行统一管理经营，农户根据股份获得应有分红。采取多种补偿模式，关注低保农户或老年农户等较特殊群体社会保障，确保退地农户收益明显高于其务农收益或土地流转收益。

（二）实践过程中的不足

退地补偿给政府带来压力。农民统一退出的农村土地由集体接收并配套产业，内江市通过财政方式支持农村集体经济发展，由政府部门对退地农民补偿，由此增加了当地政府财政压力。另外，当地集体经济薄弱无法保障退地顺利持久进行。

三、重庆市梁平县

（一）实践模式内容

（1）供求联动、构建多主体退出及补偿机制。梁平县土地退出保障是由农村集体经济组织提出土地使用意向，地块所属的集体及农户表示认同，最后三方协商补偿金额并让农户亲自参与确定补偿的全过程。而土地退出由本地集体经济组织担任发包方、退地农户担任退出方、承包业主担任承接方，三方互相合作协助完成土地退出及再利用。

（2）地方政府设置农户退地条件并安排周转资金。梁平县退地实践中设置农民退出条件，如需收入或职业稳定、有固定住所等，严格按照限制条件退地。为防止经济较差的村集体无法保障退地资金，2016年梁平县构建周转金制度，安排充足的保障资金以确保补偿资金及时支付。

（3）退用结合、多措并举补偿。重庆梁平县注重程序规范，采取集体商讨决议，退地前制定制度降低退地农户心理风险，明确退地方式及补偿标准。强调土地退出与利用相结合（"退用结合"），采取"部分退出、进退联动"模式保障土地整块退出，由市场确定退地价格及退地的后续用途，把引进农业经营主体所获的土地收益与增加退地农民集体收入联系起来。同时，梁平县保留退地农民的集体成员身份、创业就业扶持、金融信贷支持等保障农民权益。

（二）实践过程中的不足及启示

梁平县多采用一次性补偿，退地后不能持续保障退地农户社会保障权益；当地农村集体经济薄弱时退地补偿资金无法充分保障。

四、贵州省湄潭县

贵州省湄潭县明确退地条件，依照程序实现退地与特色产业发展有效衔接，根据退地状况制定差异化补偿标准。

（一）实践模式内容

（1）设置土地退出需要满足的条件。为了避免农户在退地后面临风险，农户在退出农村土地时须满足完全自愿退出自愿申请、退地农户家庭成员意见统一、农户有固定工作及收入、有住房等。

（2）根据土地状况差异性估价，通过协商达成补偿协定。湄潭县加快确权颁证进程，确定退地补偿标准时根据土地状况采取差异性估价，退地双方协商补偿价格，达成一致后签订协议完成农村承包地退出。

（3）统一利用退出农村承包地、保障退地农民权益。农户在满足基本退地条件后，将农村土地承包经营权交给集体，零散的土地会被集中起来统一利用，如发展新式农业田园等，统一开发利用退出土地后获得的土地收益用于农户分红。

（二）实践过程中的不足

农户退地后会失去与土地相关的国家种粮补贴等很多权益。第二轮土地承包经营期满后已退地的农户无法再次提出承包要求，可能影响退地农户未来生活。

五、成都市温江区

（一）实践模式内容

成都市温江区开创了政府引导退地的方式，农户在退地前需要对农村集体土地和房屋所有权进行确权登记；退地时充分尊重农民意见，实施"双放弃制度"给予退地经济补偿；退地后采取定向安置等保障退地农户利益。

政府主导退地、退地农户得到多重保障。温江区2003年首次采用政府引导下的"双放弃"退地方式（高佳，2016），退地后给农户的补偿完全由政府方面主导；农户遵循自愿原则在不放弃土地承包经营权前提下实现城乡间迁移，土地退出或流转后农户可得到村集体、企业等多方保障。政府引导退地农户按规划在全区范围内购买安置房，农户可享受政府补贴、就业培训、物业管理、最低社保等保障。

（二）不足

温江区采取的"双放弃"具有创新性，但单纯引导退地农户购买定向安置房的合理性有待商酌。温江区在对农户进行补偿或保障过程中，未考虑当地农户的实际收入情况，退地后也完全由政府确定农户该享有的权益，农户没有表达自己需求的渠道。

六、浙江省嘉兴市

（一）实践模式内容

浙江省嘉兴市采取"两分两换"模式实践，即将农村宅基地与土地承包经营权分开退出，退地农户可选择现金补偿、留地安置、置换住房和享有社会保障等多种不同的补偿方式，让农户退地后依然能享有权利保障，保证失地农户老有所养。另外，通过当地政府投资成立的公司进行农村退出土地的整理利用。

（二）实践过程中的不足

（1）财力要求高、住房保障压力较大、补偿标准各地有差异、农户就业能力亟待提高。该模式需要有足够的财政支撑，这对政府财力考验很大，是制约该模式推广的重要因素。同时，新住房的建设周期较长，导致相当比例的退地农户不满意。此外，政府有关退地农民就业等方面工作做得还不够，导致依赖土地谋生的农户生活影响很大。

（2）监管力度不够。嘉兴市"两分两换"制度是由政府主导，除退地农户外，还缺乏第三方参与及监督，可能会产生不公平现象，易导致农民利益受损，其合理性有待商榷。

七、江苏省苏州市

江苏省苏州市在退地前出台了系列政策文件为土地退出提供法律依据和战略指导，注重因地制宜，强调政府牵头、各方协作等，并采取社区股份分红等方式为退地农户提供保障。

（一）实践模式内容

（1）加强政府指导、弱化土地保障功能。苏州市遵从"谁退地，谁安置"原则在退地中引导农户集中居住，加强与农户之间联系，提升民众对政府信赖，并进一步完善本地基础设施、公共服务、户籍制度和社保制度等，提高城乡一体化水平，减少农民对农地的依赖；同时，聘请高水平科研院所为退地改革提供指导。

（2）退地农户可获多样化保障、生产生活能力得到提高。苏州市试点地区农户在退地过程中可获得经济补偿，此外，老年农民群体可获得城镇居民养老保险。同时，当地统一将农户退出的土地交由村镇集体管理，通过与大型企业合作由专业农业发展公司统一经营土地，退地农户可获得股份分红；在此过程中注重培养职业农民，提高其农业文化知识及农业生产生活能力。

（二）实践不足

苏州市从多方面为退地农户提供保障，但当地政府或村镇需要大量资金投入，因此退地试点所需的资金压力大。

八、武汉市黄陂区

武汉市黄陂区农地承包地有偿退出采取政府主导退出，充分发挥政府及市场作用补偿安置退地农户，设置退地前置条件，实现农民获稳定收益、企业有发展空间、村集体经济发展壮大的"三赢"。

（一）实践模式内容

（1）严格设置退地前置条件、充分尊重农户意愿。黄陂区完成清产核资清人分类工作，设置退地主体资格审查制度，村组在农户申请退地之前进行审查，不具有退地资格均不能退地。是否退地也充分尊重农民意愿，农地农用封闭运行，退地流程公开民主。

（2）政府大力保障、村组加强监督审核、充分发挥中介作用。黄陂区政府建立财政资金保障体系，确保资金周转运行良好。同时，建立退地服务机制、构建服务体系、承包权价值评估机制、承包地收储机制等，村委会认真审核农户家庭情况、确保每户退地农民符合退地前提，充分发挥市区产权交易中心、公共资源交易中心等作用，并邀请第三方机构评估确定各户退地补偿标准。

（3）探索退地反悔机制，实行退用结合，采取股份化等多种补偿保障方式。黄陂区设置退地农民"单方面反悔条件"，申请退地的农户可在70天内无条件撤销申请。对退地农民进行教育培训及贫困救济，黄陂区各试点村由村（组）集体出面统一对退回的承包地运营管理，引进有实力的农业公司发展蔬菜种植等现代农业；用地企业筹集退地补偿款，确保农民退地补偿及时到位。同时，黄陂区将退回的承包地补偿资金进行量化股权，筹措购置机械设施承接周边工农业建设工程，年底所获纯利润对退地农户等保底分红；退地村组想方设法发展农村集体经济增强经济实力，为退地农民提供医疗、养老、救助、房屋保险等保障。

（二）不足之处

（1）黄陂区不少农户退地后未享受到与城镇居民同等水平的社会保障，特别是退地农民养老保障问题亟待破题；家庭经济较差的退地农民虽能获得一定经济补偿，但仍面临着失业、社保不足或缺失等风险，需要在更高层面上统筹解决好退地农民社保等问题。

（2）需关注如何更加有效利用退回村集体的土地。如果未来注入资金的企业经营出问题或被市场淘汰，那么退地群众利益就难以得到保障，会产生很多潜在风险。须规范退地程序、提升保障水平，引导更多社会资本下乡参与农村发展。

九、台湾地区

（一）实践模式内容

（1）政府重视完善相关规定并强化管理。台湾地区采取了"耕者有其田"的土地改革，并制订《实施都市计划以外地区建筑物管理办法》《区域计划法》《农地释出方案》《农业发展条例》《土地法》《375减租条例》等相关规定，以限制农地转移共有、限制农地非农利用，使农地变更管制有规可依，推行全域土地分区管制以防范退地后的粮食安全风险；在农地保护基础上，台湾地区推行购地贷款、合作经营，放宽农地变更限制、简化审查流程、强化农地农用等政策，以防范农用地退出后土地使用方向改变等问题发生。

（2）关注老年群体退地的社保风险。台湾地区实施了老年农民生活补助制度，规定对于年龄在65岁以上的老年农民，在按照相关规定交纳满6个月以上保障金即可领取老年农民财政资金补贴。而后期由于老龄化趋势的加快以及地区经济不景气，台湾地区调整了退地农民领取政府补助资金的条件，要求交纳保障金须满足15年以上才有资格领取补贴。

（二）不足之处

由于农地经济收益偏低等原因，很多承租佃农后代已经荒废了土地；由于部分规定不完善，农地转用规划放松导致农村非农产业发展严重影响环境保护与农业规模化种植。另外，与欧盟等发达国家或地区社会保障水平相比，我国台湾地区农民养老保障水平还存在着一定差距。

第二节　国外实践经验总结

本部分选择在快速城市化过程中有代表性的主要发达国家、发展中国家或地区农地流转或交易中应对农户风险的做法进行研究。

一、美国

（1）完善农民土地权益保护的法律体系。美国通过制定《土地法》《土地征收法》等法律规定农民土地所有权等一切合法权益受到法律保护，同时还规定了严密的土地征收程序，通过经济、法律手段从征收目的、征收程序等方面规范征地，对涉及征地后农户权益保障及合法性实行听证制度，通过共同协商或司法程序确定退地农户的补偿标准（盛艳等，2017）。美国政府对本国"准完全竞争性"土地市场监管力度最小，土地管理部门对私人土地买卖管理只限于登记收费，土地交易发生纠纷多通过法律程序解决（吴春宝，2009）。同时，美国会采取经济激励等政策措施鼓励农场主扩大生产经营，提供有力的法律保障，引导农地流转，防范退地后的农户法律风险等。

（2）建立专业的金融体系。美国成立受政府管辖的联邦土地银行，通过提供农业信用贷款等方式，为退出土地后农户权益保障和农业发展提供资金支持，降低农民生产风险，避免退出土地上的产业发展脱离政府管控，建立起较为完善的农村农业生产合作金融服务体系。同时，也提供系列优惠政策、减税或低利息贷款引导农户扩大规模发展农业。

（3）完善政府管控，注重社区服务保障。美国政府征用土地时设定了严格限制，要符合满足社会公共需求、正当法律程序和适度合理补偿三个基本条件方可进行。需在尊重农户意愿前提下，以等于或高于市场一般价格从农户手中购买获得土地，征地补偿较高，且征用必须依法进行（王春超和李兆能，2008）。美国也会根据各区位地理条件因素差异，确定各地区主农作物，保障农产品高质量低成本，并进一步完善农地流转退出的市场机制，使农地资源得到最大化利用，保障退地农民权益（徐琪峰，2018）。此外，美国社区组织功能强大，通过完善社区基础服务和基本社保体系，极大地改善了农地转出方的生活保障。

二、法国

（1）建立政府牵头、市场化运转的 SAFER 机构，重视基层组织保障。法国采取"政府引导、市场运作"的农村土地退出模式，通过成立专业公司承接退出土地并建立相关金融支持体系以提升资源要素配置效率（范毅等，2020）。由政府牵头设立掌控土地流转信息的 SAFER 机构，农户有退地意愿时需向 SAFER 提前两个月提交退地申请，其间由 SAFER 收购或同意退地农户所寻找的业主，保证退地全流程由 SAFER 监管。此外，成立由专业农业机构、环境保护组织等组成的农业方向委员会具体负责处理退地后农户补贴、扩大农场规模、分配奖金等事务。

（2）强调法律制订及执行，关注老龄农户，拓宽资金来源，加强对农民技能或职业培训。法国政府制定法律法规明确私有土地须用于农业，国家通过征购弃耕或劣质耕地等方式监管土地市场（吴春宝，2009）。法国各级政府设立支持农村土地权益退出的城乡融合发展专项基金，构建由政策性银行、商业银行等金融机构共同组成的农地金融体系，服务于农村土地权益退出和乡村产业发展（范毅等，2020）。同时，设立"非退休者补助金"以保障退地老龄农户的生活质量；引导青年农户参与规模化农业发展，由国家出资提供培训资金，保障青年农户紧跟国家农业发展方向。

三、日本

（1）对退地老年群体特殊关照。日本政府为应对老年农户退出农村土地后的社保风险而施行农民老年年金制度，即农民 65 岁以后可根据自身缴存额度与投资利润终身领取金额，退地后农户可得到政府自付款补贴，农民老年年金制度推进农业集约化发展、满足了退地后农民自身的基本生活保障，但日本在资金征收管理方面存在缺陷。同时，日本采取补贴农民经济组织、限制工商资本过度进入农村土地领域等措施提升农户抗风险能力。

（2）管控退地交易市场。日本政府实行严格的行政手段保障土地交易市场良好运行。新法律法规建立了农业生产法人制度，加强土地流转和规模化经营。日本划定专门受政府管控的区域，对涉及退出面积较大的土地交易需提前向政府部门备案申请；当土地交易价格、使用方向等出现问题时，土地部门有权通告交易主体改正或停止交易，并通过提高土地交易税防范土地投机等高风险行为，从而降低退地市场风险。

（3）完善法律与组织机构设计。为了能通过农地规模化经营防范粮食安全风险，一方面，日本推进农村土地流转或农村土地退出的法律法规完善，如制定并多次修改《农地法》，废除有关限制农村土地流转或退出的规章制度；另一方面，建立农业协会、农业发展委员会等由民间力量成立的中介组织，以优化农地退出程序、厘清退出后的农村土地使用方向等，日本政府为其提供政策和资金上的支持，同时，日本还重视退出后农地开发利用的生态环境保护，发展绿色环保型农业。

四、韩国

为了引导老年农户退出土地、解决农地细碎化问题，韩国政府建立老年年金制度。即韩国利用 2005 年成立的农村土地银行系统，采取老年农户提前退休计划及补贴津贴等激励老年农户将农村土地售租给农村土地银行，并根据农村土地面积与价格确定农村土地价值，农民可固定领取或终身领取老年年金；如果退地老年农户子女想继承已入年金制度的农村土地时可用资金赎回。借助提前退休计划、农村土地年金计划等，韩国老年农户依靠自家农村土地获得了较为稳定的生活保障；同时，退出或移转出的农村土地在很大程度上集中到了专业年轻农户手中，以实现"小地主、大佃农"的农村土地适度规模经营目标（王常伟和顾海英，2017）。

五、越南

越南是社会主义国家，在农业生产方面与我国存在较多相似之处。其农村土地面积狭小、人口数量较多，人均耕地面积较小。人多地少现状导致越南政府加大了对农业生产保护，为防范退地风险制定了系列政策措施。

（1）制定《土地法》等保障性法律法规，重视农民权益维护和农业生产。越南在农村土地退出前为农户颁发土地使用权证，明确农户所拥有农地的权利，从法律层面制定了一系列法律法规，确认流转限制条件，明确规定土地使用权流转合同及继承等，防止农村土地过度集中可能引致的各种风险。同时制定农村土地退地后的补偿标准，其标准根据地方各类土地的基准价格和市场浮动价格确定。越南将退出的土地分为农业生产用地、非农业生产用地和未被利用土地三种类型，并对各土地使用类型进行详细规定，重视对农业生产的保护，禁止粮食生产用地转换为其他非农业用地（叶前林和何伦志，2015b）。

（2）实行农村土地退出多方协商机制。越南通过赋予农民较完善的土地权利来保障退地农民的土地财产权益，这对于防范农地退出后的法律风险具有一定积极作用（苏克轩，2013）。越南在农村土地流转中也重视构建政府、开发商、农民等不同主体协商机制，重视对低收入农民群体的权益保护。

六、拉丁美洲

巴西、阿根廷等国家先后都实施过土地改革，由于种种原因都未能改变其国内广大农民无地、少地甚至陷入贫困等状况，因此导致这些失地农民只能在城市乞讨或住贫民窟（俞德鹏，2020），但城市却又无法为这些失地农民提供一定的生产生活条件，从而在不少城市里产生贫民窟，很多失地进城农民生活陷入贫困。如以巴西为例，其长期以来维持着大地主庄园农业制来发展农业，而在20世纪末21世纪初巴西联邦政府给不少农户分配大量土地（孙亮，2006）以巩固小土地所有者产权，让农民有途径扩大规模化耕种，但该改革未能改变地主的地位；由于巴西政府公信力逐年下降，农民不相信政府的贷款政策，小农户所耕种的农作物仅仅只能维护自己的基础生活而不愿意承担风险去扩大耕种生产；此外，即便已经分发的土地，不少农民也不愿去耕种，从而给农民带来了更严重的后果。

第三节　国内外实践启示

一、尊重农民主体地位、强化退地资格审查、注重退地老年农民长远生活

国内外实践都较重视退出农村土地的农户意愿，不强迫农户退地，都鼓励或激励农户农村土地退出。国内采取土地产权股份制方式、国外通过发放资金激励农村土地退出。国内外都重视退地农户的经济利益、社会保障等。相对来讲，国外补偿重视生理、情感、发展和保障需求，生理保障是重点保障，兼顾情感发展需求。美国、法国、日本等在土地制度设计上都注重优先保护农民权益。法国成立土地流转服务机构为农民流转土地提供技术、信息和资金等支持，有效避免土地非农化风险。日本通过《国土利用计划法》等立法强化农村土地流转中的农民权益保护。国外除重视经济收入、社保、就业保障等方面补偿或保障外，还重视情感补偿、能力提升等。

国内多个试点区域都设置了退地前置条件或资格审查，规定只有具备退地条件的农户才能继续办理相关手续。政府可对土地退出相关风险提前预测，保障后续产业的持续发展规避相关风险。在退地之前要加强对退地事宜的普及宣传，提高当地农户对退地的了解程度，确保政策及时传达至退地农户。

国内外多数国家或地区都结合本国或本地实际情况进行退地补偿或就业安置，且注重社会保障制度，尤其关注老年人等特殊群体的退地社保，考虑退地农户生理、情感、发展和保障等多种需求并根据农户差异性开展多样化补偿。同时，国内外都相当重视失地农户再就业问题，加强与地方工商企业合作及失业保障体系建设，为中青年农户提供较多就业机会。

我国可学习日本等国的做法，对退地老年农户提供更好的社会保障，防止出现印度、拉美等国家或地区由于退地后居民城乡社保水平差异所导致的社会矛盾或社会风险频发等问题。应减少一次性现金补偿方式，采取"农地补偿+社保"

等多种保障方式构建长效补偿机制，或以退地经济收入置换保险、农村土地入股等先进做法，使老年群体获得更高的社会保障。政府还需建立农户农地退出评估制度，加大对退地农户的医疗、养老、子女教育等投入，弱化农户对承包地的依赖，降低退地农户的心理担忧。此外，在土地退出后仍要特别关注退地农户的可持续发展，如苏州市在土地退出后，为当地农民提供技术培训和农业知识培训，提高其农业技术专业水平，增加其经济性收入。

此外，欧美等国家重视退地农民养老问题。美国主要采用税收制度促进农地释放，欧盟则将农地退出与老农年金相挂钩，采取以农地补充养老等做法。韩国、日本以及我国台湾地区都存在以农地补充养老的需求。另外，不少国家或地区政府建立具有差异性的持续增长机制，保障其退地后长远生活，并对退地老年人子女在租赁土地等方面给予一定倾斜。

二、因地制宜根据各地实际情况创新退地风险防范机制或措施

国内外退地经济补偿既根据各自实际情况适度提高货币补偿标准，又全面考虑农地价值及退地农民就业、养老等社保要求，另外，国内部分退地试点区域还对退地农户设置门槛防控风险，根据土地区位等确定不同的退地补偿标准。一方面，国外如印度根据各邦经济收入情况来适当提高土地补偿标准，越南根据各类土地基准价格的市场浮动价格来确定补偿；另一方面，也要防范像英国等高福利国家因社保补助额度过高而带来的风险；要基于农户需要考虑其生产生活以强化退地后农户的风险应对效果。

在借鉴国外先进经验做法基础上，国内采取差异性退地补偿方式，如重庆梁平县注重土地的退出与利用相结合，提供了三种退地补偿方式供农户选择。贵州湄潭县在后期对退出土地的经营管理中会给予退地农户一定的分红补贴，且鼓励农民进入工业园、企业工作。浙江省嘉兴市的退地农户可以土地承包经营权换取现金补偿、留地安置等社会保障。江苏省苏州市参与退地的农民可以获得社区型股份分红，且老年农民群体可获得城镇居民养老保险。

三、强化政府担当、充分发挥政府及市场作用

市场经济国家与非市场经济国家都采用经济、法律或行政手段等监管土地市场，但不同国家偏重不同手段（吴春宝，2009）；且政府在制定完善农村土地退出或流转法律法规、财政补贴等方面起到重要作用。即使实行土地私有制的美、英、德、日政府也纷纷制定土地政策保护耕地。同时，政府部门对市场高风险行为及时制止，以此降低市场风险，并编制好相关规划、完善相关法律纠纷。

国内试点地区实践探索中也非常注重发挥政府职能。如江苏省苏州市在农村土地退出过程中，注重强化组织领导；成都市温江区则在保证农民自愿退出农村土地的前提下加强政府的领导与带头；平罗县、嘉兴市等土地承包权退出试点地都有政府强力推动农户退地等情况发生，并通过限定农户退地条件、确保尊重农户退地意愿等方式确保退地农户不会陷入贫困，探索创新并完善多元化补偿方式，在明确限定退地条件及退地后发展目标等前提下，保障后续产业持续发展以规避相关退地风险发生。

国内外多数国家或地区政府都会明确农地权利的归属主体，承担相应行政管理职责并建立农村土地退出政府管理和社会服务制度体系，确定明晰的农村土地产权保护制度体系，以防范退地风险。国外一般强调政府部门加强宏观调控，对农村土地市场进行必要的行政干涉，引导农户退出土地等（吴康明，2011）。不少发达国家都重视依靠高度发达的市场经济体制，充分发挥政府强力调控作用促进土地市场更好发展；即使在美国，市场配置土地资源也是不完全的（李刘艳，2012），美国采取社区防控限制征用，在法律层面上明确农村土地产权、确保法律保障有力、加强对农村土地流转市场管控力度，使农村土地退出或流转通过市场能顺利实现，划定特定区域交相关政府部门进行管理，市场中的土地交易须向政府监督部门备案、汇报、总结并定期接受检查，防范农业用地退出后转为非农业用地（潘亚楠，2021）。英国主要通过政府收购、租赁等方式实现农业规模化经营。日本等国采取许可制、申报制、监察制等方式监控农地交易，通过委托经营等方式实现农业生产持续稳定。法国采取组织保障、金融扶持等做法，设立专门的土地事务所强化政府调控。日本强调利益保护。越南重视立法防范。菲律宾

限制工商资本等以防范农村土地流转风险。拉美国家实践强调应务必保持政府公信力和相关补贴政策的实施力度。

国内梁平县、嘉兴市、苏州市、黄陂区等地也采取市场化方式补偿安置退地农民,采用政府购买市场服务等手段提高退地效率,探索股份制与资金补偿、实物补偿等相结合的多样化补偿模式;我国台湾地区通过加强农村土地整合,促进农业规模化经营,推进粮食安全战略(吴诗嫚和叶艳妹,2019)。

四、重视中介组织等多主体协同应对退地风险

美、日、法三国土地流转好的经验与做法就是,可在农村土地资源匮乏国家设立第三方机构实现土地流转高效率。法国设立 SAFER 系统确保土地流转高效率;日本成立民间中介组织,建立信息服务平台等协调对接退地后承接农村土地的新型农业经营主体,确保农村土地再次用于农业生产。

国内各退地实验区多由政府或村组集体来承担退地风险识别、风险应对等责任,缺少和其他主体的沟通协调;但实际上退地风险应对中很多问题单从政府层面上难以解决,需要民众、政府、企业等多方主体来考量如何避免相关风险发生,从根本上解决当下退地过程中法律纠纷等问题。重庆市梁平县在农民退出土地过程中形成三方利益代表,三方互相合作协助监督,完成农村土地确权退出及退出土地的再利用。江苏省苏州市在退地过程中强化组织领导,并在退地过程中聘请专业科研机构为改革提供指导。国内绝大多数地方政府的风险应对实践仅停留在对局部问题上的思考和实践,机制设计缺乏整体性和系统性。如嘉兴市"两分两换"模式尊重了农户退地意愿,但同时也存在着后续农户法律纠纷频发等问题。

因此,退地风险防范机制不仅要考虑在政府层面加大补偿力度,而且要考虑加强政府外其他主体之间的协调以应对风险。另外,要逐步建立健全服务性民间中介组织,完善农村土地退出市场服务体系,还需引入除农户和政府之外的规划机构或科研机构等第三方组织,采取多主体参与、多方协商补偿保障模式以有效降低退地风险。

五、完善退地财政金融等配套体系

在农民退地过程中要实施适度农村土地资本化，实现土地和金融两极结合（吴康明，2011）。国外多数发达国家都非常重视农村土地金融。英国采用 PPP 模式，即通过政府与社会资本合作共同应对退地风险。法国规范农村土地流转交易，将竞争性交易环节纳入土地有形市场或公共资源交易平台，对符合条件的退出土地给予合理补偿（范毅，2020）。日本社会保障制度与经济发展水平直接挂钩。我国更注重政府等公共部门的财政支持，如嘉兴市成立由政府投资的公司负责农村地区退出土地的开发整理复垦工作等。可借鉴国内外先进做法，大力发展集体经济、发展农地金融，发挥好市场机制作用，通过土地资本化运作获得收益从而为防范化解退地风险提供稳定的资金支持。

维护退地农民权益本身就属于社会性保障事业，我国政府部门理应承担相应责任。应采取以下三项措施：一是减少资金问题，可通过与民间资本合作、购买公共服务、民办公助等方式为农民土地承包权退出提供资金保障；二是借鉴美国等国家做法，完善市场化金融支持体系，成立土地承包权退出专项补助基金，加快建立落实土地储备基金制度，为土地承包权退出提供更稳定的资金支持；三是政府还可设立土地交易平台加快农地流转速度。总而言之，政府建立多层次、全面的财政资金支持体系可有效缓解退地中资金困难，保障退地有效进行维护退地农民利益。

六、健全法律法规体系、重视权利保障与退地利用相结合

美、日等国家的退地或农地流转经验表明，要建立高效农村土地市场、强化政府立法及政策引导以防范化解风险。虽然美国农地产权交易通过市场就能实现，但政府在农地登记及管理、土地用途管理等方面非常严格。日本政府通过完善立法、发挥农民合作组织及农协等作用为促进农地流转、稳步提升农民生活等营造良好环境氛围（李刘艳，2012）。菲律宾为了解决工商资本过度介入土地流转而产生的大量农民失地等严重社会问题，政府将收购的资本家土地平分给农民并对工商资本采用一定限制措施。此外，日本、法国等国家或地区建立完善的法

律法规及政策体系，减少退地交易成本，明确退地所涉利益主体权责利，培育良好的应对风险的政策及法制环境（张学敏，2014）。

发展中国家越南在1985年开始改革农村土地制度，强化土地立法在防范农用地退出风险防范中的作用。我国应完善土地承包经营权退出的风险防范方面法律法规建设，从多维度建立并完善农民退地法律。应在退出承包地的程序上明确法律法规规定，完善承包地退出程序，为承包地退出提供良好运行环境、降低退地风险。对于农地退出后可能的过度城市化风险，借鉴印度和拉美国家做法，重视城乡间协调发展、完善交通等基础设施建设等，为居民入住新城镇提供支持。在退地改革过程中尽可能保留农民原有集体经济体组织成员权益，增强退地制度灵活性、提高农户退地积极性。

本章小结

本章以国内土地承包经营权退出试验区试点及我国台湾农地退出实践、国外农村土地流转或农村土地市场交易等的风险应对政策制度为依据，通过文献总结与制度考察，全面梳理国内宁夏回族自治区平罗县、四川省内江市、浙江省宁波市、重庆市梁平县、贵州省湄潭县、成都市温江区、浙江省嘉兴市、江苏省苏州市、武汉市黄陂区农村土地退出的风险应对政策制度及美国、法国、日本、韩国、越南、拉丁美洲等国家或地区有关农村土地流转或撂荒的风险防控政策措施，为后续研究奠定基础。研究表明，国内外退地风险应对必须充分尊重农民主体地位、保障退地农民合法权益，结合各地实际情况因地制宜、发挥政府及市场作用、重视中介组织作用以协调创新风险防范政策机制，应完善退地的财政及金融体系等、构建并完善相关退地法律法规体系，强调退地与用地充分衔接，以最大限度地化解退地风险、推动农村土地退出顺利开展。

第五章　农村土地承包经营权
退出的风险点识别

在我国当前城乡社会保障体系尚未全面覆盖、农地流转体制机制尚未充分成熟等前提下，农户主动选择退出承包地有许多不确定风险（王兆林等，2013b）。农村土地承包权退出风险点识别是农村土地承包权退出风险识别的首要任务。本章首先明确农村土地承包权退出风险点识别原则，其次对退地农民权益与能力保障、社会、自然生态、制度及粮食安全等各级退地风险点内涵及其严重后果进行科学辨识、归类与总结，完成农村土地承包权退出的风险点识别。

第一节　农村土地承包经营权退出的风险点识别原则

中国农村社会转型的特征突出体现在乡村结构转变与体制转轨同时进行，农村社会转型具有复杂性，转型过程中农村有极大可能发生潜在风险（曹海林和童星，2010）。在现有法律框架下，当今社会面临风险呈现出由局部性转为全球性、个人性转为社会性、单一性转为多重性等特征（刘佳燕和沈毓颖，2017），各类风险常相互交织同时发生、既相互独立又相互叠加，在特定条件下演化为系统性风险，因此需要科学分析农村土地承包权退出风险点的识别原则。结合相关研究（郭强，2014），农村土地承包权退出的风险识别可依据客观全面原则、合理合规原则、科学测度原则，以牢牢把握土地承包权退出风险。

一、客观全面原则

农村土地承包权退出具有系统性、全局性影响，涉及非常复杂的经济、生态、社会及农户等方面风险问题，牵涉农户、农村集体经济组织、用地企业、中介组织、地方政府、国家等不同主体利益分配与调整，退地带来的风险具有扩散性，如果不加以管控，那么可由当前农户个人风险逐渐演变为区域风险或国家社会风险，因此，在识别风险时要考虑农户个体决策、农村集体经济组织行为、政府引导等方面，统筹考虑农户微观风险认知及国家社会层面的风险高低。

当农村土地承包权退出风险识别时，要大量梳理总结相关文献，基于专家访谈等对农村土地承包权退出风险点体系进行全面分析。所谓客观，就是指农户退地风险客观存在，不管退出农地的农户是否进城落户，或多或少都存在风险发生的不确定性；同时对于退地风险应依据不同地区经济社会发展状况来分析，不能仅根据主观意识来分析识别风险。所谓全面，就是要对整个退地风险体系进行分析判断，通过多种方法把各种退地风险剖析出来，不忽略暂时是较小风险但将来可能转变为较大风险的退地风险点。

二、合理合规原则

合理性原则是指退地区域内农户对农地退出风险点识别时应符合土地承包权退出的一般规律，对退地风险的系统分析应在土地承包权退出研究范围内，尽量做到合情合理、准确无误。合规性原则要求分析土地承包权退出风险点体系时应符合当前法律法规要求，既不能忽略对退地农户个体风险乃至因退地农户风险所导致的国家、社会、自然、制度等风险点的辨识，又不能过度夸大退地风险点发生可能性或风险严重程度，应该结合实际情况采取客观科学的识别方法识别土地承包权退出的风险点。

三、科学测度原则

农村土地承包经营权退出试点作为我国农业转移人口市民化的重要尝试，农村土地承包权退出涉及农民群体、村组集体、地方政府、用地企业、中介组织等，任何局部微观层面风险都可能演化为系统宏观层面风险。需要科学全面识别退出风险点，进行归类分析。不能把农村土地承包权退出当作单一孤立事件，要综合考察、从全局高度来看待农村土地承包权退出实践，科学系统地分析农村土地承包权退出的各主要风险点；可依据风险理论、农地产权理论，从农民权益及生计风险、自然生态风险、社会风险、粮食安全风险、市场风险等方面统筹把握农村土地承包权退出的各类主要风险点。

第二节　农村土地承包经营权退出的风险点识别方法

一、主要风险识别方法分析

采用文献阅读法，综合国内外风险识别的主要研究方法如表 5-1 所示。

表 5-1　主要风险识别方法汇总

风险识别方法	具体内容和做法	优势和不足
现场调查法	在风险发生的现场对风险因素进行详尽的普查，其中包括调查前的必要准备、现场调查、真实情况与调查结果的反馈，出具调查报告书等流程	优点：可直接获取第一手资料 缺点：时间久，成本高
列表检查法	用预设好的调查法对主要风险事件进行检查	优点：成本较低、识别过程简单迅速，可同时跟踪整个风险管理进程 缺点：检查表制作费时费力，质量难以有效把控
流程图法	从实践或项目的主要活动内容出发，根据实践或项目内在的逻辑流程出发制定主要活动的流程分析图，从而深入剖析研究全流程过程中的不足、薄弱点或可能风险点	优点：将原本复杂的业务流程简洁、平面化，更有助于识别关键风险点 缺点：流程图绘制时间成本高，缺乏风险发生可能性及大小的定量分析
故障树分析	该方法利用图解的形式和因果关系，逐步分解最终故障。一般是在已知风险的情况下，通过分析引起风险的动因，识别相应风险事件，顶端是可能的结果、下面是原因分解	优点：一般用于缺少经验的风险识别，方法较全面、形象、直观；适用于特点风险的深入分析 缺点：要求及成本较高、专业性强，对大系统识别时易产生疏漏或错误

风险识别方法	具体内容和做法	优势和不足
组织结构图分析法	对可能形成风险的区域重点关注，通过绘制出整个单位的组织结构图的方法，寻找风险产生的重点部位	优点：在风险识别中形成特定的目的和指向 缺点：受限于风险管理人员的风险发现能力
因果图法	从最初导致风险发生的影响因素出发，将带来风险事故的主要原因划分为具体原因与相应类别，形成形似鱼刺的图表	优点：全面系统揭示风险事故与其风险因素间的因果联系 缺点：风险因素重要程度无法区分，取决于风险管理者对风险的认识程度和观念
问卷调查法	通过向调查人群派发简明的咨询表，请示填写、选择对有关问题的意见与建议，通过书面形式间接搜集研究数据材料	优点：可广泛借助社会力量，在短时间内搜集众多数据资料 缺点：调查地点、被调查者选择的代表性存在较大主观色彩
德尔菲专家预测法	就特定风险，根据相关特定程序重复征集、详细咨询各领域的众多位专家意见，并进一步分析得到最终预测结果	优点：将专家个人意见调查法、专家会议调查两种方法相结合 缺点：周期较长，受专家知识局限等影响
分解分析法	将一个复杂事物或项目整体拆分为多个比较简单的事物个体或子系统，将一个大系统分解为具体的组成分子，从中分析出潜藏的威胁	优点：广泛运用于各类项目风险管理，有利于将复杂事物简单化 缺点：风险因素容易交叉重叠，需要后期进一步甄别
专家座谈会法	由风险管理专家、相关行业专家组成专家小组，以座谈会形式就某一风险管理议题进行充分讨论并访谈交流，总结出活动中风险类别和危害，采取哪些有益举措供决策者参考的一种方法	优点：有助于专家们相互启发交换意见，弥补个人意见不足产生共振，短时间内结果就富有成效 缺点：心理因素影响较大，易屈服于权威或多数人意见，易受其他人意见的影响

二、退地风险点识别方法选择

风险点感知方法有多样性，不同识别方法或工具都有其优缺点及侧重点，不同风险识别方法的理论依据、分析思路及应用领域各不相同。风险社会已是个较完整、有解释力的理论分析体系，土地风险是现代风险社会具体的风险子集（刘祖云和陈明，2012）。

考虑到我国农村土地承包权退出改革牵一发动全身、涉及面非常广，农村土地承包权退出风险具有复杂多样性、系统性、难以准确把握等特点，各风险可能相互独立又相互叠加，个别地区或区域层面风险在特定条件下可能演变为更大区域内生态、社会、制度风险等宏观系统性风险。因此，通常来讲，对于较普通或一般性的风险仅依靠个体经验或知识就可以进行识别和预计，但是农村土地承包权退出风险体系具有高度的复杂性结构性，且不同群体对不同类型风险的重要性或严重后果的认知具有偏差，而业内专家又拥有相对独立、科学、客观的专业知识，专家访谈法简单实用更加客观，可对风险类型及风险高低进行评价，在当前国内土地领域很多的风险识别及评价中都采用该方法（胡建，2014；林超和陈泓冰，2014；刘瑞新和吴林海，2015；刘敬杰等，2018）。

　　因此，基于以上分析，在具体识别土地承包权退出风险点时应结合专家法等多种方法综合研究，从而更好地识别退地风险、提升识别效果，这也与很多现有风险识别研究等相一致（夏诗园，2017；林超和陈泓冰，2014；胡建，2014）。具体来讲，本书以土地承包权退出的"潜在问题"为研究视角，在梳理总结大量国内外有关土地退出、土地流转或土地交易风险等相关文献的基础上，依据系统理论，采用分解分析法①将已发生或很大可能发生的土地承包权总风险分解成多个一级风险点乃至二级风险点，通过专家访谈法反复交流，对土地承包权退出所暴露的这些潜在风险点进行综合感知、细分归类及补充完善，从而识别出较完整的土地承包权退出一级风险点及二级风险点体系。

第三节　退地风险点及表现

一、农民权益与能力保障损失风险

（一）农户经济收入减少

尽管现有的城乡改革试验区出台了不同的农地承包地有偿退出办法，但存在

---

① 风险识别方法相当丰富，分解分析法是其中一种重要的识别分类方法（何晖，2012）。

着诸如退出补偿标准偏低、退出保障制度缺乏等不足之处。农民权益实现与保障是每次农地制度创新最关注的核心问题（朱强和李民，2012），目前在农地退出过程中时常出现退地农户土地权益受损、退地农民的可持续发展保障不足等问题（高佳，2016），且村集体组织可能缺乏监督制约易产生损害农民土地权益的风险（孙月蓉和代晨，2015）。工商资本下乡后可能高价购地并囤积，使农地财产权利转移变成一次性交易而农民不能长期受益（朱强和李民，2012）；由于缺乏统一补偿标准或退地总补偿额度较大，再加上人为等其他因素，很有可能导致农民无法获得足额农地退出补偿。因此，农民土地承包权退出的经济损失，主要表现为政府或集体经济组织主导下土地承包权退出后农户得到的经济补偿不够而带来的收入损失。

尽管国家政策一再强调农村土地权利退出的前提是要尊重农民意愿，然而，在实践中不少地方出现了违背农民意愿、强迫农民退出承包地以及违背法定程序退地等侵害退地农民合法权益等问题。就土地承包权退出来讲，农户通过劳动可以从土地获得粮油、蔬菜等生活必需品以保障其基本生活，多余粮食蔬菜等也可以在市场上交易从而获利；一旦退出承包地，就会导致农户家庭经济收入减少。此外，政府与农民集体对于土地承包权退出目标方面存在一定差异性。我国地方政府在退地决策时可能做出有利于国家整体目标的决策，以实现社会利益优先化最大化；但退地时地方政府在农民农村土地承包权退出中常处于优势地位，由于退地农户的天然弱势地位，土地承包权退出实践更重效率、重公权，可能存在轻公平、抑私权的现象，因此，导致退出农地的补偿或安置等大多是由基层政府单方面决定，农民缺乏平等协商权利，难以与政府平等协商，这可能给农户带来不少经济收入减少。

此外，土地承包权转让应符合供求关系的市场规律。但是在交易中农户属于弱势方，一旦土地承包权转让、退出价格因供求关系发生变动，其权益就极易受到冲击。尽管在试点地区会有政府、村组集体经济组织、中介组织发挥作用，但由于整体上农地转让市场还不够成熟，导致退地双方未必能充分了解对方信息充分，可能会容易导致转让土地双方之间出现土地供大于求或供不应求等情况，使土地转让价格上涨或下跌，可能导致退出承包权的农户土地收入等权益无法得到充分保证。

（二）农户社保丧失

对农民来讲，土地扮演生产资料和社会保障角色。土地承包权退出是一劳永逸退出承包地，普通农民失去土地后会面临生活、就业及社会保障等系列难题（叶继红和孙崇明，2020）。农村土地承包权退出对农户来说意味着失去了劳作对象和生活保障，虽然农户可以获得一定的退地补偿或安置，但是农地退回或转让后，由于当前我国养老、医疗等社会保障制度仍不完善，退出土地承包权后得到的补偿或安置可能不足以保障农户长期基本稳定生活、削弱退地农户的社保收益。在实地调查中发现农村留守群众多数是中老年人，这些群体普遍担心未来的农村养老保障等社会保障水平，因此，退地农户后续仍面临社会保障不足等问题，这将带来严重的风险。

（三）农户失业风险

失去土地的农民会被迫从事非农产业或投身城镇化，从而面临更多未知风险（李悦，2020）。我国社会保障体系不健全，完全退出土地承包经营权会导致部分农户失地亦失业、影响社会稳定（孙德超和周媛媛，2020）。土地承包权能在一定程度上维持稳定的农村土地承包关系，保障有劳动能力的农户不会失业，由于各个农户非农就业能力不同、家庭经济条件不同，对于整体经济不发达的地区，农民非农就业机会相对有限，因此，面对政府主导下失去土地承包权这一事实，由于部分退地农户年龄大、学历低、缺乏非农就业能力或劳动技能等原因，可能面临失业等境地。

调研区域内相当多中老年退地农户在离开农村后或者留在当地或者进入城镇生活，尤其是进城后由于年龄偏大，缺乏相关职业培训和知识储备，不熟悉非农工作，缺乏就业竞争力，很多中老年农户离地即无事可做；即便有的退地农户找到了工作，由于思想观念或者工作习惯与城市新环境不适应，仍然无法保持良好的就业能力及就业状态。如果大量退地农户在当地或附近城镇都无法找到工作，那么其退地潜在危险就较大，退地农户面临再就业能力丧失的风险。

（四）农民生活秩序混乱

土地承包权转让或失去土地后会让农户身处窘境（胡惠英和刘啸山，2012），没有新的工作或就业会使留在农村的农民因其自身具有的各种种田技能无用武之地而整天无所事事。

退地后会造就大量农民变为市民或无地农户住在当地或附近城镇，对于进城的农户来讲，尽管其住在城市或城镇，但是他们可能依旧保留很强的农村生产生活习惯，已适应了农村风俗和约定俗成的传统，现在与城镇居民偏向于表面关系来往、缺乏生活中的情感互动，可能导致进城农民对城市或城镇生活缺乏归属感，缺乏对市民身份的认同。另外，由于自身条件所限，很多农户可能较难获得合适的工作岗位，使失地农户陷入回乡无地、进城无业的两难境地，其可能在城乡边缘之间游荡，会使农户产生社会地位下降、对社会和自身失去信心的不公平感等边缘化感觉（陈传波，2004）。总之，土地承包权主动退出后，部分农民可能因失业或生活环境变化而产生身份落差或处于生活混乱无序状态，导致其身份窘境、生活困难且充满风险。

二、社会风险

学术界及政府决策者最担心的问题就是退地风险及其传递对经济社会稳定的影响（张学敏，2014）。城乡社会保障制度不完善差距大且城镇社保待遇远优于农村，这抑制了城乡统筹发展，容易引发社会矛盾或影响社会稳定（卿海琼等，2009；张明斗和王姿雯，2017）。我国农村土地承包权退出需制定一系列社会稳定政策，以减少退地社会风险。从一定意义上来讲，农户退地社会风险在很大程度上等同于转出方失地风险，本书土地承包权退出社会风险主要包括履约风险、当地两极分化风险及当地发生群体事件等风险。具体二级退地风险点有以下三个：

（一）履约风险

如果经济主体法律意识淡薄、内在利益驱动等，可能导致信用危机等问题。土地承包经营权退出涉及退出方、承退方及第三方组织等不同主体，承退方企业较强势，容易通过权力等对退出方施压，破坏公平平等的自愿交易（钟涨宝和聂建亮，2012）。由于土地承包权转让中供求双方之间存在信息不对称，种粮大户或用地企业缺乏获取市场需求信息的渠道，退出承包权后农地供给方无法通过市场寻找到合适需求方获得满意的转让价格，农地需求方也无法在市场中找到符合要求的土地，加上退出的土地承包权转入方也担心农户中途提高补偿金或中断合同而不愿轻易向土地投资，易使土地转让短期化，因此这些都加深了群体间不信任程度（朱继胜，2017），尤其是实力强、路子广的承退方可能不遵守退出协议所作承诺而擅自更改退地合约内容、不履行协议中补偿或安置条款等，尽管可能有地方政府监管、双方合作协议约束等，但这仍会导致总体处于弱势地位的农户或农民集体蒙受较大损失或对土地造成较大破坏而产生的风险。

此外，我国农村承包地经营权流转面积不断增加，而违约事件时有发生（范丹等，2018）。有可能部分村组集体组织干部为了私利或面临上级下达退地工作任务压力而采取相应手段诱导农户先退出承包权但退后又不给予先前承诺补偿等，又或者由于短期内没有合适项目或其他原因而撂荒退出集体的农田，而土地承包权转让或退回合同不履行的追偿成本又很高，最终使退地风险多数转嫁到退地农户身上，这些都可能带来严重的退地履约风险。

（二）当地两极分化

如果农村土地承包权退出后违背在退地前给农户所做承诺，那么必然造成农户权益损失。部分退地农户非农就业能力差、农村集体懈怠、贫富差距拉大等会进一步造成退地农民两极分化。

在我国城乡二元经济结构下，无论农户是否进城落户，农地都可作为退地农户最后保障。当前土地权利制度相关改革存在着改变土地公有制性质、公有化价值观偏离等潜在问题，有变相土地私有化等风险，需时刻警惕。而土地承包权退回村组或转让等退出会使就近城镇化或进城落户的农民与农村土地承包地相分离，可能带来用地方的农村土地过度集中而离地中老年农民失去生活资料等问题，有些地方政府甚至部分集体经济组织干部或用地方在退地过程侵占土地搞开发建设等，导致部分家庭条件差的退地农户因此陷入贫困，大大增加了日常生活成本，使缺乏稳定经济收入来源的退地农户生活举步维艰，而少数的用地主体或老板急剧暴富，从而加剧农村地区两极分化，成为影响社会安定的严重隐患。

（三）当地发生群体性事件

退地参与主体的失范行为或不作为会引发一系列破坏社会稳定的事件、造成不确定性损失等，农户合法权益未能得到维护等可能引发群体性矛盾或冲突，流转双方矛盾激化甚至尖锐化，从而给社会稳定带来较大压力（常伟和李梦，2015）。我国很多地区土地承包权退出改革是基层政府行政力量干预主导下的退回集体或集中有组织转让，但部分基层政府或集体组织常出于政绩或政策压力需要，以行政手段参与农地退出实现高退地率，可能存在忽视农户退出意愿，强制农户退出土地承包权等风险问题，使农户与当地基层政府或农村集体组织间发生矛盾冲突或纠纷，造成农村社会不稳定。

此外，由于退地前后双方经济利益冲突、农民利益受损、解决问题不顺畅、部分用地企业以租代购、联合基层政府或集体组织随意开发利用退回的土地或囤积耕地不耕种等问题，这些因退地所带来的不同群体之间的矛盾纠纷等易被为少数人员煽动对政府或农村表达不满，影响农村基层稳定，这是近年来我国部分地方出现过的现象，是国家及学者所担心的风险（胡建，2014），由此可能带来的退地农户集体聚集、扰乱社会秩序等现象会影响当地社会和谐稳定。同时，我国农村土地承包权退出相关法律法规不完善，法律认可的退出途径很少，既不能满足当前现实需求，也不能很好解决实践中层出不穷的纠纷，这些可能激化退地相关群体间矛盾冲突，引发退地社会稳定风险。

三、自然生态风险

（一）农村生产环境变差

风险承受者可能是生物体也可能是非生物体（韩丽和曾添文，2001），我国不少地区尤其是农村偏远村组缺乏管理，人口偏少且民众环境保护意识薄弱，退出的农地及周围可能会缺乏人员管理，农村普遍存在污水及垃圾等问题，加上随着农村能源结构改善，秸秆不再作为农村能源来源之一，只能被农户收割集中后随意丢弃或露天焚烧，会产生大量 CO_2、NO_2 等污染农村地区整体空气质量，损害农村生产环境质量。

农户耕地承包权转让给用地方后，不少农村土地规模经营主体只看重经济效益、不管农村土地生态保护等要求，缺乏对农村生态风险的认识及农村土地经营的社会责任意识，使用退出土地的部分农业生产主体等也可能综合素质不高，对环保规定缺乏重视，生产资金与环保技术不足，生产环保设施建设或处理设施配套不足或落后，因此无法有效利用农业生产废料、生产垃圾，大量废弃物会未经任何处理随意丢弃或排放，大规模农业生产或养殖畜禽产生的排泄物或废水等常不加处理就排放到环境中，从而破坏农村生产环境、危害农村环境安全、导致农村退地区域生产环境渐趋恶化等。

（二）田园景观被破坏

农村土地不仅具有农业生产功能，近年来其生态景观功能也越来越被重视（林超和陈泓冰，2014）。在中国，不同地区的农村存在着不同的农地美学景观。我国当前地方政府采取经济发展优先地位，部分基层政府缺乏严格管理，如果土地承包权被农户退还给农村集体组织，由于管理不善或缺乏足够农民耕种，则可能导致土地大规模撂荒，使农村田园风光消失或优美景观破坏，退地后当地农田景观价值降低，破坏退出承包权的农地田园景观。

如果农村土地承包权转让给承退方后，那部分承包权承退方就可能疯狂圈地热衷于扩大用地规模，从当地政府或农村集体组织获取更多的土地、资金或政策资源支持，对原有退出的农田进行改造甚至开发建设，这种不合规做法会严重破坏农村原始生态环境或生态美学景观，甚至毁掉原有农地田园风貌，使原有和谐的自然生态景观风貌被割裂，大幅度降低所退土地的田园景观美学价值。

（三）农田肥力下降

农户土地承包权放弃或退回村集体后，可能各地块布局无序、散点式分布，即使村集体收回了大量的耕地承包权、通过自行组建农业合作社或统一经营耕种耕地，但农村很多地方总体经济水平偏低，不少地方基层政府或村集体组织财政紧张，因缺乏足够的资金、管理人员及相关技术支持而无法重新整合或统一整理改造现有耕地等，导致耕地细碎化程度较高、农田质量难以提升，而土地承包权退出后长期无人料理、缺乏管护等会导致细碎化耕地逐渐撂荒，这将在很大程度上逐渐降低农田肥力。

同时，在现代化规模化经营背景下，对于土地承包权转让来说，使用退地的用地方为追求规模效益及利用利益最大化，可能会过度使用或盲目增加使用化肥、农药、地膜等以追求农作物产量的最大化，导致大量无法被土壤吸收分解的养分残留在土壤中，造成土壤中的有机质等矿化、不利于农作物的正常生长，乃至出现土地硬化或质量退化等恶果，致使土壤整体肥力下降。另外，我国很多农村地区污水或生活垃圾排放缺乏严格管控制度及处理设施，会造成退出土地的土壤污染，也可能导致退出耕地的肥力大幅下降。

四、制度风险

在一个信息模糊风险很大的交易状况下，要建立农村"三权"退出市场就必须要有维护和促成交易的制度建设（胡继亮和刘心仪，2017）。制度风险主要包括制度缺陷、缺乏或不够有效等（郭强，2014），当制度缺位或无法实现有效供给时，利益相关者不正当动机和行为可能会加剧风险积累促成危机爆发（童星，2012）。土地承包权退出的制度风险是指由于退出承包权的制度缺失或功能偏差以及制度执行不足等风险。具体二级退地风险点主要有以下两点：

（一）补偿政策不稳定

补偿制度不稳定是指土地承包权退出中因退地补偿安置政策或法规缺失或与现有法律法规相抵触而产生的政策不衔接不稳定等风险。保障退出承包权的农民土地权益从根本上要靠制度规范。当土地承包权作为成员权利可退出时，在如何解决成员面临的生计和发展保障等方面的问题，国家有关制度规定还不完善，如后续社会保障供给不足，制度规定不衔接（孙德超和周媛媛，2020）。

具体来讲，随着经济发展，以往补偿安置政策也可能随着时间推移不断调整或变动；退地农户和农村集体组织、基层政府无法知道随着形势发展未来会怎样变化，会发生无法预估的政策变化或变动，而一旦制度或政策发生变化，合同又不能更改，就会导致退地农户利益受损或违约，由此产生相关政策法规缺失或退出制度与当前法律法规等抵触的矛盾。退地补偿安置政策频繁变动、退地制度建设落后现实、退地手续及程序待完善等会导致各主体权责利不明确、政策制度保障出现空白或漏洞，这些都会退地农户产生补偿安置政策不稳定感觉等，产生制度风险。

（二）监管制度落实差

退地监管安置制度落实差等可能导致退地农户或国家层面面临风险。基层政府等在土地承包权退出管理上越位错位、缺乏对退地利益分配的监管等都会带来较严重的风险。如果土地承包权转让或退出缺乏监督，就无法实现民主决策，无法从社会层面彻底遏制某些违规违约倾向，无法真正有效解决农地无序非农用途等现实问题。

具体来说，土地承包权退出后基层政府和农村集体经济组织要规范土地承包权退出所涉主体的行为、从总体上协调各主体间利益分配。土地承包权退回或转让前后，退地农户与集体组织、退地农户与用地方、集体组织与用地方等主体之间一直存在博弈；如果当地基层政府的退地监管制度或集体组织所签退地协议难以落到实处、决策执行不力、不能依法有序监管退地等，那么都可能带来退地农民集体利益受损、退出的土地质量被破坏、社会稳定受影响等，出现退地实践结果与改革预期目标相背离等风险，这些都是退地后可能面临的制度监管落实风险，会带来严重的经济、社会、生态及农民生活保障等多方面严重后果，必须予以高度重视。

五、粮食安全风险

由于各种原因，农村地区不少农户将承包地撂荒。粮食安全最根本是要保护农地粮食生产能力，关键是生产所有人口所需的粮食（余振国和胡小平，2003）。我国当前农村中老年人较多，家庭劳动力多数进城打工农忙时返乡务农，而老龄化和没有合适继承者是农民转让土地的重要影响，会导致粮食安全等风险（Duesberg 等，2017）。我国农村土地承包权退出可能面临较严重的耕地非粮化、非农化等粮食安全风险。具体二级退地风险点主要有以下两点：

（一）耕地非粮化风险

农业生产经营效益及投资回报率偏低，而经济作物种植回报率高，资本逐利性决定了农地经营非粮化的发展趋势（孙月蓉，2015）。近年来，农地转让补偿费用持续高涨，一般的租地种粮投资回收周期长甚至难以继续维持经营，因此，农业用地方或集体收回承包地后可能会撂荒或倾向于种植蔬菜、花卉等经济作物等或进行农业产业化经营，由于种植粮食收益远低于种植经济作物收益，因此直接导致了多数农地转入者出于"逐利"本能放弃粮食种植，而选择在农地中大规模种植经营收益更可观的经济作物、加工特色农产品或发展休闲农业等（胡大武，2010；Hu 和 Xu，2013），从而影响退出承包权的耕地粮食作物种植。

农村土地承包权退出的利益主体很多时候被虚化，农村土地退出的控制权在很大程度上仍然集中控制在少数乡镇或村组干部手中，部分基层政府人员或村组集体干部受政绩或自身私欲驱动，可能随意调整退出的农地使用方向，或在签订合同协议时联合用地方等违规私下改变退地的农业用途，或强制调整退出农地的农业种植结构以增加经济收入或牟取私利，尤其是在较发达地区或耕地资源紧张的退地区域该问题将更突出。这将导致退出的耕地种粮面积逐渐减少，退出农地的粮食生产能力降低，带来严重的农地非粮化问题。

（二）耕地非农化风险

现阶段农地转入方是改变耕地性质的主要参与者，通过转让集中到第三方企业手中的农地存在着被大规模开发为非农用地等现象（胡建，2014）。为追求利润最大化，退地转入者耕地非农化冲动会日渐强烈，即使现在的市场交易中政府已出台了交易市场准入措施对工商资本下乡进行管理，但是仍应高度关注转入农村土地承包权的企业非农化倾向（朱文珏和罗必良，2019）。

如果对承包权退回给集体的耕地利用缺乏监管，用地主体会以租代征，以发展休闲农业等名义非农建设，或借助"设施农业"等名义变相开发土地建设工业厂房，或者先征用开发再走流程报批缴款，或在不办理任何手续情况下边建边批或未批先建娱乐休闲村，私下将退出的耕地逐步变为非农建设性质的用地（胡惠英和刘啸山，2012）。另外，部分退地区域政府部门工作人员也会私下联合工商资本联合开发利用农户退出的承包地，直接变耕地为建设用地或者违规办理审批手续等，上述现象都会导致农村土地承包权退出区域农村面临严重的耕地非农化风险。

第六章　导致农村土地承包经营权
退出风险的影响因素识别

农村土地承包经营权退出风险是由多方面因素造成的。本书对导致土地承包权退出风险的主要因素识别就是辨识显著影响农户承包权退出总风险认知的关键因素，这样做有助于全面挖掘导致承包权退出风险发生或影响承包权退出风险高低的相关因素，力争改变退地风险发生条件，降低土地承包权退出风险或防止风险蔓延扩散。

第一节　农村土地承包经营权退出风险的生成机理

一、退地相关利益主体间信息不对称

农村退地过程中信息不对称包括退地农户与流入农户间的信息壁垒、农户与政府或村集体等主体间的信息交流不充分、信息传递滞后性等，农户在此情况下盲目将农地转出会产生诸多隐性风险。胡建（2014）认为，出于自身利益最大化的目的，采取隐瞒或是欺骗的手段是土地产权转移或交易中出现道德风险的原因。

目前我国地方政府处于先天的优势地位，在现有的农地退出转让中可能缺乏

有效直接的沟通渠道，退出土地承包权的农民集体与土地承退方（主要是用地方）、地方政府之间存在信息不对称的问题，退地农户与基层政府、集体经济组织、承退方之间缺乏有效的沟通渠道和手段，可能致使土地承包权退出过程中相关利益主体权益或诉求被忽视。

不少退地农户缺少相应信息获取来源，也缺乏足够知识或专业技能，政府退地决策体系可能存在一定程度上的不足，导致农民集体与基层政府、承包权承退方等主体之间存在信息鸿沟，可能触发退地基层政府或农村集体经济组织与用地方之间矛盾，由此带来土地承包权退出的各种风险或隐患。退地农户面临土地权益受侵害、退出农地被破坏或改变用途等问题，难以通过正常的沟通、协调、仲裁、法律等途径解决问题，常常只能采取容忍、违约、对抗或上访等方式应对，甚至部分激进群众会采取不理智的过激行为来引起社会关注，导致土地承包权退出的矛盾或风险加剧。

二、退出农户抗风险能力不足、农户农地产权重要性被低估

吕琳（2010）表示，农民自身局限性主要表现为文化水平低、法律意识薄弱、个别仇富心理、脱离规范的土地市场等方面。除农业经济产出外，我国农村土地还承担着一定的社会保障功能，并且越来越多地承担着财产经济价值（罗必良，2013）。农村土地在保障农民基本生存权利方面承担了基础性的责任（林建伟，2015）。当前我国农村社保体系仍不完善，农地还承担着农民生产生活、就业等社会保障功能，一旦农民失去土地这一生存保障基础，在退地后就会产生较大风险。此外，由于政策执行主体能力偏低（陈振等，2018b），退地农户家庭之间收入或经济条件并不一致，各家所拥有农地面积、质量高低、是否有土地产权等情况不尽相同，退地对农户家庭可能产生的风险不同，导致经济水平差的农户陷入贫困等危险境地。

在当前缺乏完善的退地社会保障制度及科学的基层治理体系下，农村土地承包权退出后失地农民生存发展总体处于不利境地，退地产生大量缺乏城镇就业能力的失地农民，他们很大可能会选择进入城镇或所在乡镇生产生活。由于农民个体特征、家庭生计资本、对政府信赖或依赖程度等并不相同，所以在退地时，总体处于弱势的农户群体极容易在偶发事件或个别人挑唆下将退地纠纷上升到社会冲突等层面；如果退地后补偿或安置不能让农户满意，农户就会产生心理落差或不满，可能造成经济损失或能力风险、就业风险、粮食安全风险等；而如果政府、退地集体组织或用地企业的利益保障政策制度不持续监管落实不够等，那么又会产生制度风险。

三、退地环境待优化

从风险管理角度来看，客观环境是风险产生的主要来源之一，经济行为主体活动受到其自身和客观环境的影响而具有各种潜在风险（卢新海和陈丽芳，2013）。随着城镇化进程加快，如果农户退出土地后的生活或就业环境状况较差，农户集体就难以有更好的生活及就业机会。如果政府不支持、不关注农民生产生活，那么就会极大地挫伤退地农民通过努力改善自身命运的可能性，从而可能增加退地带来的风险。

在市场经济条件下，农地承退方需要加大农地投入，基层政府需为从事农业生产的承退方企业提供较好的工作环境、法制环境、政策信息等，以避免由于退地外部环境原因而产生的经营无盈利或陷入经营危机而产生的履约风险等。

此外，缺乏监督机制在我国已成为农村土地制度改革中腐败和寻租问题的重灾区，对土地承包权退出相关权力部门或利益相关者的有效合法监督不可或缺，倘若没有建立起行之有效的监督问责机制，土地承包权退出环境就难以净化变好，从而会导致退地产生更多的风险或矛盾冲突。

四、社会管理体制不完善

随着社会经济发展，风险逐渐成为具有潜在破坏性的力量，其来源也从工具层面转向人类行为本身及制度安排层面，这些来源因素起到加速或延缓风险产生的作用（张学浪和笪晨，2020）。MacMillan（2000）考虑市场化环境对土地产权交易的负面影响，即完全的土地市场化交易会造成市场失灵。现存的城乡二元经济结构不利于城乡之间要素自由流动合理配置。法律和制度缺陷是农村土地承包权退出风险的重要原因，地方政府职能缺位或机制不完善不健全、干部职业道德缺失、官商勾结等也在很大程度上放大风险发生概率，加剧了农户农村土地权利退出等风险。

在农村土地承包权退出过程中，相关农地权利主体在现实中无法真正行使权利，退出的实际控制权集中于地方政府和村集体少数人员手中，部分地方政府可能在改革目标或工作任务总要求下，强化退地主导性，易忽视农民意愿、通过行政命令等强制性手段强制实现集体土地承包权退出，成为土地承包权退出发生风险的诱因，为日后土地承包权退出纠纷埋下隐患，加剧了农民集体对退出农村土地承包权的抗拒。同时，农村土地是农村集体最重要的资产，一旦退出土地，该集体经济发展就可能会受到很大影响，有限的上级财政资金又不足以维持全部退地农村集体经济组织的基本运转；而市场经济具有波动性，城市乡镇生活竞争力加大，经济的周期性波动和城乡二元经济结构体制共同导致农村土地退出后农户、农村集体经济组织及当地社会发展等具有较大风险或隐患。

同时，由于当前社会经济管理体制机制不完善，土地承包权退出中政府与企业及农村集体间利益协调机制、农户的利益诉求机制、退地各主体履约信用体系及退地后管控监督机制等尚未成熟，可能导致退出退地后耕地保护落实不力，对用地企业或组织不履行退地协议等缺乏制约或管控，也可能会带来很多风险。

第二节　分析框架

在风险严重后果发生或风险暴露之前，科学全面地挖掘引发风险点发生的影响因素，是风险识别的重点任务（沈建明，2003）。只有主动、有目的、有意识地深入分析这些风险影响因素的作用，才能有针对性地选择风险规避方法、避免或减缓风险形成或扩大，有效减少风险带来的损失。

存在风险的问题往往是大众敏感话题，民众风险感知是决策者不能忽视的（Starr，1969；Slovic，1987）；尽管公众缺乏风险专业知识和评价标准，公众对风险的认知可能存在差异，成为社会不稳定因素（李一川，2012），但心理学认为，对客观风险的评估，只有融入个人认知中才有意义，一切不利后果应涉及人们心里的感受（陈传波，2004）。

个体在面临风险时主要依赖个体直觉对风险进行评估，这种对风险的主观评估称为风险认知（Slovic，1987）；风险认知与客观风险之间存在着差别，风险既是一种客观存在又是文化与社会心理构建的产物，兼具客观性与建构性特点，从建构论角度来看，风险就是人类自身对可能的危险估计的一种感知（李一川，2012；班塞，1978）。基于农户认知的参与式风险识别体现了以人为本、倾听农户声音等基本原则，风险真实性认定应以个人认知为基础，这样可揭示出社会大众关怀与价值态度，显示大众风险偏好及想要的生活生态环境，有助于风险策略拟定，展现了客观风险评价方法所无法显现的个人经验；且与其耗费大量人力和时间对农户风险基于精算学进行精确识别与评价，不如直接以农户认知为基础进行调查和统计分析（陈传波，2004）。

此外，由于风险不可避免，无论风险控制水平多高，只能降低风险程度，而不能彻底消灭风险（孙斯坦，2005）。基于上述分析，可将导致风险发生或扩大的影响因素识别研究转化为对农户风险认知的影响因素分析；相对于研究导致退地风险产生（有无）的风险源指标，全面识别影响农户退地风险认知水平高低的因素无疑更具有政策意义与现实价值，这适应了农村复杂性及巨大差异性，显现了更好的个人经验优势（陈传波，2004）。毕竟，公众风险认知会产生较大实际影响，无视风险认知的政策很危险，将导致各种新风险（王锋，2013），且风险认知水平越高，风险主体采取降低风险行为的可能就越高（赖泽栋和杨建州，2014），就越可能据此采取更有效措施应对风险。

因此，基于退地风险形成机理及上述部分研究，本书把土地承包权退出风险影响因素识别的研究重点放在退地直接受影响群体——农户身上，尝试将导致退地风险发生或扩大的影响因素识别研究转化为对农户退地风险认知的影响因素分析，并通过实地入户调研进行实证研究；严格监控、合理处理影响风险认知的各种因素有助于降低退地风险，从而防范化解风险。这对于那些对退地风险问题关注不够的研究人员或当地政策制定者来说可能非常具有价值或意义，切实增强了土地承包权退出风险应对问题研究的有效性，也有助于最大限度降低农户退地风险,顺应风险管理制度社会化发展这一趋势(陈传波,2004)。根据第三章导致土地承包权退出风险的影响因素识别理论分析框架,本书仅对农户土地承包权退出总风险认知的影响因素进行研究。

第三节 理论基础与研究方法

一、理论基础

风险认知是个复杂概念,不同学者对"风险认知"的定义不同(林晶,2018)。Bauer(1960)认为,风险认知是风险主体感知和识别自身面临或可能面临的风险,大多数人一般依靠个体直觉进行风险判断称为风险认知(Slovic,1987),风险认知是人们了解某种特定风险的程度判断,并对该风险评估与行动的过程(王政,2011),个体对风险情境有多少风险性主观判断与认识即为风险认知(Sitkin and Weingart,1995),风险认知主要包括个体对风险的评估和相应行为反应,人们对风险的认知程度由风险大小及其所引致的负面后果严重程度来决定(Cox,1967),与专家用科学方法评价风险不同,普通公众常按照直觉对风险进行判断,这就是普通公众的风险认知(谢晓非和徐联仓,1995),风险认知是个体对某种决策和损失的各种不确定因素的心理感受和认识(叶明华等,2014)。

同时,风险感知(Risk Perception)也被称为风险认知,是人们对风险特征及严重性的主观判断,或是人们对外界环境中各种客观存在风险的感受及认识(Slovic,1987;谢晓非和徐联仓,1995;孟博和刘茂,2010;张瑀芮等,2021)。国际上一般采用风险感知测量民众对风险的认知状况,是人们对风险危害性、发生规模、发生概率等综合判断形成的风险总认知,常以风险危害大小与风险发生可能性作为主要的风险感知衡量指标(Slovic,1987)。通常,风险认知水平越高,风险主体采取降低风险行为的可能就越高(林建伟,2015)。农村土地承包权退出是一项涉及面广、影响范围大、农民集体参与程度高的庞大系统工程,农户参与农村土地承包权退出将不可避免会面对很多风险或不确定后果。

本书认为农村土地承包经营权退出风险认知是指在当前我国社会经济及法律法规环境下，根据农户家庭禀赋、行为选择或心理偏好等方面的综合考虑，农户对于退地导致的危及自身经济收入及生活生产能力、社会稳定、生态环境、管理制度、粮食安全等方面风险的整体综合评判与主观感知，不涉及对退地后农户经济及生产生活、社会、生态、管理制度及粮食安全风险等更具体各风险类型的感知衡量。

该风险认知是对退出土地承包经营权可能导致总风险高低的一种判断，这种评判既包括对各风险点发生可能性的直觉判断，也包括对其风险严重后果的主观衡量两方面含义，其风险认知水平直接影响农户自身退地行为决策或心理变化。当前学界缺少农户主动放弃土地承包权的风险认知研究，从农户风险认知角度探讨影响土地承包权退出风险高低的系统性因素研究处于起步阶段（王兆林等，2013b）。

风险管理制度发展需要理解农户行为，可倡导以农户风险管理需求为基础，了解农户行为及可供农户支配的资源，考察外部如何有效突破农户自身策略不足（陈传波，2004），且农户对风险的感知是个复杂过程，是多因素综合影响的结果，既受到主观因素和非主观因素影响，也受到理性和非理性因素作用（苏芳等，2019）。

根据土地承包权退出风险的生成机理，借鉴相关研究（胡建，2014；李炳秀和李明生，2011a；占治民，2018），本书尝试将影响农户退地风险认知的因素归纳为退地主体、退地外部环境、退地客体（产权特性）、退地补偿保障四个维度的因素，以期对农户承包土地经营权退出风险问题研究有更深的解释；如果这些因素得不到合理调整或处理，那么退地就很可能会使农民生产生活陷入贫困、破坏农村生态环境及社会稳定等、引发更高层面更大范围的风险。具体变量如下：

（一）退地主体维度

（1）户主性别及教育程度、家庭年收入。农户对退地风险的认知能力在很大程度上受其自身因素影响。农户是否退出土地承包权判断依据自身家庭经济状况、资源禀赋状况等（高佳，2016）。当前民众风险感知或认知会受到个人因素等影响（Jacoby and Kaplan，1972；王俊秀，2008；朱新华和陆思璇，2018）。户主性别、受教育程度等农户个体特征及家庭年收入等禀赋将对农户退出承包权风险认知产生不同程度的影响（王兆林等，2013b），家庭年收入可反映一个家庭的经济水平，并影响农户风险承担能力和农业生产决策行为（黄季焜和 Rozelle Scott，1993）。

因此，本书选取户主性别、户主受教育程度、家庭年收入三个变量作为部分退地主体变量指标分析对农户退地风险认知的影响；相对于女性村民来讲，男性村民有更好的赚钱能力，对于土地承包权退出具有更低的风险认知；受教育程度越高的农民职业选择范围就越广、生活能力与就业能力越强，其退地风险感知水平可能越低；农户家庭年收入水平越高、其家庭经济水平也就越高、抵御风险的能力就越强、农户对退地风险感知水平就越低。

（2）农户家庭亲戚互帮频率状况、邻里互帮或参与集体劳动频率状况、对村干部信任度。农村社会资源流动蕴含着潜在的社会风险，会强化由其他原因产生的各种社会风险（李路路，2004）；一个村庄中的家庭、亲友网或其他社会网络可通过一定制度安排彼此分担风险（陈传波，2004）。由于风险感知已上升为个人与所处社会关系互动的结果（车蕾和杜海峰，2019），社会公众与社会关系网络联系紧密的复合网络会弱化公众风险感知（高山等，2019），因此，农民风险认知是该集体背后共建的社会关系和价值观等的反映，需要做更多社会学意义的解释（Peter and Jens，2006）。可从退地主体拥有的社会资本角度选择变量分析对农户退地风险认知的影响，毕竟提高社会资本在土地交易等活动中的参与度，有利于有效避免风险（Wossen 等，2015）。民众个体社会网络、社会稳定及经济地位等多种因素会影响民众风险感知（王俊秀，2008），作为个人间的独特关系，社会网络能给网络内部成员提供信息和人情资源，地缘和亲缘关系结成的社会网络内部常有互助行为，发挥着非正式保险作用，可降低风险，且农户在很大程度上依靠由地缘及亲缘关系形成的社会网络来应对风险（边燕杰等，2012；王春超和袁伟，2016；江激宇等，2018；Ambrus 等，2014）。此外，信任也是联系社会成员的一种基础纽带，信任的价值在于降低交易风险和交易成本（福山，2001；刘成玉等，2011）。

一方面，农村社区生活往往以地缘关系为基础、以血缘和宗族关系为纽带，农户倾向与自身相类似的人交往（孙立平，1996），且农户从社会网络内获得非正式保险实现风险分担的可能性在很大程度上依赖于其与家族及社区成员之间的关系（郭云南和姚洋，2013），同时，由于中国农户的团体性社会网络存量常不足，应鼓励农户参加各类生产经营性团体，例如，合作社、互助社或者生产协会等以降低农户风险（李庆海等，2018）。因此，本书选取家庭亲戚互帮频率状况、邻里互帮或参与集体劳动频率状况两个变量作为社会网络变量来分析对农户退地风险认知的影响，这两变量分别表示退地农户亲缘关系和地缘关系，反映了农户家族关系与参与社会活动情况，符合作为血缘关系、人缘关系、地缘关系组成社会关系网的构成要求（高山等，2019）。一般来讲，农户参与家庭亲戚互帮频率、邻里互帮或参与集体劳动频率越高，农户之间由血缘和地缘关系组成的社会网络内部越能共享信息、获取资源、促进合作，互助支持行为就越强、彼此分担风险控制风险能力就越强（边燕杰等，2012；李庆海等，2018；江激宇等，2018），农户对土地承包权退出的风险认知就越低。

另一方面，信任是一种风险承担行为，信任与风险之间应具有因果关系，低水平的主观信任就意味着高水平的风险认知（许科，2008），社会信任为固定村域内农户长期交往形成的相互信任关系，有助于农户与他人构建稳定合作规则和互惠机制以提高合作效率（史恒通等，2018）；信任增强可降低风险感知进而减少应对行为，信任水平降低会增进风险感知进而产生个体应对行为（Mayer等，1995；Sjöberg，2008）。农村村民经常接触村干部，村干部作为农村政策执行主体，其工作成效将极大地影响农村土地管理工作（吴冠岑等，2013b），而社会资本中的信任维度又可选取对周围人的信任程度来衡量（江激宇等，2018）。因此，本书选取对村干部信任度这一变量作为信任的衡量标准，以测度信任对农户农地退出风险认知的影响。退地农户对村干部越信任，政府或村集体在农户心中的地位就越高、退地执行力度就越强、就越能降低退地交易成本，从而降低信息不对称、促进合作、消除可能引发风险的不稳定因素，从而降低风险（江激宇等，2018）。

（3）农户对承包权退出要求及后果的熟悉或了解程度。作为主观因素的公众知识经验或知识水平会影响公众的风险认知（王婧等，2012；林晶，2018）；有更多知识就会低估风险，研究中该影响因素常归于个体因素（周忻等，2012；林晶，2018），由于公众的知识结构因素影响其风险感知，如果公众对特定风险事件的相关知识了解较全面，能客观知觉该事件结果，那么这样的个体就能够更理性对待风险事件（刘金平等，2006）。因此，本书考虑将农户对退地要求或后果的了解程度这一变量作为重要的风险认知影响因素，农户对农地退出要求或后果了解的知识越全面，对该事件结果越了解，能够客观辩证看待评价农地退出对自己及社会影响并做出反应，就越能更理性评判退地风险的高或低。

（二）退地外部环境维度

（1）农户生活环境状况、农户就业环境状况。从风险管理角度来看，客观环境属于产生风险的来源之一（卢新海和陈丽芳，2013），民众风险感知受到社会环境变量、生活环境变量等因素影响（王俊秀，2008），Slovic（1987）强调社会环境属于公众风险认知的重要影响因素（李一川，2012）。因此，借鉴相关外部环境类型划分，本书选择生活环境状况、就业环境状况两个变量衡量退地环境对农户退地风险认知的影响，退地农户所处的生活环境状况越好、就业环境状况越好，退地农户抗拒退地风险能力就越强，其退地风险认知就越低。

（2）退地政府服务状况、社会中介组织服务影响。个体外部的相关服务保证及积极措施有利于个体风险感知弱化（金立印，2007），面对复杂多元的社会风险，要将国家力量导入社会基层，推动政府、社会组织、公众之间形成良好的合作交往关系，才能塑造催生风险治理共同体（高山等，2019）。政府其调控及适度干预对塑造良好的土地承包权退出环境作用显著，须避免出现土地退出中政府服务不到位等问题（朱强，2013；刘润秋等，2018）。作为土地承包权转让可能涉及的关键主体，中介组织在农村土地承包权退出市场中作用不可或缺，也是退地市场中连接退出方与承退方的桥梁和纽带，可减少退出方与承退方寻找成本（钟涨宝和聂建亮，2012），降低交易过程中的契约风险，有效规避潜在的风险、降低风险发生的损失。要发挥中介组织作用，提供政策法律等咨询，通过书面协定约束双方行为，进而降低交易带来的风险。

因此，本书将退地政府服务状况、社会中介组织服务影响这两个变量作为运行环境指标来衡量运行环境对农户农地退出风险认知的影响，退地区域内政府服务或保障越好、退地农户抗拒退地风险能力就越强、其退地风险认知就越低；中介组织服务的影响或作用越大，出现退地信息不对称等就越少、就越能更好约束退地双方行为、退地成本就越低、农户退地风险认知就越低。

（三）退地客体（产权特性）维度

由于缺乏正规风险规避机制，现阶段农村绝大部分的农户仍以保有土地等化解风险（黄季焜和 Rozelle Scott，2008）。传统"恋土情结"一直存于农民心中（游丽等，2020），在丧失非农就业机会的情况下，土地更作为一种保险机制来冲销风险事件带来的危害（车蕾和杜海峰，2019）。当存在制度性农地退出机制时，分化程度越高的农户越倾向于持有土地作为风险性资产（张广财等，2020b）。同时，当前承包地经营依然是农户家庭基本稳定经济来源，多数农户不论是纯农户还是兼业农户均认为退出承包地风险较高（王兆林，2013a）。

因此，本书选择农地价值在家庭总财产中占比这一变量来衡量退地产权特性对农户退地风险认知的影响，对绝大多数普通农户来讲，农户土地经济价值在家庭总财产中比重越高，其退出对农户化解风险的能力削弱就越大、带来的危害就越严重、农户退出土地的风险认知就越高。

（四）退地补偿保障维度

制度安排与执行的偏差是经济社会发展过程中的重要风险源，尤其是制度规则设计缺陷所引发的制度性失效，可能损害部分群体的正当利益，进而形成制度结构失效性的风险源（杨雪冬等，2006）。目前农村仍缺乏有效的生存保障和正规的避险机制（何国俊和徐冲，2007），农民非常看重农村土地的社会保障效用，农地社会保障功能依然显著（李翠珍等，2009；王志晓等，2010）。愿意退出农村土地的农民中超过半数希望能换取社会保障，一次性经济交易并不能有效解决农村产权退出问题，还需要政府建立起有效的补偿机制和保障体系（杨照东，2018）。资金补偿和社保是农户在退地后的重要保障，是否具有资金补偿和社保对于农户退地的风险认知具有重要影响。

因此，本书选择是否有退出土地的足额资金补偿、退地是否有高水平的社会保障两个变量来衡量退地补偿保障状况对农地退出风险的认知影响，一般来讲，土地承包权退出后退地补偿资金越足、社保水平越高就越能保障农民退地权益、更好减少制度失效、更能降低农户退地风险认知。

二、研究方法

从理论上来讲，与农村土地承包权退出有关的所有主体、任何影响因素都可能都会对退出风险认知水平产生影响，导致风险升高或降低。但是，并非所有风险源因素体系都会对退地风险点产生显著影响。本书依据退地农户禀赋特征及退地所涉集体组织、地方政府、中介组织等各主体行为表现，结合退出的土地产权特性、退地外部环境等，采用科学合理的方法工具等识别退地风险点关键影响因素。

土地承包权退出风险认知值是具有多个等级的有序变量。当因变量是评分数值或有序数值时，可采用有序 Probit 模型来分析土地承包权退出风险认知的影响因素，来探讨不同因素对农户退地风险认知的显著影响。

农村土地承包权退出风险这一目标变量是有序变量，对于有序 Probit 模型可设定：

Y：有 M 个分类是有序变量，可将 M 个分类记为 R_1，R_2，$\cdots$，R_M；

Y^*：是与 Y 对应的一个不可观测的潜在变量，满足

$$Y^* = \alpha + x'\beta + \varepsilon \tag{6-1}$$

其中，$\varepsilon \sim N(0, 1)$，X 与 ε 相互独立。

N：观测数；

对于有序部分的处理，还需要假设存在一个序列 u_1、u_2，$\cdots$，u_{M-1}，其中，$-\infty = u_0 < u_1 < \cdots < u_{M-1} < u_M = +\infty$，满足 $Y \in R_i$ 等价于 $u_{i-1} < Y^* \leqslant u_i$，$i = 1, 2, \cdots, M$。不失一般性地，如果假设 $u_1 = 0$，那么有序 Probit 模型就可以写作：

$$\begin{aligned} P_r(Y \in R_i \mid X) &= P_r(u_{i-1} < Y^* \leqslant u_i) \\ &= \phi(u_i - \alpha - X'\beta) - \phi(u_{i-1} - \alpha - X'\beta) \end{aligned} \tag{6-2}$$

$(i = 1, 2, \cdots, M)$，其中 $\phi(\cdot)$ 表示正态分布的函数。

因变量农村土地承包权退出风险区离散值：风险极低或无风险 = 1、风险较低 = 2、风险一般 = 3、风险较高 = 4 及风险很高 = 5，因而需要构建其多元有序

Probit 模型进行分析。为进行有序 Probit 分析，需要引入不可观测的潜变量 Y^*，$Y^* = x'\beta + \varepsilon^*$，其中，$\beta$ 表示参数，ε^* 是相互独立且随机分布的随机扰动项，进一步假设存在分界点 c_1、c_2、c_3 及 c_4，分别表示土地承包权退出风险各个风险等级的临界值，并且存在 $c_1 < c_2 < c_3 < c_4$，Y_i 的取值和潜变量 Y_i^* 有如下对应关系：

$$Y_i = \begin{cases} 1, & Y_i^* \leqslant c_1 \\ 2, & c_1 < Y_i^* \leqslant c_2 \\ 3, & c_2 < Y_i^* \leqslant c_3 \\ 4, & c_3 < Y_i^* \leqslant c_4 \\ 5, & c_4 < Y_i^* \end{cases}$$

假设 ε_i^* 的正态分布函数为 $F(x)$ 且 $Y_i = 1, 2, 3, 4, 5$，可以得到因变量 Y 取各个选择值的概率：

$prob.\ (Y = 1) = F\ (c_1 - x'\beta)$

$prob.\ (Y = 2) = F\ (c_2 - x'\beta)\ - F\ (c_1 - x'\beta)$

$prob.\ (Y = 3) = F\ (c_3 - x'\beta)\ - F\ (c_2 - x'\beta)\ - F\ (c_1 - x'\beta)$

$prob.\ (Y = 4) = F\ (c_4 - x'\beta)\ - F\ (c_3 - x'\beta)\ - F\ (c_2 - x'\beta)\ - F\ (c_1 - x'\beta)$

$prob.\ (Y = 5) = 1 - F\ (c_4 - x'\beta)$

根据以上分析与相关理论，本书设定的基本模型如下：

$$Y_{土地承包经营权退出风险} = F(X_1,\ X_2,\ X_3,\ X_4,\ \cdots,\ X_{14}) + \varepsilon \tag{6-3}$$

第四节 结果估计与讨论

一、变量选择与描述性统计

(一) 变量选择

借鉴相关风险认知的评价赋值思路方法（秦光远和谭淑豪，2013；陈振等，

2018a），本书对农户承包权退出风险的认知评价值采用李克特 5 分量表法分为 5 个层次，提问为"您认为土地承包权退出风险如何"，其中：1 = 极低或无风险，2 = 较低，3 = 一般，4 = 较高，5 = 很高。按照上文对退地风险认知的影响因素分类，选择退地主体、退地外部环境、退地客体产权特性、退地补偿保障四个维度的指标体系或变量（见表 6-1）。

其中，退地主体维度指标包括选择户主性别（X1）、户主受教育程度（X2）、家庭年收入（X3）、家庭亲戚互帮频率状况（X4）、邻里互帮或参与集体劳动频率状况（X5）、对村干部信任度（X6）、农户对退地要求或后果的了解程度（X7）。

退地外部环境维度指标包括农户生活环境状况（X8）、农户就业环境状况（X9）、退地政府服务状况（X10）、社会中介组织服务影响（X11）。

退地客体维度指标包括农地价值在家庭总财产中占比（X12）。

退地补偿保障维度指标包括是否有退出土地的足额资金补偿（X13）、退地是否有高水平的社会保障（X14）。

（二）描述性统计

本书将通过退地主体变量、退地外部环境变量、退地客体（产权特性）变量及退地补偿保障变量四方面因素构建模型，具体如表 6-1 所示：

表 6-1　变量说明及赋值

变量类型	变量名	变量赋值	均值	标准差
被解释变量	土地承包权退出风险程度（Y）	1 = 极低或无风险 2 = 较低 3 = 一般 4 = 较高 5 = 很高	3.23	1.14
退地主体变量	户主性别（X1）	0 = 女性 1 = 男性	0.61	0.49
	户主受教育程度（X2）	1 = 小学及以下 2 = 初中 3 = 高中及以上（包括中专、大专）	1.63	0.65

续表

变量类型	变量名	变量赋值	均值	标准差
退地主体变量	家庭年收入（X3）	1＝5万元以下 2＝5万~10万元 3＝10万~15万元 4＝15万元以上	1.63	0.86
	家庭亲戚互帮频率状况（X4）	1＝不参与 2＝偶尔参与 3＝经常参与	2.34	0.71
	邻里互帮或参与集体劳动频率状况（X5）	1＝不参与 2＝偶尔参与 3＝经常参与	1.67	0.72
	对村干部信任度（X6）	1＝非常不信任 2＝不信任 3＝一般 4＝信任 5＝非常信任	3.12	0.95
	农户对退地要求或后果的了解程度（X7）	1＝很不熟悉或了解 2＝较少熟悉或了解 3＝一般 4＝较熟悉或了解 5＝非常熟悉或了解	3.00	1.05
退地外部环境变量	农户生活环境状况（X8）	1＝很差 2＝较差 3＝一般 4＝比较好 5＝很好	3.31	0.77
	农户就业环境状况（X9）	1＝很差 2＝较差 3＝一般 4＝比较好 5＝很好	3.01	0.73

续表

变量类型	变量名	变量赋值	均值	标准差
退地外部环境变量	退地政府服务状况（X10）	1=很差 2=较差 3=一般 4=比较好 5=很好	3.09	0.98
	社会中介组织服务影响（X11）	1=完全没影响 2=影响较小 3=一般 4=影响较大 5=影响很大	3.29	1.06
退地客体（产权特征）变量	农地价值在家庭总财产中占比（X12）	1=占比很小 2=占比较小 3=占比一般 4=占比较大 5=占比很大	3.41	0.99
退地补偿保障变量	是否有退出土地的足额资金补偿（X13）	0=否 1=是	0.42	0.49
	退地是否有高水平的社会保障（X14）	0=否 1=是	0.32	0.47

从表 6-1 显示出土地承包权退出风险程度的均值为 3.23，标准差为 1.14，大多数农户认为土地承包权退出总风险是偏高的。通过整理汇总 417 份有效农户问卷数据，各个维度的变量基本情况汇总如下：

（1）退地参与主体。从性别来看，受调查的户主中男性占比约为 61%，女性占比 39%，总体来说此次调查中男性户主占比较大，如图 6-1 所示。

从受教育程度来看，绝大部分受访户主学历为初中及以下（占比约为 90%），高中及以上学历农户仅占比 10%，一般来说目前我国的农村地区教育水平较低，且此次调查对象多为中老年农户，所以整体户主受教育程度较低（见图 6-2）。

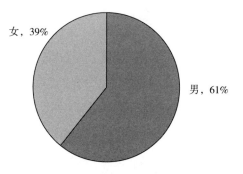

图6-1　受访户主性别比

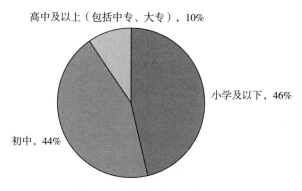

图6-2　受访户主受教育程度

从家庭年总收入来看，家庭年收入在5万元以下的受访农户占比55%，家庭年收入在5万~10万元的占比33%；家庭年收入为10万~15万元及15万元以上的农户较少，占比分别仅为5%和7%（见图6-3）。

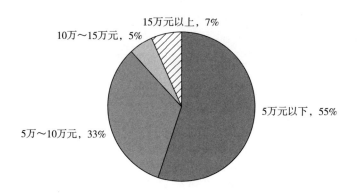

图6-3　受访农户家庭年收入情况

在家庭亲戚互帮频率状况中，15%的农户从未参与过家庭亲戚之间的互帮行为；绝大多数的农户（约占总受访农户的85%）都参与了家庭亲戚互帮活动（见图6-4）。

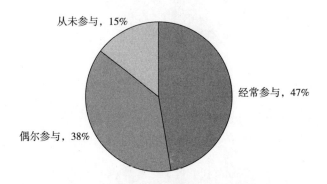

图6-4　受访农户家庭亲戚互帮频率状况

在邻里互帮或参与集体劳动的频率状况中，参与与不参与邻里互帮或集体劳动的农户比例相似，其中从不参与的受访农户占47%，占比最大；偶尔参与的受访农户占39%，经常参与的农户占比最小，仅为14%（见图6-5）。

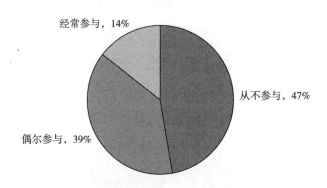

图6-5　受访农户邻里互帮与集体劳动频率状况

在对村干部的信任程度方面，非常不信任村干部的受访农户比例为6%，不信任村干部的受访农户比例为18%，对村干部的信任程度一般的受访农户比例为

38%，信任村干部的受访农户比例为34%，非常信任村干部的受访农户比例为4%。总的来说，村干部的工作得到了大部分农户的信任（见图6-6）。

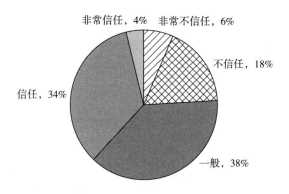

图6-6 受访农户对村干部的信任度

从农户对退地要求或后果的了解程度来看，8%的受访农户认为自己对退地要求或后果很不熟悉或了解；27%的受访农户认为自己对退地要求或后果较少熟悉或了解；28%的农户认为自己对退地要求或后果熟悉度一般；32%的受访农户认为自己对退地要求或后果较熟悉或了解，占比最大；5%的受访农户认为自己对退地要求或后果非常熟悉或了解（见图6-7）。

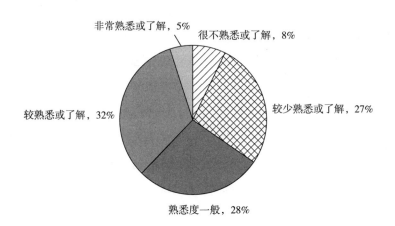

图6-7 受访农户对退地要求或后果的了解程度

（2）退地运行环境。就生活环境状况而言，仅 1% 的受访农户认为自己的生活环境状况很差，所占比例最小；14% 的受访农户认为自己的生活环境状况较差；39% 的受访农户认为自己的生活环境状况一般；44% 的受访农户认为自己的生活环境状况比较好，所占比例最大；2% 的受访农户认为自己的生活环境状况很好。总体来说，大部分农户对自己的生活环境持"还可以""还不错"的态度（见图 6-8）。

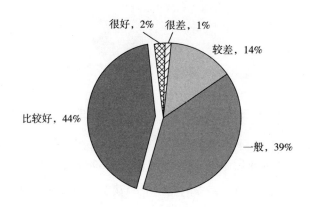

图 6-8　受访农户所在地区的生活环境状况

从就业环境状况来看，3% 与 17% 的受访农户对自己的就业环境感到不满，分别认为就业环境状况为很差、较差；超过半数的受访农户认为自己的就业环境状况一般，该种想法所占比例最大，为 58%；21% 与 1% 的受访农户对自己的就业状况感到满意，分别认为自己的就业状况为比较好、很好（见图 6-9）。

在退地的政府服务状况这一项中，经调查部分农户对政府服务不认可，感到其服务很差或较差，分别占比 4% 及 25%；31% 的受访农户认为退地过程中政府服务一般；部分农户对政府在退地过程中的服务感到满意，认为其服务比较好或很好，分别占比 35% 及 5%。可以得出，总体上农户较为认可政府在退地中的工作（见图 6-10）。

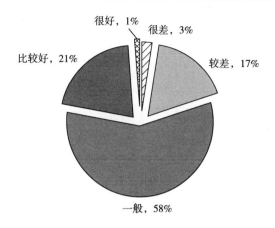

图6-9 受访农户所在地区的就业环境状况

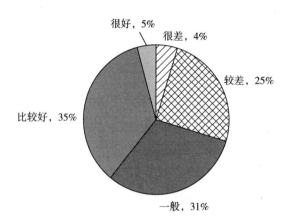

图6-10 受访农户所在地区的退地政府服务状况

从社会中介组织服务的影响来看，7%的受访农户认为社会中介组织服务对自己承包地退出完全没有影响；18%的农户认为社会中介组织服务对自己进行承包地退出时影响较小；19%的农户认为社会中介组织服务对自己进行承包地退出时影响一般；50%的农户认为社会中介组织服务对自己进行承包地退出时影响较大，占比最大；6%的农户认为社会中介组织服务对自己进行承包地退出时影响很大，占比最小。可以看出，社会中介组织服务对于大多数农户的退地意愿影响还是比较大的（见图6-11）。

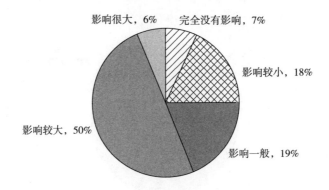

图 6-11　受访农户所在地区社会中介组织服务的影响

（3）农地产权特性。在农地价值在家庭总财产中占比的调查中，少部分农户认为其农地价值在家庭总财产中占比很小，约占 2%；17% 的农户认为自己拥有的农地价值在家庭总财产中占比较小；31% 的农户认为自己拥有的农地价值在家庭总财产中占比一般；37% 的农户认为自己拥有的农地价值在家庭总财产中占比较大，有该种想法的农户在所有受访农户中的比例最大；13% 的农户认为自己拥有的农地价值在家庭总财产中占比很大。总的来说，多数农户认为农地在自己家庭所拥有的财产中占比较多（见图 6-12）。

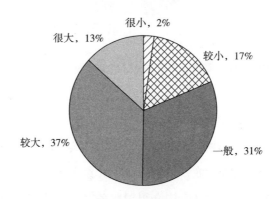

图 6-12　受访农户家农地价值在家庭总财产中占比

（4）退地补偿保障。在是否有退出土地的资金补偿部分中，超过半数的农户反映没有获得足额资金补偿，占比为58%；剩下42%的农户得到了足额的资金补偿（见图6-13）。

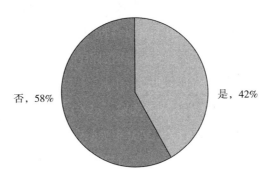

否，58%   是，42%

图6-13   受访农户是否有退出土地的足额资金补偿

从农户退地是否有高水平的城镇社保来看，大多数受访农户没有享受到高水平的城镇社保，该比例占68%；小部分农户享有高水平的城镇社保，占受访农户的32%。可以看出，大多数农户目前缺乏退地后的社会保障，只有不到1/3的农户有高水平城镇社保（见图6-14）。

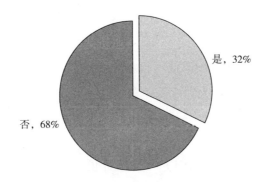

是，32%

否，68%

图6-14   受访农户退地是否有高水平的社会保障

二、模型检验

（一）异方差检验

异方差性是相对于同方差而言的，如果随机误差项具有不同方差，则称回归模型存在异方差问题。如果当数据本身是存在异方差特性，那么在使用同方差的有序模型进行回归时，便失去了原来的效应。其影响主要体现在参数的估计量并非有效、变量的显著性失去意义、模型的预测准确度及精确度下降等三方面。本书使用怀特检验对异方差进行检验，因为该方法可以检验任何形式的异方差，且准确易操作。最终结果如表 6-2 所示，p 值不为 0，故不存在异方差问题。

表 6-2 异方差检验结果

Source	Chi2	df	prob
异方差（Heteroskedasticity）	162.09	116	0.0031
偏度（Skewness）	29.00	14	0.0104
峰度（Kurtosis）	10.07	1	0.0015
Total	201.16	131	0.0001

注：Chi2（116）= 162.09；Prob. Chi2 = 0.0031。

（二）多重共线性检验

一般来说，为了验证有序 Probit 模型适用性，接下来对模型进行多重共线性检验。模型多重共线性检验选择使用方差膨胀因子（Variance Inflation Factor，VIF）检验。较常见的是近似的多重共线性，其表现为，如果将第 k 个解释变量 x_k 对其余的解释变量 $X = \{x_1, \cdots, x_{k-1}, x_{k+1}, \cdots, x_k\}$（$K$ 为解释变量 k 的集合）进行回归，所得到的可决系数（记为 R_k^2）较高。该检验含义是，协方差矩阵主对角线上的第 k 个元素为：

$$Var(b_k \mid X) = \frac{\sigma^2}{(1-R_k^2)S_{kk}} \tag{6-4}$$

在式（6-4）中，b_k 表示回归方程的估计值；$X = \{x_1, \cdots, x_{k-1}, x_{k+1}, \cdots, x_k\}$；$\sigma$ 表示标准差；R_k^2 表示可决系数；x_k 的离差平方和为：

$$S_{kk} = \sum_{i=1}^{n} (x_{ik} - \bar{x}_k)^2 \tag{6-5}$$

其反映 x_k 的变化幅度。如果 x_k 变动情况很轻微，那么 x_k 对 y 的作用很难被准确估计出来。在极端情况下，x_k 完全不变；$S_{kk} = 0$，则完全无法估计 b_k。在方程中，更多地关注（$1-R_k^2$）。为此，定义第 k 个解释变量的"方差 x_k 膨胀因子"为 VIF，计算公式如下：

$$VIF = \frac{1}{\left(1-R_k^2\right)} \qquad (6-6)$$

则 $Var(b_k \mid X) = VIF_k \times (\sigma^2/S_{kk})$。 $\qquad (6-7)$

VIF 越大说明模型多重共线性问题越严重。如果最大的 VIF 超过 10，那么 $\max\{VIF_1, \cdots, VIF_k\}$ 则存在较严重多重共线性问题。该模型多重共线性检验结果见表 6-3，最大 VIF 为 1.64，远小于 10，故不必担心该模型存在多重共线性。

表6-3　多重共线性检验结果

变量名	VIF	1/VIF
户主性别（X1）	1.09	0.916
户主受教育程度（X2）	1.15	0.866
家庭年收入（X3）	1.07	0.935
家庭亲戚互帮频率状况（X4）	1.25	0.802
邻里互帮或参与集体劳动频率状况（X5）	1.24	0.806
对村干部信任度（X6）	1.20	0.836
农户对退地要求或后果的了解程度（X7）	1.09	0.921
农户生活环境状况（X8）	1.64	0.609
农户就业环境状况（X9）	1.57	0.638
退地政府服务状况（X10）	1.57	0.636
社会中介组织服务影响（X11）	1.10	0.907
农地价值在家庭总财产中占比（X12）	1.15	0.871
是否有退出土地的足额资金补偿（X13）	1.13	0.886
退地是否有高水平的社会保障（X14）	1.12	0.894
均值 VIF	1.24	0.759

三、结果分析

运行 Stata 14.0 软件并输入相关命令，得到土地承包权退出风险认知的影响因素回归分析结果如表 6-4 所示：

表 6-4　模型回归结果

变量种类	变量	标准误	估计系数	概率值
退地主体变量	户主性别（X1）	0.125	0.033	0.794
	户主受教育程度（X2）	0.096	−0.202**	0.036
	家庭年收入（X3）	0.071	−0.160**	0.024
	家庭亲戚互帮频率状况（X4）	0.096	0.221**	0.022
	邻里互帮或参与集体劳动频率状况（X5）	0.092	0.135	0.144
	对村干部信任度（X6）	0.070	−0.170**	0.015
	农户对退地要求或后果的了解程度（X7）	0.059	0.140**	0.017
退地运行环境变量	农户生活环境状况（X8）	0.097	−0.017	0.863
	农户就业环境状况（X9）	0.097	−0.135	0.162
	退地政府服务状况（X10）	0.076	−0.145*	0.057
	社会中介组织服务影响（X11）	0.058	0.101*	0.078
产权特性变量	农地价值在家庭总财产中占比（X12）	0.066	0.142**	0.030
退地补偿保障变量	是否有退出土地的足额资金补偿（X13）	0.126	−0.096	0.445
	退地是否有高水平的社会保障（X14）	0.130	−0.187	0.150

注：*、**、***分别表示在10%、5%、1%的水平上显著。

（一）退地主体维度

户主受教育程度（X2）、家庭年收入（X3）都在5%的显著性水平上对土地承包权退出风险认知显著影响且为负。也就是说户主受教育程度越高或农户家庭年收入越高、其土地承包权退出风险认知就越低。原因是，退地户主受教育程度越高意味着其具有更广的职业选择范围、更高收入水平，拥有更高学历的户主在退地后更易寻求其他非农就业机会或通过其本身较高的竞争优势规避风险、更能提前做好应对严重不利后果的准备，从而降低退地风险认知水平；高收入家庭的农户经济来源渠道可能更多、有能力获得更多的非农收入来源、面对风险就有更强的抵御能力，从而降低其退地风险认知水平。

家庭亲戚互帮频率状况（X4）在5%的显著性水平上对农地退出风险认知显著影响且为正。也就是说农户家庭亲戚越经常参与互帮互助、其越认为退地风险高。原因是，对农户而言，最重要的即为亲缘社会资本（伍骏骞等，2016）。家庭亲戚作为一种具有血缘关系的社会联结，对于抵御退地风险具有一定作用，但是当今农村社会血缘亲戚关系不断受到冲击，且社会网络作用范围有界限，即使农户彼此提供帮助的意愿较强烈，但农户在面对共同风险时可能也无法充分发挥作用（李庆海等，2018）。在退地风险不可避免情况下，由于受访退地农户多数家庭经济状况很一般（88.25%的受访农户年家庭收入低于10万元），故亲戚间互帮互助频率越高、越可能使退地农户清楚了解自家糟糕状况而加重应对退地风险的悲观或无力感，反倒提高了其风险的认知水平。

对村干部信任度（X6）在5%的显著水平上对土地承包权退出风险认知显著影响且为负。也就是说退地农户对村干部越信任，其认为退地风险越低。原因是农户对周围生活的村组干部工作较有信心，考虑到农户对村社集体有更高信任，在引导农户退出农村土地承包权过程中，可以有效发挥村集体和经济合作社作用（胡继亮和刘心仪，2017）。调查显示，受访农户群体中不信任村干部的比例仅为24%，近76%民众对村干部有部分或相当程度信任。所以当农户对村干部信任程度越高、农户对于村组集体带领下战胜退地困难或风险就越有信心、退地群体间的摩擦与纠纷就越少、在总体上降低了其土地承包权退出风险感知水平。

在农户对退地要求或后果的了解程度（X7）一项上，结果显示在5%的显著性水平上对土地承包权退出风险认知显著影响且为正。也就是说农户对退地要求或退地后果越了解，其认为退地风险越高。调查结果显示，仅有约35%的受访农户很不熟悉或较少了解退地要求或后果，多数农户对退地后果或要求还是比较了解的，因此当农户越具有退地试点领域相关知识或经验、越熟悉土地承包权退出政策要求及后果、越可能感受到当前试点阶段的退地机制设计或保障制度政策等缺陷或不足、越认为退地风险高。

（二）退地外部环境维度

退地政府服务状况（X10）在10%显著性水平上对农户退地风险认知显著影响且为负。也就是说退地政府的服务状况越好，农户退地风险认知越低。原因是，在对民众灾难应对行为策略的研究中发现，民众对官方机构的信任能弥补其负面风险感知（Avent，2009）。调查显示，仅有29.81%的受访农户认为退地政府的服务状况偏差，总体大多数受访农户认可退地中政府服务质量，说明试验区内退地工作实践中当地政府为退地群众提供了优质的退地服务保障、关注了退地群众利益诉求、监督服务等到位、在很大程度上能及时发现潜在的危机或风险并及时采取措施遏制或化解可能的风险，因此退地政府的服务状况越好、农户所面临的退地风险就越低。

社会中介组织服务影响（X11）在10%显著性水平上对农户退地风险认知显著影响且为正。也就是说退地农民越认为中介组织服务在退地中影响作用大，越觉得退地风险高。原因是，尽管社会中介组织在土地退出中影响作用较大（有75%的受访农户认为中介组织在退地中有影响或作用大），但由于当前我国农地承包经营权退出中普遍存在中介组织发育不足等问题（罗必良等，2012），其可能缺乏严格规范管理或中介机构工作人员整体素质不高，因此，农户认为社会中介组织服务对土地承包权退出影响越大、其带来退地风险问题反倒可能越严重、农户退地的风险评价越高。

（三）退地客体（产权特性）维度

农地价值在家庭总财产中占比（X12）在5%的显著性水平上对农地退出风险认知显著影响且为正，即农户的农地价值在全家总财产中占比越大、农户退地面临的风险就越高，这符合张亚洲和杨俊孝（2020）的研究。原因是，调查发现，仅有18.85%的受访农户认为农地价值在家庭总财产中占比很小或较小，多数受访农户还是认为农地价值在家庭总财产中占比较高，因此，尽管当前受访农户分化程度较高，但其所拥有的农田也是家庭中非常重要的财富，即便退地农户可能有稳定的非农收入来源或保障，但丧失农田后农户依然会有非常大的风险预期，最终农地价值在其家庭总财产中占比越大、农户退地风险认知水平就越高。

（四）退地补偿保障维度

是否有退出土地的足额资金补偿（X13）、退地是否有高水平的社会保障（X14）在1%~10%的显著水平上都对农户退地风险认知没有显著影响，说明是否有足额的退出土地资金补偿、是否农户退地后拥有高水平的城镇社保对承包权退出风险作用不显著，即影响不大。调研发现，88.25%的受访农户年家庭收入都低于10万元，对自家农地依赖较强，而退地区域内实际退地补偿标准平均4万元/亩也提供了一定养老等保障，可能降低了退地农户的风险认知水平，但是还是有57.93%的受访农户认为退地资金补偿不足，67.73%的受访农户认为退地社保水平不高，说明现有退地经济补偿或社保水平未达到退地农户的心理预期，对农户家庭应对风险作用又不明显，因此变量不显著。

本章小结

（1）本章基于农户视角在武汉黄陂区改革试验区调研获得的 417 份有效的农户入户调查问卷为基础进行实证研究。结果显示：黄陂区农户土地承包权退出风险程度的均值为 3.23，说明研究区域内大多数退地农民认为土地承包权退出总风险是偏高的。

（2）本章尝试从退地主体、退地外部环境、退地客体（产权特性）、退地补偿保障四个维度 14 个变量出发构建土地承包权退出风险认知的影响因素并利用有序 Probit 模型进行分析。结果表明：户主受教育程度越高、家庭年收入越高、农户对村干部越信任、退地的政府服务状况越好，农户的退地的风险认知则越低。农户家庭亲戚间互帮越频繁、农户对退地要求或后果越了解、社会中介组织服务影响越大、农地价值在家庭总财产中占比越大，农户退地的风险认知也越高。而受访农民性别、邻里互帮或参与集体劳动频率状况、农户生活环境状况、农户就业环境状况、是否有足额的退出土地补偿、退地是否有高水平的社会保障等指标均未对土地承包权退出风险认知产生显著性影响。

本章剖析了导致退地风险的生成机理，明确辨识影响农户土地承包权退出风险认知的影响因素就是导致土地承包权退出风险的影响因素识别，并据此构建出农户退地风险认知影响因素分析框架。本章是构建土地承包权退出机制、开展农地承包权退出风险防范实践亟待解决的关键问题，尝试将影响农户退地风险认知的因素归纳为退地主体、退地外部环境、退地客体（产权特性）、退地补偿保障四个维度 14 个变量或指标体系并在武汉市黄陂国家农村改革试验区进行实证研究，最终得到研究结论及政策启示。

第七章　农村土地承包经营权
退出的风险评价

风险评价是风险管理的重要内容，风险识别后就是度量风险。风险评价是在对各种风险成因有充分了解及对风险各种表现形式和后果进行准确推测的基础上形成的，为规避或降低风险提供参考依据（卢新海和陈丽芳，2013）。风险评估要建立在科学分析的基础上，对风险进行鉴定、辨别并予严格定性或定量分析（林建伟，2015），这是对潜在风险进行量化分析、是面向未来的预测，评估结果将影响组织的风险管理决策（《管理学》编写组，2019）。通常来说，风险评价包括利用风险评价方法对整体的项目风险量化评价、对单项风险量化评价排序等（陈菁泉和付宗平，2016）。

在本书中，农村土地承包权退出风险评价是指综合评价因实施农村土地承包权退出所发生的不利影响可能性及后果的过程，是指运用定量方法或工具对农村土地承包权退出产生的总体性未知严重后果或风险危害进行的衡量评估，以预防减少退地风险发生。

第一节　风险评价方法选择

一、国内外风险评价方法总结

(一) 综合指数法

综合指数法主要利用层次分析法得到权重，用模糊综合评判法得到数值，最后再综合计算得到最终评价值。当前在我国许多公司、部门以及环境、土壤监测中被广泛推广运用。各项指标权重主要根据该指标的重要程度所决定。该方法的优点是计算运算难度小、过程简洁、步骤较少、概念清晰便于理解 (李录娟和邹胜章，2014)，该方法在选取指标、明确标准值及计量权数等方面步骤较复杂，必须考虑指标所蕴含的现实意义。

(二) 数理统计法

数理统计法主要研究自变量与因变量等有关影响因素之间的联系等 (周琬馨，2017)，该方法根据调研数据或统计数据等进行实证研究，精准程度高、科学严谨，对数据质量等要求较高，可有效排除风险评价中主观人为因素干扰与影响，适应于研究彼此关联程度较高的评价指标；但由于其需要大量实验或调查数据作为样品观察值及需要经过系列复杂统计分析，其在实际应用中难度大，大规模频繁操作与推广难度较大 (冯鸿雁，2004)。

(三) 多目标决策方法

多目标决策法主要有化多为少法、直接非劣解法、目标规划方法、多属性效用法等方法。该方法综合分析多个相互间可能存在分歧甚至矛盾的评价指标，采用统计学、运筹学及最优化理论等在多个备选方案中选优的一种方法体系，在据此评估实际问题时，常需要从明确目标问题、选定决策者、建立评价指标体系、构建决策判断矩阵和确定属性权重 5 个维度出发；其中，属性权重的确定在很大程度上影响评价结果的准确性 (邬文帅，2015)，目前该方法在水资源开发利用、农业配方配比、环境能源、经济管理等领域广泛运用。

（四）层次分析法

层次分析法（AHP）是指将与决策相关的要素分解成多层次结构模型后开展定性或定量分析。层次分析法为此类问题的风险程度排序、决策，提供了一种简洁高效的方式。层次分析法应用范围极广，可应用于煤矿安全研究、危险化学品或油库安全评价、城市灾害应急能力及交通安全评价、水安全评价、生态环境质量评价等。采用此方法评估风险多数结合专家意见进行评价。

借助该方法，分析者可将原来难以量化分析的问题，逐步拆分为数个层次或若干因素分子，并在微观风险因素层面对各因素比照或计算，以得出方案所需的不同权重，从而为方案选择提供强有力的数据支撑（张庶等，2014）。缺点是如果引入过多的风险因素变量，那么就会大大影响最终风险评估的准确程度（刘群红，2014）。

（五）概率风险评价法

概率风险评价法发明时间早，应用范围广，该方法从事故发生概率开始分析，采取故障树与事件树相结合的方法建立模型，辨别不同指标因素对风险影响的优先度，再用概率分析法等得出事故重要程度及发生概率。该类常用方法主要包括事故树分析、逻辑树分析、管理失误和风险树分析、统计图表分析法等（代利明和陈玉明，2006）。

（六）模糊综合评价理论

模型综合评价方法以模糊数学为基础，主要包括构建模糊综合评价指标、构建权重向量、构建隶属矩阵、合成隶属矩阵及权重四方面，其把待考察对象归纳为模糊集合，建立隶属函数并运算变换以定量分析模糊对象。采用该方法对风险评价多依据专家调查法及意见反馈等进行。该方法对一些不便进行量化处理的模糊因素进行量化综合评价，评价模型简单、易控制、科学合理，适合多因素指标评价，评价结果贴近实际，但在确定隶属度及权重时应尽量避免主观性。

（七）数据包络分析法

数据包络分析法（Data Envelopment Analysis，DEA）的核心在于假设输入与输出之间有着一定的必然关系，首先，DEA 数据包络分析构建投入—产出评价指标体系；其次，将被评价单元的投入产出数据输入模型，在此基础上评价效率。该方法属于运筹学、管理学及数理经济学的交叉新领域。

（八）人工智能评价法

人工智能是在技术学科、信息学科等多个学科的基础上发展出的综合性新兴学科。它依靠计算机系统模拟人脑的神经结构，通过大数据的分析计算，然后再对其进行独立分析，对遇到的问题进行深度思考和判断，可以更加快速、有效地解决各类复杂的风险评估问题。现在的人工智能评价方法可以从各个方面对目标对象的总体风险状况进行合理、系统的分析判断（毛开江，2020）。

（九）情景分析法

情景分析法是指通过假设、预测、模拟等途径生成可能发生的未来情境，并分析各种情景下可能对组织目标实现产生影响情况的一种分析方法。其可以采用正式或非正式、定性或定量方法进行，在假设对影响因素进行分析基础上提出多个未来可能的情景分析多种未来结果，并根据可能的损失情况采取应对。该方法在国内外广泛应用（管理学编写组，2019）。除上述定量研究方法外，在不要求量化方法或者量化评估所需数据无法获取或获取成本过高等情况时应采用定性分析技术（管理学编写组，2019）。

（十）专家调查评价法

专家评价法是基于定性分析根据专家调查评分来评价，要确定评价指标并进行分级，据此确定各级标准分值，由专家对评价对象打分确定相应指标值，再采取综合值法得到各个评价对象分值乃至最终评价结果。使用该方法也面临着如何避免专家主观倾向性及确保专家权威性科学性等缺点（金晶，2019）。

二、退地风险评价方法选择原则

（一）可操作性原则

风险评价的可操作性原则主要分为两个方面：一是在选择上，尽量选择当前已有指标，减少主观性创造性指标，以减轻未来数据分析难度，增强指标体系科学性可操作性；二是在应用上，在科学计算或处理数据前提下，建立指标体系过程中不仅要考虑理论上的合理性，也需要考虑实际操作中的可行性。土地承包权退出风险评价要易于操作，制度化、定期分析测算评估，全面把握土地承包权退出风险高低。

（二）科学性原则

风险评价方法有很多，应用情境或条件要求各不相同。土地承包权退出风险评价应该严格按照农地退出风险评价相关理论，充分系统反映农村土地承包权退出的内部具体运行机制，在综合考察、具体翔实、科学计算、系统化分析基础上，采取合适、科学的测算方法、规范的计算方法进行评价，以保证退地风险评价结果真实性客观性。

（三）客观性原则

风险评价需要遵循客观性原则，主观臆想、不符合客观要求的评价势必对评价结果产生不良影响。尽管人们致力于想认识和控制风险，但目前为止，我们仅能改变风险存在、发生的部分条件，尽可能减少其发生的频率与其损失的程度，而不能真正做到完全消除风险。我们应该意识到在试验区土地承包权退出风险评价时，作为土地承包权退回或转让风险的主要评价者，他们会受到农户或其他主体乃至个人主观情绪的影响，做出的风险评价意见呈现明显的主观倾向，因此必须按照客观理性原则设计好调查方法以科学评价土地承包权退出风险。

（四）定性与定量相结合

风险评价指标体系中的风险因素包括可量化及不易量化因素，这些因素都是衡量风险时不可缺少的重要分析指标。在风险评价分析过程中，需要对已经定性的风险指标采取模糊量化处理等量化分析。所以，在土地承包权退出风险评价时要大量研读相关研究成果，在此基础上采用合适的量化方法进行风险评价测算，以保证退地风险客观可信。

三、退地风险评价方法选择

风险评价不仅需要考虑现实具体情况及时间、人力、物力、财力等状况，还要尽可能采用高效率、效果显著的评价方法。我国风险管理相关理论方法研究起步较晚、经验较少且数据方面不易获得，这是风险评估研究的一个重要难点。农村土地承包权退出作为复合性问题，在研究过程中获取相关数据有一定困难，研究中也有不少难以量化的风险。

农村土地承包权退出风险评价研究涉及面广、关系较复杂，既有宏观层面风险，也有来自退地农户微观层面风险，面临着诸多不确定因素，学界对于农村土地承包权退出风险指标体系还未达成一致，难以用某个函数或某指数准确测度，须寻求由繁化简的更好解决方法。同时，农村土地承包权退出风险相关的统计资料数据较匮乏，这些都给退地风险评价工作带来困难。

模糊数学可将不易量化因变量的度量问题从二维逻辑角度转化为连续逻辑的角度。由于实际风险评价中许多风险因素性质、作用方式难以通过数学形式定量描述，单一的准则无法完整评价归纳，致使其最终结果含糊不定，因此需找到一种科学合理的评价方法来评估项目全过程风险。考虑到模糊判断矩阵具备一致性矩阵的特点，非常契合人们的正常决策思维与心理特征，评价风险具有可行性。

当前学术界有学者在专家调查基础上采用模糊综合评判法进行风险评价研究，如对企业间知识转移风险评价（李炳秀和李明生，2011b）、基础设施项目风险评价（潘彬等，2015）、耕地指标交易风险评价（刘敬杰等，2018）等；模糊综合评判方法特别适用于处理像土地承包权退出风险这类模糊和难以定义的、难以用数字描述而易于用语言描述的问题，在针对具有全过程特性、多层级评价指标特征的土地承包权退出风险评价中具有较明显的优势。此外，当前在风险评价与决策过程中应当重视评委专家意见，且大规模或较大规模的土地承包经营权转移行为应建立具有可操作性的风险评估机制，风险评估机制中应引入第三方评估以保证评估中立性和客观性（杨一介，2018）。

因此，借鉴相关研究（李炳秀和李明生，2011b；刘敬杰等，2018），本书基于专家调查法采取 AHP 与模糊综合评价相结合的方法来评价退地风险，这在一定程度上可以充分吸收定性及定量研究方法优势，避免出现判断矩阵不满足一致性检验的问题，符合本书现有数据条件，同时计算量极大减少，另外，与单一模糊综合评价方法相比，模糊综合评判方法具备更强的可信度、科学性及客观性，可对不确定性信息资料进行量化处理和综合评估（李炳秀和李明生，2011b）。

四、灰色模糊综合评判方法的基本原理和步骤

（一）灰色模糊综合评判方法的基本原理

1. 灰色模糊数学基础

基于邓聚龙（2002）的研究，设 $\tilde{A}$ 是空间 $X=\{x\}$ 上的模糊子集，如果 x 对于 $\tilde{A}$ 的隶属度，$u_A(x)$ 为 $[0, 1]$ 上的一个灰数，其点灰度为 $v_A(x)$，那么称 $\underset{\otimes}{\tilde{A}}$ 为 X 上的灰色模糊集合，记作 $\underset{\otimes}{\tilde{A}}=\{(x, u_A(x), v_A(x) \mid x \in X)\}$。

用集偶表示成 $\underset{\otimes}{\tilde{A}}=(\tilde{A}, \underset{\otimes}{A})$，其中 $\tilde{A}=\{(x, u_A(x) \mid x \in X)\}$ 称 $\underset{\otimes}{\tilde{A}}$ 为模糊部分（简称模 A 部），$\underset{\otimes}{}=\{(x, v_A(x) \mid x \in X)\}$ 称为 $\underset{\otimes}{\tilde{A}}$ 灰色部分（简称灰部），如 $u_A=\{0, 1\}$，则 $\underset{\otimes}{\tilde{A}}=\underset{\otimes}{A}$ 如 $v_a(x)=0$，则 $\underset{\otimes}{\tilde{A}}=\tilde{A}$，可将灰色模糊集合看作是对模糊集合及灰色集合的综合及推广。

给定空间 $X=\{x\}$，$Y=\{y\}$，如果 x 与 y 的模糊关系的隶属度 $u_R(x, y)$ 有点灰值 $v_R(x, y)$，那么称直积空间 $X×Y$ 中的灰色模糊集合

$\underset{\otimes}{\tilde{R}}=\{(x, y), u_R(x, y), v_R(x, y) \mid x \in X, y \in Y\}$ 为 $X×Y$ 上的灰色模糊关系，也可以参考灰色模糊矩阵的形式（刘荣，2010）表示：

$$\underset{\otimes}{\tilde{A}}=[u_{ij}, v_{ij}]n×m=\begin{bmatrix} (u_{11}, v_{11}) & (u_{12}, v_{12}) & \cdots & (u_{1m}, v_{1m}) \\ (u_{21}, v_{21}) & (u_{22}, v_{22}) & \cdots & (u_{2m}, v_{2m}) \\ \vdots & \cdots & \cdots & \vdots \\ (u_{n1}, v_{n1}) & (u_{n2}, v_{n2}) & \cdots & (u_{nm}, v_{nm}) \end{bmatrix}$$

$i=1, 2, \cdots, n$；$j=1, 2, \cdots, m$

还可表示 $\underset{\otimes}{\tilde{R}}=(\tilde{R}, \underset{\otimes}{R})$，其中 $\tilde{R}=\{(x, y), u_R(x, y) \mid x \in X, y \in Y\}$ 表示模糊关系，$\underset{\otimes}{R}=\{(x, y), v_R(x, y) \mid x \in X, y \in Y\}$ 表示灰色关系。设两个灰色模糊关系：

$\underset{\otimes}{\tilde{A}}=[u_{ij}^A, v_{ij}^A]_{n×l}$

$\underset{\otimes}{\tilde{B}}=[u_{ij}^B, v_{ij}^B]_{l×m}$

则 $\underset{\otimes}{\tilde{A}}$ 与 $\underset{\otimes}{\tilde{B}}$ 的合成关系可表示为：

$$\widetilde{A} \underset{\otimes}{\circ} \widetilde{B} = \left[\left(\underset{j=1}{\overset{l}{+}} F(u_{ik}^{A} \cdot F u_{ik}^{B}), \underset{j=1}{\overset{l}{\cdot}} G(v_{ik}^{A} + G v_{ik}^{B}) \right) \right]_{n \times m}$$

其中，模部和灰部的运算分别采用不同的算子，".F"和"+F"为模部运算。采用的广义"与"和广义"或"算子，而".G"和"+G"为灰部运算采用的广义"与"和广义"或"算子。常用的广义"与"算子有求下确界"∧"、代数积"."、有界积"⊙"等，常用的广义"或"算子有求上确界"∨"、代数和"+"、有界和"⊕"等。

2. 层次分析法的基本原理

层次分析法（AHP）是种较有效的定性与定量相结合的决策分析方法，借鉴张青贵（2004）的研究，具体过程有以下五步：

（1）建立递阶层次结构。将土地承包权退出风险问题分为各个部分，按属性不同分成若干组形成不同层次。上一层次是准则层支配下一层次元素，同时又受上一层次元素支配，从而构成由上而下支配关系。

（2）构造判断矩阵。对同一层次中各因素之间重要性进行对比并作出判断形成判断矩阵，用以确定本层次两两因素间的相对重要性。假定 A 层中因素 A_k、与下一层次中因素 B_1，B_2，…，B_n 有联系，则我们构造的 A_k 判断矩阵如表7-1所示。

表7-1 判断矩阵

A_k	B_1	B_2	...	B_n
B_1	B_{11}	B_{12}	...	B_{1n}
B_2	B_{21}	B_{22}	...	B_{2n}
⋮	⋮	⋮	⋮	⋮
B_n	B_{n1}	B_{n2}	...	B_{nn}

其中，B_{ij} 是对于供应链企业间知识转移的风险而言，B_i 对 B_j 的相对重要性的数值表示，通常 B_{ij} 取1，2，…，9 及它们的倒数，其含义为：

$B_{ij}=1$，表示 B_i 和 B_j 具有同样重要性；$B_{ij}=3$，表示 B_i 比 B_j 稍微重要；$B_{ij}=5$，表示 B_i 比 B_j 明显重要；$B_{ij}=7$，表示 B_i 比 B_j 强烈重要；$B_{ij}=9$，表示 B_i 比 B_j

极端重要。

它们之间的数 2，4，6，8 表示其重要性介于两者之间，各数的倒数具有相应的类似意义。显然，判断矩阵具有如下特点：

$$\begin{cases} B_{ij}>0 \\ B_{ij}=1\,(i\neq j) \\ B_{ij}=\dfrac{1}{B_{ji}}\,(i,\ j=1,\ 2,\ \cdots,\ n) \end{cases}$$

需对于 n 阶判断矩阵上（下）三角元素共 $\dfrac{n\,(n-1)}{2}$ 个矩阵元素给出判断。

（3）判断矩阵一致性检验。为了确定使用层次分析法得到的结论可信合理，需对判断矩阵进行一致性检验，检查矩阵一致性公式如下：

$$CI=\frac{\lambda_{\max}-n}{n-1}$$

其中，判断矩阵的最大特征根为 $\lambda_{\max}$，从式中可以看出，CI 值越大，表明判断矩阵偏离完全一致性的程度越大；CI 值越小（接近于 0），表明判断矩阵的一致性越好，当 $CI=0$ 时，判断矩阵具有完全一致性。

将判断矩阵的一致性指标 CI 与同阶随机一致性指标 RI 进行对比。判断矩阵的一致性指标 CI 与同阶随机一致性指标 RI 之比称为随机一致性比率，记为 CR。

当满足下文式子时，判断矩阵一致性才可接受，否则就需调整判断矩阵。又提出平均随机一致性指标修正值 RI，判断矩阵一致性的指标，根据 Saaty 提供的衡量判断矩阵随机一致性的指标（牛映武，2006），得到 1~9 阶矩阵随机一致性指标数据如表 7-2 所示。

$$CR=\frac{CI}{RI}<0.10$$

表 7-2　1~9 阶矩阵随机一致性指标

n	1	2	3	4	5	6	7	8	9
R. I.	0	0	0.58	0.90	1.12	1.24	1.32	1.41	1.45

（4）计算单一准侧下元素的相对权重。这一步要解决上一层某准侧下 n 个元素的排序权重问题。层次单排序是对判断矩阵 B 计算满足 $BW = \lambda_{max} W$ 的特征根与特征向量，式中 λ_{max} 表示 B 的最大特征根，W 表示对应于 λ_{max} 的正规化特征向量，W 的分量 W_i 即是相应因素单排序的权值。常用的计算最大特征根 λ_{max} 及其对应的特征向量 W 方法有方根法、和积法和幂法。

（5）计算各层元素组合权重。依次沿递阶层次结构由上而下逐层计算进行决策方案优先顺序的相对权重和整个递阶层次的判断一致性检验。

假定上一层次所有因素 A_1，A_2，$\cdots$，A_m 的总排序已完成，得到的权值分别为：a_1，a_2，$\cdots$，a_m 与 A_i 对应的本层次因素 B_1^i，B_2^i，$\cdots$，B_n^i 单排序的结果为 b_1^i，b_2^i，$\cdots$，b_n^i，如果 B_j 与 A_i 无关，那么 $b_1^i = 0$，层次总排序如表 7-3 所示：

表 7-3　层次总排序

层次 A	A_1	A_2	$\cdots$	A_m	B 层次的总排序
	a_1	a_2	$\cdots$	a_m	
B_1	b_1^1	b_1^2		b_1^m	$\sum_{i=1}^{m} a_i b_1^i$
B_2	b_2^1	b_2^2		b_2^m	$\sum_{i=1}^{m} a_i b_2^i$
$\vdots$	$\vdots$	$\vdots$	$\vdots$	$\vdots$	$\vdots$
B_n	b_n^1	b_n^2		b_n^m	$\sum_{i=1}^{m} a_i b_n^i$

显然，$\sum_{i=1}^{m} \sum_{j=1}^{n} a_i b_j^i = 1$，即层次总排序仍然是归一化正规向量。

（二）灰色模糊综合评估模型步骤

根据 Shannon（1948）的研究，本课题灰色模糊综合评价法如下：

1. 建立评价指标集

根据 AHP 法原理，按照层次结构形成一级指标集：

$Y = \{Y_1, Y_2, \cdots, Y_i\}$，$\{i = 1, 2, \cdots, n\}$，接着再按层次结构往下进行细分得到二级子系统指标集为：

$Y_i = \{Y_{i1}, Y_{i2}, \cdots, Y_{ij}, \cdots, Y_{im}\}$，$\{i = 1, 2, \cdots, n; j = 1, 2, \cdots, m\}$，其中，$Y_{ij}$ 是一级评估指标 Y_i 下属的二级评估指标集中的第 j 个子指标，m 为 Y_i 下属的子指标的总个数。

2. 建立评价指标的权重集和灰度集

本书采用层次分析法，通过向专家开展问卷调查，确定各评价指标权重，即先由上而下形成一级指标权重集 $\tilde{A} = \{A_1, A_2, \cdots, A_i\}$，$\{i = 1, 2, \cdots, n\}$，接着再按层次结构往下得到二级指标集对应的权重集：

$A_i = \{w_{i1}, w_{i2}, \cdots, w_{ij}, \cdots, w_{im}\}$，$\{i = 1, 2, \cdots, n; j = 1, 2, \cdots, m\}$

由于每位专家对农地承包权退出风险各评价指标所掌握的信息是不完全的或不是非常熟悉的，且难以完全用数据或数值来进行衡量，本书使用"很熟悉；较熟悉；一般；不太熟悉；很不熟悉"这五类描述性的语言来对应一定的灰色范围，与其相对应的值为 $0 \sim 0.2$、$0.2 \sim 0.4$、$0.4 \sim 0.6$、$0.6 \sim 0.8$、$0.8 \sim 1.0$，其具体值由专家主观决定。根据专家对一级指标权重的信息掌握情况评价可以确定灰度集 $A_{\otimes} = \{A_{\otimes 1}, A_{\otimes 2}, \cdots, A_{\otimes i}\}$，$(i = 1, 2, \cdots, n)$，再按层次结构往下得到二级指标权重的灰度集：

$A_{\otimes i} = \{a_{i1}, a_{i2}, \cdots, a_{ij}, \cdots, a_{im}\}$，$(i = 1, 2, \cdots, n; j = 1, 2, \cdots, m)$

由此，可以确定权重—灰度集：

$\tilde{A}_{\otimes i} = \{(w_{i1}, a_{i1}), (w_{i2}, a_{i2}), \cdots, (w_{ij}, a_{ij}), \cdots, (w_{im}, a_{im})\}$，$(i = 1, 2, \cdots, n; j = 1, 2, \cdots, m)$

3. 建立二级指标的评价集

确定评价 $X = \{x_1, x_2, \cdots, x_k\}$，$(k = 1, 2, \cdots, s)$ 集，其中，表示评价的第 k 个等级，评价等级个数 s 常在 $4 \sim 9$。

4. 求得二级指标的灰色模糊评价矩阵

通过专家评分，参照评价集 X 对一级指标 Y_i（$i = 1, 2, \cdots, n$）下属二级指标进行模糊评价，得到 Y_i 下属的二级指标集的模糊隶属度矩阵 $\tilde{R}_i$ 为：

$$\widetilde{R}_i = (r_{ijk})\, m\times s = \begin{bmatrix} r_{i11} & r_{i12} & \cdots & r_{i1s} \\ r_{i21} & r_{i22} & \cdots & r_{i2s} \\ \vdots & \cdots & \cdots & \vdots \\ r_{im1} & r_{im2} & \cdots & r_{ims} \end{bmatrix}$$

式中，r_{ijk} 表示一级指标 Y_i 下属的二级指标 y_{ij} 对第 k（$k=1$，2，$\cdots$，s）级评价语 x_k 的隶属度。r_{ijk} 的取值方法为：聘请相关专家数名对二级指标 y_{ij} 发生的可能性大小模糊评定，统计整理各专家打分结果；如果有 t_1 个专家给出 x_1 评语，t_2 个专家给出 x_2 评语，$\cdots$，t_k 个专家给出 x_k 评语，$\cdots$，t_s 个专家给出 x_s 评语，则 r_{ijk} 的值可通过下式确定：

$$r_{ijk} = \frac{t_k}{\displaystyle\sum_{k=1}^{s} t_k}$$

由于每位专家对农地承包经营权退出风险各评价指标所掌握的信息是不完全的或不是非常熟悉的，且难以完全用数据或数值来进行衡量，本书使用"很熟悉；较熟悉；一般；不太熟悉；很不熟悉"这五类描述性的语言来对应一定的灰色范围，分别对应灰度值 $\{0\sim0.2,\ 0.2\sim0.4,\ 0.4\sim0.6,\ 0.6\sim0.8,\ 0.8\sim1.0\}$，具体视评判者的实际情况给定。根据计算可以确定评价矩阵的灰度集

$$\underset{\otimes i}{R} = \{v_{im1},\ v_{im2},\ \cdots,\ v_{ims}\},\ (i=1,\ 2,\ \cdots,\ n)$$

由此，可以确定二级指标的灰色模糊评判矩阵：

$$\underset{\otimes i}{\widetilde{R}} = \{(r_{im1},\ v_{im1}),\ (r_{im2},\ v_{im2}),\ \cdots,\ (r_{ims},\ v_{ims})\},\ (i=1,\ 2,\ \cdots,\ n)$$

5. 一级指标的灰色模糊评判

根据二级指标灰色评判矩阵 $\underset{\otimes i}{\widetilde{R}}$ 和权重-灰度集 $\underset{\otimes i}{\widetilde{A}}$，可以计算出一级指标灰色模糊评判向量

$$\underset{\otimes i}{\widetilde{B}} = \underset{\otimes i}{\widetilde{A}} \circ \underset{\otimes i}{\widetilde{R}} = \left[\ \sum_{i=1}^{n} w_{ij}\cdot r_{ijk},\ \prod_{i=1}^{n}(1\wedge(a_{ij}+v_{ijk}))\ \right]_m,\ (i=1,\ 2,\ \cdots,\ n;\ j=1,\ 2,\ \cdots,\ m;\ k=1,\ 2,\ \cdots,\ s)$$

6. 总指标的灰色模糊评判

将一级指标集 Y_i（$i=1$，2，$\cdots$，n）视为总指标集 Y 的元素，通过转化向量

关系，记为 $Y=\{Y_1, Y_2, \cdots, Y_i\}$，总指标集 Y 与评价指标集 Y_i 的灰色模糊评判矩阵为：

$$\widetilde{\underset{\otimes}{R}} = \begin{bmatrix} \widetilde{\underset{\otimes 1}{B}} \\ \widetilde{\underset{\otimes 2}{B}} \\ \vdots \\ \widetilde{\underset{\otimes n}{B}} \end{bmatrix}$$

从而有：$\widetilde{\underset{\otimes}{B}} = \widetilde{\underset{\otimes}{A}} \circ \widetilde{\underset{\otimes}{R}} = [(b_1, v_1), (b_2, v_2), \cdots, (b_s, v_s)]$

7. 处理评判结果

要得到综合评价结果必须对评价对象模糊评价和了解信息完备度进行综合计算。借鉴已有研究（李炳秀等，2011a），本书定义一个新的综合评判关系式：$B_j = \{B_1, B_2, \cdots, B_s\}$，其中，$B_j = b_j + (1-v_j)$，$j=1, 2, \cdots, s$，上面公式显示，灰度值越小越好，而隶属度越大越好。因此得出来 B_j 值可用来反映出评价对象的评价结果。

第二节　农村土地承包经营权退出的风险评价实证

一、建立评价指标集

根据上文分析得到的耕地承包权退出风险评估指标体系，用指标集 X 表示该评估系统的目标层，退地总风险点 Y 可细分为五个一级风险点指标 Y_i，每个一级风险点指标可细分为二级风险点指标 Y_{ij} 等，具体如下：

$Y=\{Y_1$（农民权益与能力损失风险），Y_2（社会风险），Y_3（自然生态风险），Y_4（制度风险），Y_5（粮食安全风险）$\}$

$Y_1=\{Y_{11}$（农户经济收入减少），Y_{12}（农户社保丧失），Y_{13}（农户失业风险），Y_{14}（农民生活秩序混乱）$\}$

$Y_2 = \{Y_{21}(\text{履约风险}), Y_{22}(\text{当地两极分化}), Y_{23}(\text{当地发生群体性事件})\}$

$Y_3 = \{Y_{31}(\text{农村生产环境变差}), Y_{32}(\text{田园景观被破坏}), Y_{33}(\text{农田肥力下降})\}$

$Y_4 = \{Y_{41}(\text{退地补偿政策不稳定}), Y_{42}(\text{退地监管制度落实差})\}$

$Y_5 = \{Y_{51}(\text{退地后耕地非粮化}), Y_{52}(\text{退地后耕地非农化})\}$

二、确定评价指标的权重和灰度

根据课题组 6 位专家的回答，可以得到每一组指标相对重要性的判断矩阵及信息掌握情况，随后根据判断矩阵来计算出每一组指标对应的权重和灰度。

（一）一级指标权重和灰度计算

由表 7-4 中可知，6 位专家做的判断矩阵 CR 都小于 0.1，故判断矩阵一致性在统计上可接受，将专家权重和所掌握信息灰度值进行算术平均得到一级指标在目标层中的权重—灰度矩阵为：$Y = [(0.400, 0.238)(0.157, 0.297)(0.157, 0.297)(0.086, 0.340)(0.270, 0.222)]$。

表 7-4　一级指标 $Y \sim Y_i$ 判断矩阵、权重、灰度和一致性检验结果

专家 \ 变量	B	B_1	B_2	B_3	B_4	B_5	a_i	w_i	
专家 1	B_1	1	5	7	7	3	0.5	0.523	$\lambda_{max} = 5.085$
	B_2	1/5	1	3	3	1/2	0.7	0.137	C. I. = 0.021
	B_3	1/7	1/3	1	1	1/4	0.7	0.058	C. R. = 0.019
	B_4	1/7	1/3	1	1	1/4	0.7	0.058	
	B_5	1/3	2	4	4	1	0.7	0.224	
专家 2	B_1	1	3	2	2	1/5	0.4	0.216	$\lambda_{max} = 5.337$
	B_2	1/3	1	1/3	1/2	1/2	0.3	0.089	C. I. = 0.084
	B_3	1/2	3	1	4	1/4	0.5	0.197	C. R. = 0.075
	B_4	1/2	2	1/4	1	1/7	0.5	0.093	
	B_5	1	2	4	7	1	0.3	0.406	
专家 3	B_1	1	5	6	6	2	0.0	0.460	$\lambda_{max} = 5.127$
	B_2	1/5	1	4	3	1/2	0.0	0.147	C. I. = 0.032
	B_3	1/6	1/7	1	1/3	1/7	0.2	0.037	C. R. = 0.028
	B_4	1/6	1/4	3	1	1/5	0.2	0.068	
	B_5	1/2	2	7	5	1	0.1	0.289	

专家 \ 变量	B	B_1	B_2	B_3	B_4	B_5	a_i	w_i	
专家4	B_1	1	3	3	3	1	0.2	0.349	$\lambda_{max}=5.283$
	B_2	1/3	1	3	3	1	0.3	0.225	C. I. =0.071
	B_3	1/3	1/3	1	1	1/2	0.3	0.101	C. R. =0.063
	B_4	1/3	1/3	1	1	1	0.3	0.116	
	B_5	1	1	2	1	1	0.2	0.208	
专家5	B_1	1	4	5	5	2	0.1	0.426	$\lambda_{max}=5.141$
	B_2	1/4	1	4	3	1/2	0.3	0.160	C. I. =0.035
	B_3	1/5	1/7	1	1/3	1/7	0.1	0.039	C. R. =0.032
	B_4	1/5	1/4	3	1	1/5	0.1	0.073	
	B_5	1/2	2	7	5	1	0.1	0.301	
专家6	B_1	1	4	5	5	2	0.2	0.427	$\lambda_{max}=5.320$
	B_2	1/4	1	3	2	1/2	0.2	0.184	C. I. =0.080
	B_3	1/5	1/3	1	1	1/2	0.3	0.086	C. R. =0.071
	B_4	1/5	1/2	1	1	1	0.3	0.107	
	B_5	1	1	2	1	1	0.1	0.195	

（二）二级指标权重和灰度计算

1. 农民权益与能力损失风险权重和灰度计算

由表7-5可知，6位专家所做判断矩阵的 CR 都小于0.1，可判断判断矩阵相容性良好，按前面方法得到权重—灰度矩阵为：$Y_1 = $ [（0.092，0.315）（0.406，0.337）（0.352，0.332）（0.150，0.520）]。

表7-5 农民权益与能力损失风险判断矩阵、权重、灰度和一致性检验结果

专家 \ 变量	Y_1	y_{11}	y_{12}	y_{13}	y_{14}	a_i	w_i	
专家1	y_{11}	1	1/5	1/5	1	0.5	0.083	$\lambda_{max}=4.000$
	y_{12}	5	1	1	5	0.5	0.417	C. I. =0.000
	y_{13}	5	1	1	5	0.5	0.417	C. R. =0.000
	y_{14}	1	1/5	1/5	1	0.5	0.083	

续表

变量 专家	Y_1	y_{11}	y_{12}	y_{13}	y_{14}	a_i	w_i	
专家2	y_{11}	1	1/5	1/4	1	0.3	0.093	$\lambda_{max}=4.006$
	y_{12}	5	1	1	4	0.4	0.416	C. I. $=0.002$
	y_{13}	4	1	1	4	0.3	0.393	C. R. $=0.002$
	y_{14}	1	1/4	1/4	1	0.7	0.098	
专家3	y_{11}	1	1/3	1/4	1	0.1	0.113	$\lambda_{max}=4.097$
	y_{12}	3	1	2	3	0.0	0.435	C. I. $=0.032$
	y_{13}	4	1/2	1	3	0.1	0.330	C. R. $=0.036$
	y_{14}	1	1/3	1/3	1	0.5	0.122	
专家4	y_{11}	1	1/4	1/3	1/5	0.3	0.076	$\lambda_{max}=4.199$
	y_{12}	4	1	1/2	1/2	0.5	0.212	C. I. $=0.066$
	y_{13}	3	2	1	2	0.5	0.395	C. R. $=0.074$
	y_{14}	5	2	1/2	1	0.3	0.317	
专家5	y_{11}	1	1/4	1/3	1	0.3	0.116	$\lambda_{max}=4.160$
	y_{12}	4	1	3	2	0.3	0.476	C. I. $=0.053$
	y_{13}	3	1/3	1	2	0.5	0.256	C. R. $=0.059$
	y_{14}	1	1/2	1/2	1	0.5	0.152	
专家6	y_{11}	1	1/5	1/4	1/3	0.5	0.069	$\lambda_{max}=4.170$
	y_{12}	5	1	2	4	0.3	0.482	C. I. $=0.057$
	y_{13}	4	1/2	1	4	0.2	0.323	C. R. $=0.063$
	y_{14}	3	1/4	1/4	1	0.7	0.126	

2. 社会风险权重和灰度计算

由表7-6中数据表明，6位专家所做判断矩阵的C. R. 都小于0.1，可判断判断矩阵相容性良好，按前面方法得到权重—灰度矩阵为：$Y_2 =$ [（0.301，0.468）（0.361，0.382）（0.338，0.292）]。

3. 自然生态风险风险权重和灰度计算

由表7-7可知，6位专家所做判断矩阵的C. R. 都小于0.1，可判断判断矩阵相容性良好，按前面方法得到权重—灰度矩阵为：$Y_3 =$ [（0.222，0.322）（0.325，0.342）（0.452，0.442）]。

表7-6　社会风险判断矩阵、权重、灰度和一致性检验结果

专家＼变量	Y_2	y_{21}	y_{22}	y_{23}	a_i	w_i	
专家1	y_{21}	1	1	1	0.7	0.333	$\lambda_{max}=3.000$
	y_{22}	1	1	1	0.5	0.333	C. I. =0.000
	y_{23}	1	1	1	0.7	0.333	C. R. =0.000
专家2	y_{21}	1	1/4	1/5	0.7	0.094	$\lambda_{max}=3.086$
	y_{22}	4	1	1/3	0.6	0.280	C. I. =0.043
	y_{23}	5	3	1	0.4	0.627	C. R. =0.074
专家3	y_{21}	1	2	5	0.1	0.582	$\lambda_{max}=3.004$
	y_{22}	1/2	1	3	0.4	0.309	C. I. =0.002
	y_{23}	1/5	1/3	1	0.1	0.109	C. R. =0.003
专家4	y_{21}	1	1/3	1/4	0.3	0.122	$\lambda_{max}=3.018$
	y_{22}	3	1	1/2	0.3	0.320	C. I. =0.009
	y_{23}	4	2	1	0.3	0.558	C. R. =0.016
专家5	y_{21}	1	1/5	1/3	0.3	0.105	$\lambda_{max}=3.039$
	y_{22}	5	1	3	0.3	0.637	C. I. =0.019
	y_{23}	3	1/3	1	0.1	0.258	C. R. =0.033
专家6	y_{21}	1	2	4	0.8	0.571	$\lambda_{max}=3.000$
	y_{22}	1/2	1	2	0.2	0.286	C. I. =0.000
	y_{23}	1/4	1/2	1	0.2	0.143	C. R. =0.000

表7-7　自然生态风险判断矩阵、权重、灰度和一致性检验结果

专家＼变量	Y_3	y_{31}	y_{32}	y_{33}	a_i	w_i	
专家1	y_{31}	1	1	1	0.7	0.333	$\lambda_{max}=3.000$
	y_{32}	1	1	1	0.5	0.333	C. I. =0.000
	y_{33}	1	1	1	0.5	0.333	C. R. =0.000
专家2	y_{31}	1	1/2	1/5	0.2	0.109	$\lambda_{max}=3.086$
	y_{32}	2	1	1/6	0.4	0.163	C. I. =0.043
	y_{33}	5	6	1	0.5	0.729	C. R. =0.074
专家3	y_{31}	1	3	5	0.1	0.637	$\lambda_{max}=3.039$
	y_{32}	1/3	1	3	0.6	0.258	C. I. =0.019
	y_{33}	1/5	1/3	1	0.6	0.105	C. R. =0.033

续表

专家\变量	Y_3	y_{31}	y_{32}	y_{33}	a_i	w_i	
专家4	y_{31}	1	1/3	1/7	0.3	0.081	$\lambda_{max} = 3.065$
	y_{32}	3	1	1/5	0.1	0.188	C. I. = 0.032
	y_{33}	7	5	1	0.5	0.731	C. R. = 0.056
专家5	y_{31}	1	1/7	1/3	0.3	0.081	$\lambda_{max} = 3.065$
	y_{32}	7	1	5	0.1	0.731	C. I. = 0.032
	y_{33}	3	1/5	1	0.3	0.188	C. R. = 0.056
专家6	y_{31}	1	1/4	1/5	0.4	0.094	$\lambda_{max} = 3.086$
	y_{32}	4	1	1/3	0.4	0.280	C. I. = 0.043
	y_{33}	5	3	1	0.3	0.627	C. R. = 0.074

4. 制度风险权重和灰度计算

由表7-8可知，6位专家所做判断矩阵的 C. R. 都小于0.1，可判断判断矩阵相容性良好，按前面方法得到权重—灰度矩阵为：$Y_4 = \left[\ (0.617, 0.280)\ (0.383, 0.325)\ \right]$。

表7-8 制度风险判断矩阵、权重、灰度和一致性检验结果

专家\变量	Y_4	y_{41}	y_{42}	a_i	w_i	
专家1	y_{41}	1	1	0.5	0.500	$\lambda_{max} = 2.000$
	y_{42}	1	1	0.5	0.500	C. I. = 0.000
专家2	y_{41}	1	2	0.3	0.667	$\lambda_{max} = 2.000$
	y_{42}	1/2	1	0.2	0.333	C. I. = 0.000
专家3	y_{41}	1	3	0.1	0.750	$\lambda_{max} = 2.000$
	y_{42}	1/3	1	0.3	0.250	C. I. = 0.000
专家4	y_{41}	1	1/4	0.1	0.200	$\lambda_{max} = 2.000$
	y_{42}	4	1	0.1	0.800	C. I. = 0.000
专家5	y_{41}	1	5	0.3	0.833	$\lambda_{max} = 2.000$
	y_{42}	1/5	1	0.3	0.167	C. I. = 0.000
专家6	y_{41}	1	3	0.4	0.750	$\lambda_{max} = 2.000$
	y_{42}	1/3	1	0.6	0.250	C. I. = 0.000

5. 粮食安全风险权重和灰度计算

由表 7-9 可知，6 位专家所做判断矩阵的 C. R. 都小于 0.1，可判断判断矩阵相容性良好，按前面方法得到权重—灰度矩阵为：$Y_5 = [$（0.514，0.237）（0.486，0.245）$]$。

表 7-9　粮食安全风险判断矩阵、权重、灰度和一致性检验结果

变量\专家	Y_5	y_{51}	y_{52}	a_i	w_i	
专家 1	y_{51}	1	1/3	0.7	0.250	$\lambda_{max} = 2.000$
	y_{52}	3	1	0.7	0.750	C. I. = 0.000
专家 2	y_{51}	1	1/2	0.3	0.333	$\lambda_{max} = 2.000$
	y_{52}	2	1	0.2	0.667	C. I. = 0.000
专家 3	y_{51}	1	3	0.1	0.750	$\lambda_{max} = 2.000$
	y_{52}	1/3	1	0.1	0.250	C. I. = 0.000
专家 4	y_{51}	1	3	0.1	0.750	$\lambda_{max} = 2.000$
	y_{52}	1/3	1	0.1	0.250	C. I. = 0.000
专家 5	y_{51}	1	1/5	0.1	0.167	$\lambda_{max} = 2.000$
	y_{52}	5	1	0.1	0.833	C. I. = 0.000
专家 6	y_{51}	1	5	0.2	0.833	$\lambda_{max} = 2.000$
	y_{52}	1/5	1	0.4	0.167	C. I. = 0.000

经过进一步整理，得到的耕地承包权退出的风险评估指标权重和灰度结果如表 7-10 所示。

表 7-10　土地承包权退出风险估指标权重和灰度

耕地承包权退出风险	农民权益与能力损失风险（0.400，0.238）	农户经济收入减少（0.092，0.315）
		农户社保丧失（0.406，0.337）
		农户失业风险（0.352，0.332）
		农民生活秩序混乱（0.150，0.520）
	社会风险（0.157，0.297）	履约风险（0.301，0.468）
		当地两极分化（0.361，0.382）
		当地发生群体事件（0.338，0.292）

续表

耕地承包权退出风险	自然生态风险 (0.086, 0.345)	农村生产环境变差 (0.222, 0.322)
		田园景观被破坏 (0.325, 0.342)
		农田肥力下降 (0.452, 0.442)
	制度风险 (0.086, 0.340)	退地补偿政策不稳定 (0.617, 0.280)
		退地监管制度落实差 (0.383, 0.325)
	粮食安全风险 (0.270, 0.222)	退地后耕地非粮化 (0.514, 0.237)
		退地后耕地非农化 (0.486, 0.245)

三、建立评价集

权衡风险发生概率及风险严重后果，用 5 级标度法将土地承包权退出风险评价值分成 5 个等级，即 S = 5，评价集可取 Y = ｛低，较低，中等，较高，高｝。

四、构建二级指标的灰色模糊评判矩阵

根据对 15 个专家进行的土地承包权退出风险的问卷调查，没有专家认为农户经济收入减少的风险概率低，所对应的信息灰度算术平均值为 0；约 20% 的专家（3 位专家）认为将该风险的风险等级定义为较低，其对应的信息灰度算术平均值为 0.3；50% 的专家（7 位专家）认为是风险等级中等，对应的信息灰度算术平均值为 0.4；30% 的专家（5 位专家）认为风险等级较高，对应的信息灰度算术平均值为 0.3；无专家认为其风险等级很高，对应的信息灰度算术平均值为 0。

由此得出对农民权益与能力损失风险的灰色模糊评判向量为 ［ (0.0, 0.0) (0.2, 0.3) (0.5, 0.4) (0.3, 0.3) (0.0, 0.0) ］。

同样统计出农户社保丧失风险的评判向量为 ［ (0.2, 0.2) (0.2, 0.3) (0.2, 0.5) (0.4, 0.3) (0.0, 0.0) ］。

农户失业风险的评判向量为 ［ (0.0, 0.0) (0.1, 0.5) (0.4, 0.4) (0.5, 0.4) (0.0, 0.0) ］。

履约风险的评判向量为 $[(0.0, 0.0)(0.1, 0.4)(0.6, 0.5)(0.2, 0.4)$ $(0.1, 0.4)]$。

因此农民权益与能力损失风险的灰色模糊综合评判矩阵为：

$$\tilde{R}_{\otimes 1} = [(0.0, 0.0)(0.2, 0.3)(0.5, 0.4)(0.3, 0.3)(0.0, 0.0)(0.2, 0.2)$$
$$(0.2, 0.3)(0.2, 0.5)(0.4, 0.3)(0.0, 0.0)(0.0, 0.0)(0.1, 0.5)$$
$$(0.4, 0.4)(0.5, 0.4)(0.0, 0.0)(0.0, 0.0)(0.1, 0.4)(0.6, 0.5)$$
$$(0.2, 0.4)(0.1, 0.4)]。$$

同理可得社会风险的灰色模糊综合评判矩阵为：

$$\tilde{R}_{\otimes 2} = [(0.0, 0.0)(0.1, 0.4)(0.3, 0.4)(0.5, 0.4)(0.0, 0.0)(0.1, 0.4)$$
$$(0.2, 0.4)(0.1, 0.3)(0.5, 0.4)(0.1, 0.5)(0.0, 0.0)(0.1, 0.4)$$
$$(0.5, 0.4)(0.4, 0.4)(0.1, 0.1)]。$$

自然生态风险的灰色模糊综合评判矩阵为：

$$\tilde{R}_{\otimes 3} = [(0.1, 0.4)(0.3, 0.3)(0.5, 0.3)(0.2, 0.2)(0.0, 0.0)(0.0, 0.0)$$
$$(0.2, 0.4)(0.8, 0.3)(0.0, 0.0)(0.0, 0.0)(0.1, 0.2)(0.1, 0.5)$$
$$(0.6, 0.4)(0.2, 0.4)(0.0, 0.0)]。$$

制度风险的灰色模糊综合评判矩阵为：

$$\tilde{R}_{\otimes 4} = [(0.0, 0.0)(0.3, 0.3)(0.3, 0.4)(0.3, 0.3)(0.1, 0.6)(0.1, 0.2)$$
$$(0.1, 0.4)(0.3, 0.5)(0.5, 0.3)(0.0, 0.0)]。$$

粮食安全风险的灰色模糊综合评判矩阵为：

$$\tilde{R}_{\otimes 5} = [(0.0, 0.0)(0.0, 0.0)(0.3, 0.4)(0.7, 0.2)(0.0, 0.0)(0.1, 0.9)$$
$$(0.3, 0.4)(0.2, 0.3)(0.4, 0.2)(0.1, 0.7)]。$$

五、一级指标灰色模糊评判

（一）农民权益与能力损失风险灰色模糊评判

$$\tilde{B}_{\otimes 1} = \tilde{A}_{\otimes 1} \circ \tilde{R}_{\otimes 1} = [(0.092, 0.315)(0.406, 0.337)(0.352, 0.332)(0.150,$$
$$0.520)] \times [(0.0, 0.0)(0.2, 0.3)(0.47, 0.4)(0.33, 0.3)$$
$$(0.0, 0.0)(0.2, 0.2)(0.2, 0.3)(0.2, 0.5)(0.4, 0.3)$$

$$(0.0, 0.0)(0.0, 0.0)(0.1, 0.5)(0.4, 0.4)(0.5, 0.4)$$

$$(0.0, 0.0)(0.0, 0.0)(0.1, 0.4)(0.6, 0.5)(0.2, 0.4)$$

$$(0.1, 0.4)]$$

$$=[(0.081, 0.03)(0.143, 0.31)(0.355, 0.45)(0.411, 0.25)$$

$$(0.010, 0.03)]$$

按照文中采用的评判结果的处理方法，可得：

$B_{11} = 0.081 + (1-0.03) = 1.051$

$B_{12} = 0.143 + (1-0.31) = 0.833$

$B_{13} = 0.355 + (1-0.45) = 0.905$

$B_{14} = 0.411 + (1-0.25) = 1.161$

$B_{15} = 0.010 + (1-0.03) = 0.980$

根据最大综合判断原则，B_{14}的值最大，因此，该农民权益与能力损失风险的风险评判结果为"较高"。

（二）社会风险灰色模糊评判

$$\tilde{B}_{\otimes 2} = \tilde{A}_{\otimes 2} \circ \tilde{R}_{\otimes 2} = [(0.301, 0.468)(0.361, 0.382)(0.338, 0.292)] \times [(0.0,$$

$$0.0)(0.1, 0.4)(0.3, 0.4)(0.5, 0.4)(0.0, 0.0)(0.1, 0.4)$$

$$(0.2, 0.4)(0.1, 0.3)(0.5, 0.4)(0.1, 0.5)(0.0, 0.0)$$

$$(0.1, 0.4)(0.5, 0.4)(0.4, 0.4)(0.1, 0.1)]$$

$$=[(0.024, 0.10)(0.135, 0.49)(0.306, 0.41)(0.488, 0.50)$$

$$(0.047, 0.14)]。$$

按照文中采用的评判结果的处理方法，可得：

$B_{21} = 0.024 + (1-0.10) = 0.924$

$B_{22} = 0.135 + (1-0.49) = 0.645$

$B_{23} = 0.306 + (1-0.41) = 0.896$

$B_{24} = 0.488 + (1-0.50) = 0.988$

$B_{25} = 0.047 + (1-0.14) = 0.907$

根据最大综合判断原则，B_{24}值最大，故该社会风险的评判结果为"较高"。

（三）自然生态风险灰色模糊评判

$$\mathop{\widetilde{B}}_{\otimes 3} = \mathop{\widetilde{A}}_{\otimes 3} \circ \mathop{\widetilde{R}}_{\otimes 3} = [\,(0.222,\ 0.322)\,(0.325,\ 0.342)\,(0.452,\ 0.442)\,] \times [\,(0.1,$$

$$0.4)(0.3,\ 0.3)(0.5,\ 0.3)(0.2,\ 0.2)(0.0,\ 0.0)(0.0,\ 0.0)$$

$$(0.2,\ 0.4)(0.8,\ 0.3)(0.0,\ 0.0)(0.0,\ 0.0)(0.1,\ 0.2)$$

$$(0.1,\ 0.5)(0.6,\ 0.4)(0.2,\ 0.4)(0.0,\ 0.0)\,]$$

$$= [\,(0.045,\ 0.14)\,(0.185,\ 0.43)\,(0.635,\ 0.34)\,(0.135,\ 0.16)$$

$$(0.000,\ 0.05)\,]$$

按照文中采用的评判结果的处理方法，可得：

$B_{31} = 0.045 + (1-0.14) = 0.905$

$B_{32} = 0.185 + (1-0.43) = 0.755$

$B_{33} = 0.635 + (1-0.34) = 1.295$

$B_{34} = 0.135 + (1-0.16) = 0.975$

$B_{35} = 0.000 + (1-0.05) = 0.950$

根据最大综合判断原则，B_{33} 的值最大，因此，该自然生态风险的风险评判结果为"中等"。

（四）制度风险灰色模糊评判

$$\mathop{\widetilde{B}}_{\otimes 4} = \mathop{\widetilde{A}}_{\otimes 4} \circ \mathop{\widetilde{R}}_{\otimes 4} = [\,(0.617,\ 0.280)\,(0.383,\ 0.325)\,] \times [\,(0.0,\ 0.0)\,(0.3,\ 0.3)$$

$$(0.3,\ 0.4)(0.3,\ 0.3)(0.1,\ 0.6)(0.1,\ 0.2)(0.1,\ 0.4)$$

$$(0.3,\ 0.5)(0.5,\ 0.3)(0.0,\ 0.0)\,]$$

$$= [\,(0.051,\ 0.14)\,(0.190,\ 0.42)\,(0.308,\ 0.54)\,(0.410,\ 0.39)$$

$$(0.041,\ 0.29)\,]$$

按照文中采用的评判结果的处理方法，可得：

$B_{41} = 0.051 + (1-0.14) = 0.911$

$B_{42} = 0.190 + (1-0.42) = 0.770$

$B_{43} = 0.308 + (1-0.54) = 0.771$

$B_{44} = 0.410 + (1-0.39) = 1.020$

$B_{45} = 0.041 + (1-0.29) = 0.751$

根据最大综合判断原则，B_{44} 的值最大，因此，该制度风险的风险评判结果为"较高"。

（五）粮食安全风险灰色模糊评判

$$\widetilde{\underset{\otimes5}{B}} = \widetilde{\underset{\otimes5}{A}} \circ \widetilde{\underset{\otimes5}{R}} = [(0.514, 0.237)(0.486, 0.245)] \times [(0.0, 0.0)(0.0, 0.0)$$

$$(0.3, 0.4)(0.7, 0.2)(0.0, 0.0)(0.1, 0.9)(0.3, 0.4)$$

$$(0.2, 0.3)(0.4, 0.2)(0.1, 0.7)]$$

$$= [(0.032, 0.27)(0.130, 0.14)(0.269, 0.37)(0.537, 0.19)$$

$$(0.032, 0.21)]$$

按照文中采用的评判结果的处理方法，可得：

$B_{51} = 0.032 + (1-0.27) = 0.762$

$B_{52} = 0.130 + (1-0.14) = 0.990$

$B_{53} = 0.269 + (1-0.37) = 0.899$

$B_{54} = 0.537 + (1-0.19) = 1.347$

$B_{55} = 0.032 + (1-0.21) = 0.822$

根据最大综合判断原则，B_{54} 的值最大，因此粮食安全风险的风险评判结果为"较高"。

六、总指标灰色模糊评判

$$\underset{\otimes i}{B} = \{vim1, vim2, \cdots, vims\}, (i = 1, 2, \cdots, n)$$

根据上述公式和以上五个一级指标灰色模糊判断结果，可得土地承包权退出风险的灰色模糊评判结果如下：

$$\widetilde{\underset{\otimes}{B}} = \widetilde{\underset{\otimes}{A}} \circ \begin{bmatrix} \widetilde{\underset{\otimes1}{B}} \\ \widetilde{\underset{\otimes2}{B}} \\ \widetilde{\underset{\otimes3}{B}} \\ \widetilde{\underset{\otimes4}{B}} \\ \widetilde{\underset{\otimes5}{B}} \end{bmatrix} = [(0.400, 0.238)(0.157, 0.297)(0.157, 0.297)(0.086,$$

$0.340)(0.270, 0.222)] \times [(0.081, 0.03)(0.143, 0.31)$

$(0.355, 0.45)(0.411, 0.25)(0.010, 0.03)(0.024, 0.10)$

$(0.135, 0.49)(0.306, 0.41)(0.488, 0.50)(0.047, 0.14)$

$(0.045, 0.14)(0.185, 0.43)(0.635, 0.34)(0.135, 0.16)$

$(0.000, 0.05)(0.051, 0.14)(0.190, 0.42)(0.308, 0.54)$

$(0.410, 0.39)(0.041, 0.29)(0.032, 0.27)(0.130, 0.14)$

$(0.269, 0.37)(0.537, 0.19)(0.032, 0.21)]$

$= [(0.053, 0.01217)(0.146, 0.09192)(0.344, 0.17351)$

$(0.433, 0.05927)(0.024, 0.01282)]$

按照文中采用的评判结果的处理方法，可得：

$B_1 = 0.053 + (1 - 0.01217) = 1.04083$

$B_2 = 0.146 + (1 - 0.09192) = 1.05408$

$B_3 = 0.344 + (1 - 0.09192) = 1.25208$

$B_4 = 0.433 + (1 - 0.05927) = 1.37373$

$B_5 = 0.024 + (1 - 0.01282) = 1.01118$

根据最大综合判断原则，B_4 的值最大，因此，土地承包权退出总风险等级为"较高"。进一步整理，土地承包权退出各一级风险点评估结果如表 7-11 所示。

表 7-11　土地承包权退出的风险评价结果

总风险指标	风险评价结果	一级风险点指标	风险评价结果
土地承包权退出风险	较高	农民权益与能力损失风险	较高
		社会风险	较高
		自然生态风险	中等
		制度风险	较高
		粮食安全风险	较高

此次评估结果显示，武汉黄陂改革试验区土地承包权退出总风险处于较高状态，在各一级具体风险点体系中，自然生态风险处于中等状态，农民权益与能力

损失风险、社会风险、制度风险、粮食安全风险也均处于较高状态，在退地风险防控中须重点关注这些较高的退地风险类型。

本章小结

我国土地承包权退出风险是一个模糊且复杂的体系，人们对退地风险的感知了解也具有一定模糊性。本章先根据第五章、第六章农地承包经营权退出风险识别研究成果，分析了土地承包权退出风险评估原则，并在对现有风险评估方法梳理总结分析基础上，根据土地承包权退出风险研究需要及数据条件等，选择灰色模糊综合评判方法等作为农地承包经营权退出风险的评价方法，在对模糊综合评价方法的基本原理及步骤进行介绍后，构建了基于模糊综合评价法的农地承包经营权退出风险评价模型，并结合专家调查等以武汉市黄陂区农村改革试验区为调研区域进行实证研究，探讨了该方法在具体土地承包权退出实践中的应用。

研究发现，武汉黄陂改革试验区土地承包权退出总风险处于较高状态，在各一级具体风险点体系中，农民权益与能力损失风险、社会风险、制度风险、粮食安全风险也都处于较高状态，自然生态风险则处于中等状态。本章研究弥补土地承包权退出风险评估偏少、缺失相关信息等缺陷，方法模型总体较简单且便于总体把握。

第八章　农村土地承包经营权
退出的风险防范机制研究

农村土地承包经营权退出涉及多个退地参与主体及其相互间利益关系，为减少退地纠纷产生的损失，要依据主要风险点的强度变化，建立科学高效的退地纠纷协调机制、矛盾化解机制及退地农民集体权益保障制度等，统筹处理不同退地利益体之间利益关系，实现土地承包权有序退出，促进农村社会公正和谐发展（朱强，2013）。根据前文研究，本书在土地承包权退出风险中，退地总风险以及农户经济及能力损失风险和社会、生态、制度、粮食安全等风险点较高，可构建系统性退地纠纷调解机制等防止农户个人层面风险拓展到社会、制度、粮食安全风险等。根据风险管理论等，须基于土地承包权退出的风险识别及评价构建土地承包权退出的风险防范机制，该机制主要由退地风险预警预防机制、退地风险监控机制、退地后风险处理机制三部分组成。

第一节　退地风险防范机制内涵与框架建立

风险社会中风险的不可避免性导致无法消除风险，只能设法在风险现实化之前规制管控风险（劳东燕，2017）。当前我国新型城镇化和工业化进程快速推进，经济发展对土地需求极大增加，这使建设用地不断扩张侵吞了大量农用地，造成我国耕地面积大规模减少。为了适应我国经济的高速发展和城市化的建设，土地承包经营权的退出在我国一些地区进行了试点工作，目前土地退出工作取得了一定成就，农村土地承包权退出确实是符合我国发展需求、顺应时代发展趋向的，然而在这一过程中暴露出的各种问题或风险也必须高度重视。

风险管理是尽可能降低风险的过程，也是对各风险认识、测度、控制与处理的主动性行为，农地流转研究已采用该理论构建分析框架（陈振，2020）。基于我国大规模推进农地承包经营权有偿退出改革的条件尚不成熟、农地承包经营权有偿退出制度改革可能带来风险且牵一发而动全身等现实，我国农地承包经营权有偿退出制度改革必须建立完善的风险防范机制及配套措施（董欢，2017），将退地风险发生可能性或后果严重性减少到最低程度。

因此，防范农村土地承包权退出过程中的风险势在必行，应当重视政府引导、市场运行、农户积极参与等原则，发挥各方力量建立完善的农村多层次立体型退地风险防范机制。截至目前，我国农村土地退出制度不完善，仍处于试验阶段；为规避土地承包权退出风险，使土地承包权退出所涉各利益主体的合法权利不被侵害、维护城乡社会稳定、保护耕地等多个目标，需要针对不同退地风险表现出的特征或严重后果建立完善的土地承包权退出风险防范机制并采取防范化解措施，以最大限度降低退地风险、完善农村土地承包经营权退出改革的实践方案。

一、内涵与内容构建

我国农村是典型的小农经济，农民风险规避倾向比一般经济主体更强（黄季焜等，2008）。风险防范是个人或组织对风险识别与评价后利用风险管理技术及时预警风险、采取措施有效防范并控制处理风险、以尽量降低风险损失的综合管理活动。从定义上理解，管理主体可以是单个主体、团体组织等，管理对象是各种特定风险，整体风险管理活动形成了一个完整的闭环风险管理过程；从风险管理全过程来看，风险识别与评价是基础，对风险进行有效预防及控制是关键；从其目的来看，则是通过利用一系列防控措施，以达到减小风险发生的概率、降低损失、在最大程度上维护安全保障和利益的目的。

所谓机制多指各要素在相互作用中的影响方式及结构关系。社会科学中其内涵可以这样阐述——在充分理解事物各个组成系统的结构、性质、作用前提下，对其各个方面和相关要素进行协调，从而使事物整体能够发挥出作用的有效运行功能或方式。根据对其他文献及资料进行总结，可以得出机制一词在许多学科的定义中具有以下两个特征：一是机制是事物的组成部分与组合方式；二是机制是事物各部分在运行过程中对彼此产生作用，并且具有必然性；故"机制"内涵包括结构、功能及相互作用。结构涉及各部分的组成，而组成决定了其运行过程中的功能。运行过程是指由于具有一定结构的各部分在一定时间内通过相互作用而产生一种特有功能的活动，而机制的运行也必然会产生一定的功能。机制是指事物各部分的机能及其相互的作用，还可以将其扩展到竞争、调节等方面进行探究。

　　风险管理核心要义是识别风险，针对可能出现的风险构建风险防控机制。构建土地承包权退出的风险防范机制，主要是把风险管理体系引入到农地承包经营权退出实践中，防范农地退出的潜在风险因素，提高农地退出主体及国家抵御退地风险的能力（王兆林等，2015）。面对我国当前农地退出困境，需要完善农民主体性风险防范制度（王丽双等，2015b）；风险管理制度最终将社会化，在目前政府尚无力主导这种进程的前提下，积极倡导以农户为主体、以农户风险管理需求为基础的风险管理制度可以最大程度地为小规模农户提供保障等（陈传波，2004）；同时，考虑到土地承包权退出涉及数量庞大的广大农民群体，任何局部小风险都可能演化为系统大风险，故土地承包权退出风险防范应考虑以农户为视角的风险及由此引发的对社会稳定风险、生态环境风险等各风险的防范问题，这对于充分保障农户土地权益及生活保障、顺应风险社会化发展趋势具有重要意义。

　　因此，本书农村土地承包权退出风险防范机制是指在当前法律体系、社会保障体系、行政服务体系等运行中，围绕农户这一土地退出主要利益主体，引导退地各主体在土地退出中防范风险的基本制度，是为降低退地风险发生可能性、减轻风险严重后果所构建的各组成部分之间相互影响、相互制约的内在运行方式或组成体系。该机制根据退地风险的高低制定应对策略及行动步骤，确定避免、减少、分担或转移风险的路径，以尽量降低退地风险。本书中的农村土地承包权退出的风险防范机制主要由退地风险预警预防机制、退地风险监控机制及退地后风险处理机制三部分组成。

二、分析框架与流程

土地承包权退出风险的复杂性、体系性需要建立退地风险预警预防、立体监控体系及风险处理化解机制，要在土地承包权退出中注重发挥所涉各主体作用，进一步严格规范退地流程、加大对退地可能导致风险的管控，以预防退地风险发生、减轻风险危害。土地承包权退出风险防范机制分析框架主要包含以下三个内容：

（1）从风险防范主体来看，包括了国家、各级政府及相关职能部门、农村集体经济组织、市场中介组织、农村村民、农地承退方等主体，这些主体在土地承包权退出中关系紧密协同参与，共同推动农村土地承包权退出。

（2）从风险防范的分析流程来看，从土地退出风险的识别，到退地风险形成的原因，再到对退出风险的衡量评价，最后建立风险防范机制设计退地政策制度。土地承包权退出风险防范机制体现的是全流程设计，其整个过程是连续的、相互承接的，最终实现对土地承包权退出风险的有效防范与控制。

（3）从风险防范机制来看，主要从事前、事中和事后全流程构建起一套风险防范机制。风险事前机制主要指风险预警机制，包括对土地退出风险等级进行判定、构建预警信号灯系统及建立预警部门三部分，并提出相应预警措施；风险事中机制即构建风险监控机制，包括对风险进行监督追踪、建立风险缩减体系；风险事后机制即构建退地风险处理机制，包括退地所涉主体利益补偿及保障制度、纠纷调解、风险分摊及隔离等。

三、机制构建目标

（1）在国家层面。通过在总体上制定土地退出战略规划，对各部门工作进行战略性部署安排，下达构建风险防范机制的指令以求降低风险发生的可能或减轻风险带来的后果，具体来说就是谋划土地退出工作的战略性布局、加强对相关部门工作人员的管理、制定合理的土地退出工作规程和方案，达到维护社会和谐稳定、确保国家粮食安全、维护良好生态环境、优化配置并充分利用土地资源等目的。

（2）在村集体层面。认真做好基层土地承包权退出基础工作，如集体内耕地数量调查、集体内农户家庭及占有土地情况调查、退地条件与补偿标准普及、本集体退地报告定时上交和集体内部纠纷的解决等。村集体经济组织应当承担起沟通政府和农户桥梁作用，要做好上传下达的工作，在土地退出过程中保护好本集体土地的所有权并稳定承包权，做好各种风险防控及反馈等工作。

（3）在农户层面。由于农村经济发展远不如城市，社会保障体系有待完善，对农民来讲农村土地承担重要的生活保障功能等。因此，无论农户是主动还是被征地退出土地承包权，其必定面临一定程度的风险。因此，须构建退地风险防范机制，根据农户个人实际情况采取不同类型或标准对其补偿或提供保障，而且对于有进城安家落户意愿的农户，完善的土地退出保障政策会为其提供就业及较高水平的社会保障，以尽量减少各种可能的退地风险。

四、机制构建原则

（一）有效性原则

构建土地承包权退出的风险防范机制是为了避免给集体经济组织、农户、国家或当地社会带来严重后果或危害。因此，所构建的风险防范体系一定是要有效果的、能实现未来预期目标的。构建防范机制关键要将风险防范工作落到实处，真正降低退地风险。如果风险防范机制构建是无用或无效的、无法充分发挥作用，那么构建防范机制或设计政策制度就没有意义了。应遵循因地制宜等原则，明确风险生成的时空异质性，以确保退地风险防范机制建构具有针对性有效性。

（二）可行性原则

可行性原则意味着建立的退地风险防范机制从人力、物力、财力、技术能力等诸方面来说都是可操作的、可执行的，而不是脱离了生活和人民要求，脱离了实际，根本无法完成。这就要求风险防范机制构建必须是经过前期调查研究，在理论和实践上具备操作性，是在仔细斟酌认真思考后所做的工作。

（三）科学性原则

根据全国层面上土地承包权退出实践试点来看，土地承包权退出工作遇到了复杂的新情况新问题，所以构建退地风险防范机制必须遵循科学性原则，即构建防范机制前所收集到的信息必须是全面准确的，方案是齐全且细致的，论证是充分恰当的，方向是明确清晰的，实施是严谨合规的。要坚持科学决策、科学执行、科学领导、科学控制等原则构建土地承包权退出风险防范机制，把握退地工作未来发展趋势，以切实解决我国农村承包权退出的风险防范或应对问题。

（四）具体化原则

在农村土地承包权退出的风险防范机制构建过程中，要具体规划各个主体、各个部门工作，在细节上规定好土地承包权退出风险防范政策措施的具体准则和原则。将整体性风险防范机制政策分解为一个个具有较强操作性的风险防范工作步骤，以便于更好构建科学合理的退地风险防范机制。

第二节　退地风险预警预防机制

我国农村社会风险应对是危机管理模式，只有出现重大危机时才进行危机处理；但是这种模式缺乏有效预防及干预，应对风险有明显滞后性（朱强，2013）；大多数土地承包权退出风险都是由量变到质变逐渐积累形成的，建立一套退地风险预警预防机制能及时识别出风险变化趋势，及时向相关部门发出风险警告，最快速度及时监督并提前防范各类型风险，确保退地风险及时预警及时预防。

一、风险预警预防机制构建

构建土地承包权退出的风险预警预防机制要先在思想上高度重视退地风险预警及处理，跟踪了解退地各类风险及总风险变动情况，分析退地风险产生原因、频率及未来趋势，通过监测和防范退地各类风险，力求在退地风险发生前就及时发现较高水平的退地风险并将其遏制在萌芽状态，最大程度降低其风险水平。

本书已对武汉市黄陂区土地承包权退出的总风险及各分类风险进行评估，土地承包权退出总风险与农民权益与能力损失、社会风险、制度风险、粮食安全风险都较高，而自然生态风险评估结果为风险中等，在此可直接对本地区近期退地自然生态风险以外的总风险及其他各分类风险进行预警预防。此外，除了本书已利用模糊综合评判法对土地承包权退出的风险等级进行评价并直接预警预防外，还应探索其他方法开展土地承包权退出风险的预警预防。

（一）风险等级判定

判定风险等级的关键就是要构建风险评价体系并计算警兆值。在试验区退地风险识别基础上，通过退地研究资料整理和试点区域实地调研等，结合数据可得性及专家讨论，确定退地总风险和农户权益与能力损失风险、各类主要风险预警的警兆评价体系及各评价指标权重，在此基础上采用综合指数法，利用正态分布"3σ"方法计算置换指标的各级预警中心值等途径确定预警的阈值区间（瞿忠琼等，2015），构建低、较低、中等、较高、高五个不同的退地风险等级。在此基础上划定土地承包权退出总风险及各类主要风险的风险等级，为不同时间、不同区域土地承包权退出的风险预警奠定基础。

（二）预警信号灯系统构建

退地区域内风险程度较低或很低的退地风险就可以暂时不予预警，但随着退地风险等级不断升高，需要不断给予更多关注，根据退地风险水平高低，采取不同力度的风险应对政策措施，风险水平越高就越要采取更严格风险防护或规避措施，甚至停止承包权退出并整改退地计划，以避免出现防范不足、风险扩大等问题发生。可构建退地风险预警信号灯系统。预警信号灯是个类似交通信号灯、对风险具有强灵敏性和生动直观显示能力的系统，能够反映之前某段时间或者当前风险的状态或状况。其原理是根据识别到的风险发生可能性大小及风险严重后果，综合推断出对应某退地风险发生值或风险等级。可依据风险等级判定，将土地承包权退出风险从低到高分别为极弱风险区间、弱风险区间、中等风险区间、较高风险区间、高风险区间等不同的预警区间，进而将这些不同区间分别对应绿色、淡绿、黄色、橙灯、红灯五种颜色不同的警示灯；在识别到各主要风险点处于不同预警区间时，会显示出对应灯颜色的警情，风险预警部门工作人员就采取差异化应对措施来处理、调整或控制。主要体现在以下五个方面：

（1）第一区间的绿灯表示退地风险等级很低，预警指数在正常范围内保持平稳，土地承包权退出的整体工作安排较好、工作推进较顺利，农户尚未识别到相关退地风险。此时各级政府相关部门及农村集体可以正常持续推进土地承包权退出，但须时刻关注退地总风险及各二级风险点的风险水平。

（2）第二区间的浅绿灯表示评估到退地风险较低，预警指数在正常范围内保持平稳，土地承包权退出整体工作进程较科学有序，退地相关风险尚未超标。此时政府及有关部门可以着力推动土地退出的进程，并时刻关注退地各风险点发生状况。

（3）第三区间的黄灯表示系统在土地退出过程中，已经评估到了一些潜在可能发生的且比较易于控制的风险点，即风险等级为中等。本书中土地承包权退出自然生态风险水平评价为中等，故退地后当前阶段当地政府及自然资源部门要开始注意对退地所在区域生态环境保护，开始关注退地区域农村生产环境变差、田园景观被破坏、农田肥力下降等问题，防止环境变化进一步恶化当地农村区域生态环境。

（4）第四区间的橙灯则表示土地承包权退出风险程度较高，而且有向更高级别风险进一步转化的趋势。此时，相关部门必须要有针对性地识别风险源，采取更严格措施调整土地退出过程中一些不合理的保障体系或政府决策，严格管控风险，避免相关风险进一步累积而带来的无法控制的严重后果的产生。本书中退地后农民权益与能力损失风险、社会风险、制度风险、粮食安全风险都较高，必须对以上这些风险方面加以关注并严格防止退地后在农民生活权益与工作能力、社会稳定、两地分化、退地合同履约、退地补偿政策监管落实、退地后耕地粮食安全等方面较高风险加以警惕，必须从导致相应风险的影响因素出发，最开始就对这些可能较高风险水平的退地风险点进行预防或预警，采取系统化对策制度严格管控风险，把高风险发生概率降低、减轻其风险危害性，防止其进一步扩大化。

（5）第五区间的红灯表示土地退出过程中的风险发生可能性极高或风险后

果非常严重，土地承包权退出实践可能存在较大问题或不良后果。此时应当放缓或暂时停止土地承包权退出实践，更加全面找出退地风险产生的源头，立即采取措施应对相应退地风险。尽管本书中的农村土地承包权退出的各个风险点都并非很高，但也应对具有较高风险水平的上述退地风险类型予以警惕和高度关注。

（三）设立专门风险预警部门

建立有效的风险预警部门是完成土地承包权退出风险预警的关键。相关政府成立风险预警部门需要具备专业性、公正性、及时性、有效性等特征，这就要求预警部门人员须具备专业的土地及风险管理专业知识，在分析风险发生原因、评估风险后应立即制定风险应对预案并迅速采取行之有效的行动遏制风险；而且预警部门的工作人员还应探究土地承包权退出风险发生的根源，深入乡村调查并搜集农地退出的相关信息，之后将收集到的信息进行分类和处理，以此来进一步完善退地风险预警系统。此外，由于建立了预警信号灯系统，机构人员可借助预警信号灯系统时刻关注可能出现的退地风险因素，根据信号灯所显示出的不同警示颜色判定风险等级和出现的可能性和可控性，以此进行合理决策并采取措施进行土地承包权退出风险的预防和处理。

（四）定期动态预警

应当强调的是，风险预警机制应当是动态调整的，如果预警是静态且一成不变的，那么从长远来看，该机制就失去了其重要作用。可根据退地风险评价、风险发生机理及农户意愿调查等构建一套科学的退地风险动态预警机制。要建立退地风险通报例会制度。依据风险等级高低，可设立一套"日报""周报""月报"的定期风险提示及报告系统：风险等级较高、易于发生且发生后果严重的退地风险类型，采用一日一报的"日报"工作方式，及时监控发现并处理相应风险；风险等级一般，强度中等且引发后果可以承受的退地风险类型，采用一周一报的方式进行预警；而风险等级较低，风险强度低且发生后造成后果较小易于控制的退地风险类型，应采用一月一报的方式，以强化对不同等级、不同类型的退地风险动态预警监控。同时，也要严格落实风险定期报告制度，各级部门要将本部门风险排查情况、动向与发生变化规律定期向上一级部门报告，掌握风险预警预防主动权。一旦评估预警发现可能有退地风险就要及时进入解决退地风险的法治化阶段，确保大风险改为小风险、小风险消解于事前，真正让风险预警机制发挥作用。

首先，建立退地风险的定期预报评价制度。在这一体系中风险预警部门要充分发挥自身专业性优势，根据不定期的土地承包权退出风险预警指标体系，协助退地相关政府及部门对退地风险进行预测评估，翔实记录土地承包权退出的风险变化情况，由专人把收集整理的信息交给专家评价小组综合评价，提高预测预报的及时性准确性，以确定各类退地风险的风险等级。其次，根据评价的退地风险点高低水平发出预警信号，及时将预警信息及应对措施传递给政府相关机构工作人员或农民，提醒风险管理主体应该采取何种风险防范策略或防治措施。最后，假设土地承包权退出试点能持续推进，要依据不同时期各类退地风险评估结果，对较高或很高风险水平的退地风险选择风险消除、转移或规避等不同对策。

二、风险预警预防路径

农村土地承包权退出风险具有不确定性及客观性，须确保风险可控。要把土地承包权退出风险排查调处工作出发点落脚点放在风险预警预防上，变事后风险处理为事前风险化解，变被动风险应对为主动预防退地风险发生。须建立动态高效的农地退出风险预警预测体系，跟踪搜寻未来可能酿成较高风险的相关问题，力争在潜伏期就能及时发现并遏制可能升高或扩大的相关退地风险，把风险可能导致的严重后果降至最低，始终把握退地风险预警预防主动权。

（一）明确政府为民服务的先导理念、规范退地流程

（1）明确为人民服务理念。政府在防范农地退出风险中发挥至关重要的主导性作用（冷智花和谭乐梅，2020）。在改革实践中，政策制定者应严格认真设计农民退地政策，在思想观念上高度重视风险预警与处理。在开展承包权退出实践前必须牢固树立以人为本、以人民为主体原则及观念，必须要了解民意、知晓民情，全心全意为人民服务，为人民利益负责，真正从人民根本利益出发，提供良好服务助推农地退出，拓展群众互帮互助路径，密切干群关系，充分给予退地农户保障及权益维护，以维护政府公信力和农民土地权益，注重将退地风险控制在萌芽状态；不能把完成退地任务作为工作目的而出现盲目强制农户退地等行

为，严禁部分地方政府为了达到政府绩效考核指标要求而背离为人民服务宗旨或使用强制手段胁迫农户被动退出自家承包地，避免只注重眼前利益、急于表现工作能力、没有考虑退地农户利益等随意决策事件发生。

（2）规范退地流程及政府自身行为。应当完善农地转让机制，规范农地转让流程，加强退地参与主体的行为规范，严惩退地经营方不遵守退地合约等行为，防止农地退出中农地使用权价格偏低或出现竞相压价而损害农民利益的风险，同时加强对村集体的管控力度，加强政府监督作用。基层政府应积极主动贯彻落实出台的土地承包权有偿退出制度，转变政府职能，充分发挥政府引导作用，加强政府队伍干部建设、规范政府干部行为，确保政策的稳定性和持续性且能落实到行动上，避免任何潜在的退地风险发生。

（二）促进农地退出信息公开、提高主体风险防范意识

（1）加大信息公开及宣传教育，保障退地信息公开透明。不同农户对退地风险承受力不同，应对退地风险的政策措施也不同；而且农村土地承包经营权退出仍然处于试点阶段，很多地区农民和集体组织对于土地退出的政策理解不够深入、程序不够熟悉，我国农村地区很多农户尤其是老年农户对农地依赖仍然很深，全面推进土地退出并不现实，许多现实问题或退地风险会逐步凸显出来。因此，在退地工作中地方基层政府应当采取信息公开制，加强宣传教育与政务公开制度，建立顺畅的退地信息沟通传递渠道，使有关退地纠纷应对政策、风险化解或防范举措透明化公开化，使退地农户、集体组织、用地企业或组织都明确土地承包权退出各环节及关键点，熟悉土地退出政策或流程，能慎重对待土地退出纠纷或风险，使其在掌握足够信息、对退地风险有整体理性认识情况下协同合作、理性决策应对风险。

（2）完善落实土地承包权退出的基层民主决策机制。农地对农户来讲非常关键，各农户都对自家承包农地的利用或管理负责，如果是土地承包权转让，农户就拥有转出农地的定价权及合同签订权；要按农地使用权流转市场价格及土地特征等对退出土地承包权的土地合理定价，并根据市场变化制定用地价格调整机制确定合理的用地转让价格，以保障退地农户及农业经营方合法权益（朱强，2013）。此外，在退地过程中要严格依法行事，尊重农民主体地位并给予农户自

主选择权利，听取退地农户诉求，建立农地转让的民主化运作机制；充分调动退地农户积极性主动性，一旦发现有可能侵害群众利益或影响社会或生态风险的情况就要及时做出反馈；严禁强迫农户退地，力求在风险未发生前及时发现问题并采取措施，在萌芽状态就有效遏制风险问题，以把退地风险可能引致的负面影响或糟糕后果降低至最低程度、妥善处理好退地农户土地权益维护问题。及时互通土地承包权退出相关政策文件或信息，积极引导各基层部门或服务组织法制化按程序规范运作，有效防止权钱交易及权力寻租等行为发生，以减缓甚至消除退地风险，让所有转让农地的农户都拥有自己承包地的独立决策权、转让价格定价权、转让协议签订权。

（3）提高退地所涉主体风险防范意识。政府须规范用地制度、实施适当激励措施以减少风险发生（傅小徐，2020）。需要改变旧模式，强化各级政府管理部门的退地风险防范意识、创新管理模式，不断提高退地区域风险预警预防及风险应对能力，可采取专业化方式对农村土地承包权退出进行委托代理操作，降低村组集体或基层政府应对农村土地承包权退出风险的难度。退地农户应不断强化风险意识危机意识，着眼于长远发展生活观，积极参与技能提升与工作培训，主动做好退地风险预防，提升个体风险防范意识，降低未来高风险类型发生。承退方要信守退地合约承诺，严格履行对退地集体经济组织及退地农户权益保证，做好退地生态环境保护及农地质量保障工作，减少退出土地承包权后农地规模经营风险，加强土地承包权退出区农地生态风险、粮食安全风险等预警预防。

（三）优化退地环境、完善退地法规条例、强化组织建设

（1）持续改进退地外部环境。完善退地相关法律法规，政府在农地退出中既要为退地提供法律及制度保障促进农地退出，也要坚持农民主体原则，维护退地农户权益（朱强，2013）。农村承包权退出工作仍在试点阶段，目前缺乏对农户有偿退出集体土地的合法性进行明确规定的法律法规，而且很多农村地区农户法律意识及法律观念不强，甚至有些地区集体经济组织的土地退出合同是口头协定的，并非严谨规范的纸质合同，退地农户权益在很大程度上无法得到保障，需要建立并完善有利于退地风险防范、具有严格法律效力的法律法规与组织体系。应坚持自愿退出原则，按照有关法律法规规定等与村组集体经济组织或用地主体

等签订规范的纸质退地协议，严格履行退地程序，退地农户获得相应退地补偿或妥善安置后才进入退地环节，以防范可能的退地风险发生。

（2）尽快制定并出台农村土地承包权退出法规及实施条例或细则。应建立和完善支持农地退出的法律法规体系，严格规定各方的权利及义务，厘清现行法律规定中解释模糊不清或有冲突的问题，为农村土地退出提供有力的法律法规支持。农村土地承包经营权退出实践仍在不断试点摸索中，立法环境不成熟，可以制定过渡性的暂行条例来规范农村土地承包权退出管理，提高风险预警或抵御风险的能力。一旦退地风险达到相关警戒值，就应根据法律法规规定及时预警上报具体的退地风险及其风险警情，便于上级部门做出决策。

（3）强化基层政府职能完善中介服务体系。退地改革实践区基层政府干部、村组集体干部要深入农村实际，了解农地退出各利益主体特别是农户需求，收集与退地风险相关的信息并及时反馈退地风险的高低，及时登记反馈最新退地风险等级，以利于退地风险预警机制充分发挥作用；同时，成立起包含区县、乡和村三层级中介服务体系，以便参与土地承包权退出服务全过程，确保从协商退地到签订合同等整个流程中程序上的有法可依、公平公正、自愿原则，一旦发现有问题及时预警或反馈给相关政府部门以事先消除风险隐患。

（四）强化农户退地条件审查、完善用地方进入及退出机制

（1）强化退地农户退地条件审查。为防止退地后农民失去生活保障可能带来的社会稳定、环境质量、粮食安全等问题或风险，可强化对退地农户退地条件审查力争预防退地风险发生。为防范农民出现不理智行为、减少社会不稳定现象发生，应明确退出土地承包权的主体条件，推进现阶段乃至未来退地主体资格问题的解决，以减少农户非理性退地行为发生。农村土地承包权退出与农民集体权益、整个社会长远发展等密切相关，如果没有土地承包权退出的限制条件，就会使该工作面临很大困难。承包权允许退出条件过松或补偿过多、农户很可能会大量非理性退地，如果允许退地条件过严或补偿过少，那么农户退地意愿可能就不很高，土地退出工作就难以进行下去。因此，要深入实地调查分析，在退地前严把退地条件审查关。退地前相关基层政府或村组集体要积极与退地农民沟通交流，对于主动将土地交给集体或放弃土地承包经营权的农户，对其生活工作状况

进行严格调查，确保土地退出不会导致退地农户生活生产陷入困境，并根据退地农户实际生活生产情况调整土地退出数量；如果农户退地意愿较强、但经济状况较差且社保供给不足，那么应当根据其困难程度提供差异化社会保障金，并对退地数量控制在一定范围以内；对于完全依附土地、失地后可能会经济困难、无法维系正常生活的农户或者不愿退地的农户，则应当理解并尊重其自身意愿，继续保留农地供其耕种生产等。

（2）完善用地方进入及退出机制。一方面，只允许有稳定就业或经济收入且有社保的农户退出土地，采取渐进方式逐步放开农地转让的限制，进一步明确用地主体退地条件。明确使用退地的基础主体应是种粮大户、新型职业农民、家庭农庄、农村合作社或现代农业经营者等，引导符合要求的城市工商资本下乡，不放任城市资本甚至外资拥有大量承包权退出的农地使用权，从源头上保护退地农民集体合法权益，从源头开始预防基层政府官员腐败以免激化城乡居民矛盾。另一方面，要明确用地方退出机制。对土地承包权转让给集体经济组织以外的经营面积较大的组织或个体，确定承退方接受农地转让的最高面积标准；退地风险预警机构或政府相关部门要重点审查土地承包权受让者资信情况、营收能力、履约能力及用地项目效益、环境影响、技术及风险情况等；使用退地面积规模较小的用地方由退地者或其所在村组集体经济组织审查，规模较大的由县乡甚至以上级别退地管理机构审查，且明确规定不同类型用地方可经营退出土地的规模上限；农业生产能力较差的主体无法参与大规模退出土地的再利用活动。建立并完善用地方资格与用地规模双审查制度，在一定区域内单个经营主体可利用土地规模应与该用地方资产值相挂钩，不能超过该经营主体总资产值。构建科学可行的用地方退出机制；基层政府或村集体转让退出农地时与用地方签订使用合同，如果土地经营不善、耕种或生产能力下降较明显、环境污染或破坏等，地方政府或村镇集体有权要求承包权用地方退出用地，解除退出土地使用合同，防止退地风险扩大化。但同时，也要完善土地承包权使用方个人或企业的维权机制，使其维护自身合法权益的行为有序化合法化。

此外，土地退出必须重视对各类农业新型经营主体的支持和提供良好服务。只有新型经营主体得到壮大，经营能力提升，才能实现双赢。所以对流入主体，除要有严格的准入制度和审查机制外，也应有积极的支持和服务政策。

第三节　退地风险监控机制

风险监控伴随着决策执行全过程，须对甄别出的风险发展变化情况动态监督管理，并依据环境条件变化等实施新的有效干预策略，以实现全过程风险管理（王双全等，2019）。在土地承包权退出中应主要由地方政府担任监管者，联合社会舆论和农民集体等退地所涉主体监督，风险监管主要是对风险管理结果进行监控检查，通过反馈效果、找出问题从而促进整个风险管理活动的落实和有效性（陈振等，2018b）。土地承包权退出所涉及各主体、各方面情况并非一成不变，风险也会随时间及周边环境变化而改变，由于环境变化可能生成新风险，因此风险监控是一个不断持续的过程；农村土地承包权退出过程中需要加强参与主体对风险发展及其变化情况的监督，从而根据需要实际调整应对策略，因此需要建立长期性、可持续性的土地承包权退出风险监控机制，以保持退地始终风险可控。

在此过程中，既需要识别出农村土地承包权退出的主要风险，找到监督控制对象，又需要对识别的风险点全面详细调研、量化测算及排序测度以实现风险衡量，同时，要根据风险衡量测度结果，采取避免风险、损失控制和转移风险等相应防范及补救举措实现退地风险控制（夏诗园，2017），以防止其扩大化或严重化、保证整个风险管理活动有效落实。

一、风险全过程动态有效监管

（1）实施全过程动态监管，实施跟踪及定期评估。风险发生具有偶然性和不确定性，所以对风险的监控是一个长期且持续的过程。要跟踪了解农村承包权退出相关利益主体生产生活状况，分析农村土地退出风险形成机理、发生频率和发展趋势，重点搜寻可能发生的退地风险征兆，力求在相关退地风险发生前及时发现苗头，尽可能把导致风险发生的消极因素的影响降至最低。须立即对本书出现的退地总风险、农民权益与能力损失风险、社会风险、制度风险、粮食安全风险等进行控制，为了防止土地承包权退出这些潜在风险发生或扩大，退地的镇村应持续关注本集体内农村土地承包权退出状况，需要定期对退地风险全面检查，定期向上级政府或相关职能部门提交检查报告，客观阐明当前退地进程和退地过程中的问题，对上述较高风险水平的退地风险情况等认真记录，并根据反馈信息实施相应风险监控措施，持续追踪监控这些较高水平的退地风险。

（2）建立有效的农地退出监督机制。在村委会外建立由农户选举产生及本地退休乡贤、社会精英等组成的专门的农地退出监督机构，对农地退出各环节跟踪监督，不定期考察退地所涉政府部门或组织机构工作情况，收集社会各界对土地退出政策的意见和建议，防止上述较高风险水平的退地风险进一步扩大，坚决暴露出退地侵害农户权益的行为。

二、注重风险缩减

风险缩减指在风险发生后，需要在第一时间把控住风险源头，采取针对性手段减少风险带来的不良影响，如果风险发生范围不大、影响力不强，可以采取措施进行补救，以减轻退地风险的严重性。而从风险角度出发构建承包权退出风险防范机制应以退地之后健全农民社会保障作为切入点（张坤，2020）。在本书中，土地承包权退出总风险、农民权益与能力损失风险、社会风险、制度风险、粮食安全风险的风险水平较高，故政府或村集体须及时与农户进行沟通，并构建长效机制，有效衔接保障退地农户，使城乡社会保障实现兼容和互补，切实帮助退地农户解决其生活困难；对于退地社会风险、制度风险、粮食安全风险则应充分考虑发挥各退地主体作用，采取各种措施将风险向多方转移，以改变风险分布多方承担风险，从而减轻该风险带来的严重性、降低其发生可能性。如果未来某些退地风险已发生且无法采取其他措施降低风险水平，那么就只能接受和承担这些退地风险带来的后果，但同时也需要加大对这些风险的监控力度，采取有效手段遏制风险，尽量防止其再度扩大化。

三、构建风险多主体内外协同监控模式

（1）强化多主体内部排查监控机制。农村土地承包权退出涉及主体众多，应深入农村基层调查研究，在退地所在村镇的村民自治基础上，结合政府风险预警机构，将风险预警及监控单位的权利和义务落实到位，该承担的职责要明确，定期向退出试点单位或个人通报退地风险评估结果；同时要构建岗位问责制度，各岗位须分工明确、权责对应，一旦发现问题，相应人员就必须承担对应责任，严格追责，以此来激励和约束风险监督部门或人员行为。

尝试在县、乡及村组之间成立退地风险排查应对协调小组，在乡镇与乡镇间、村组与村组间、县与乡之间、乡镇与村组之间建立起上下联通、纵横相连的退地风险排查应对网络；准确及时掌握土地承包权退出风险产生原因及规律，建立风险排查联动管理机制，如发现侵害农户权益的行为或退地风险引致风险或矛盾纠纷时，鼓励群众向相应政府或风险预警部门举报违规行为，建立举报奖励举措和违规惩治措施，有效监督退地所在区域政府及村组集体组织，以减少退地风险。

（2）完善风险外部监管机制。完善农地退出风险的监督制约机制，建立农民监督、行业中介监管和社会监督的外部监督机制，明确政府各部门、中介服务组织或监督机构监管范围、权利、责任，并对不同土地退出风险分类监管，但也要防止过度监管及监管漏洞。

在完善内外监管要双管齐下，建立监管统计系统或数据库，整合各方面统计数据，确保数据真实有效，采取专门预警监管部门和市场中介组织等相结合的监管制度。借鉴张学敏（2014）的建议，引入第三方独立中介机构对退地农户退出方式及各种农户有异议问题进行审核仲裁，充分发挥市场上中介组织或协会的监管职责，制定并组织实施共同遵守的行为规范及准则、协调各主体间相互救助，配合政府专门预警或监管部门工作，并向其提供更真实及时的信息，随后将相关退地风险情况或应对风险政策及时向社会公布，接受农民集体和社会监督，以保持退地各主体参与的风险监控机制有效运转。

第四节　退地后风险处理机制

　　土地承包权退出的风险防范离不开农地退出风险处理，土地承包权退出风险处理的过程也是将退地风险损失程度降至最低、将风险发生可能性降低到最小、以达到综合效果最大化的过程，处理较高的退地风险就可以在相当程度上化解风险，防止退地风险扩大化或严重化。在农地退出实践中很多人为因素造成的损失完全可以通过风险规避而减少，而对于一些不可抗拒因素也可以采取有效手段加以应对。退地后风险处理机制主要包括完善土地承包权退出的纠纷调解机制、施行退地风险分摊（或分担）、多主体协同化解退地风险等方面。

一、完善纠纷调解机制及各主体利益诉求表达机制

　　提升化解退地矛盾调解机制能力，完善退地所涉主体的利益表达机制不仅能满足退地农民与其他所涉退地主体之间协调解决矛盾等要求，而且强化了各级政府及相关部门职能、提升退地跨部门资源整合能力、增加多部门联动效应，为持续化解退地各风险给予了强有力制度支撑，是化解退地纠纷的重要途径。

　　当前农村土地承包权退出或调整使得退地各利益主体之间利益分配结构受到冲击，作为法律普及程度不高的地区，部分农村的基层政府或村集体工作人员可能法律意识较淡薄滥用职权，难以充分保障退地农民集体或用地企业权益并可能导致社会、生态、制度及粮食安全等较高风险。随着我国退地实践不断深入，退地风险可能逐渐扩大或变动，应建立起长期有效的农地退出风险或纠纷化解机制、完善退地相关利益主体利益诉求表达机制，并将基层区县、乡镇政府作为解决退地风险的主力军，完善现有纠纷调解仲裁机制，以防止退地风险扩大化或更严重。具体可从以下三个方面分析：

　　（1）优化退地纠纷调解组织体系，根据具体情况选择差异化应对策略。以退地相关参与主体作为调解对象。一方面，应明确化解纠纷的主要机构是各级政

府、各村委员会、人民法院等，基层政府或相关部门应成立农地退出纠纷处理中心，构建包括乡镇政府区片负责、农户信访、农户与基层组织定期交流反馈等在内的退地纠纷综合调解机制，转变政府职能，密切与农户的关系，减少干群矛盾，明确化解纠纷的主要对象是土地退出过程中各参与主体，协调和农民或退出土地的经营投资企业等之间的矛盾或冲突，加大对基层政府或集体组织成员教育及监督力度，通过和解、调解、仲裁和诉讼等方式化解退地风险或纠纷。另一方面，对于小纠纷小利益问题，应引导农户之间或农户与政府（村集体）之间自行协商解决，促成和解；对于难以和解且影响到退地区域社会稳定、制度运行、粮食安全等纠纷或风险，可引入第三者充当沟通桥梁，力争合理合情合法方式解决纠纷；如果退地矛盾或纠纷已经引起较大冲突、权利双方存在巨大分歧影响社会稳定或粮食安全等情况下，可以考虑进行仲裁，即仲裁员根据纠纷双方递交的文书对情况进行判断最终平息冲突或者需求政府按照合同予以裁决执行的方式；对于前三种方式都无法解决的纠纷问题，权利双方只能向人民法院提起诉讼，法官根据法律进行判决；且在农地退出面临资金短缺等风险时可从政府或专项基金里供给应急处理资金，以最大程度降低各种较高的退地风险。

（2）以农民为主要被调解对象，构建内外结合的调节模式。退出农地受影响最大、最直接群体就是农户，可发挥群众监督作用。首先，建立科学的集体内部调解机制。村委会干部或村内有威望党员或乡贤深度参与协调农村内部矛盾纠纷，如果是种田大户和退地农户之间矛盾纠纷，既要考虑退地继续耕种问题，又要保护种田大户积极性；如果是工商资本下乡经营退地发生矛盾纠纷，那么应在当前法律法规体系下，既能最大限度保护退地农户利益，又充分维护好用地企业合法权益；所有风险矛盾纠纷都应该根据实际情况协调退地双方，力争在农村内部化解退地风险矛盾；对于撂荒的土地，应避免其影响粮食安全或社会稳定，如农户回乡后想继续耕作，应在符合条件情况下给予适当考虑。其次，要建立有效的集体外部协调机制，完善农地退出的信访渠道，各级政府尤其是基层政府要认真对待农民群众信访，让农民充分反映个人利益、社会矛盾或冲突、制度风险及粮食安全等矛盾问题并力争限期给予解决，如果问题严重一时半会儿无法解决，也要列入问题清单并适时给予圆满解决。再次，充分发挥新闻媒体等监督作用，通过当地新闻媒体施加舆论压力，以敦促有关政府部门重视并解决各退地风险。最后，顺畅退地风险司法调节机制，制定并完善有关退地纠纷的处理意见或方法，使得退地风险应对有法可依，依法按时解决群众的退地纠纷，从而尽量消除退地农户经济权益与能力损失风险等。

（3）完善退地多主体利益表达机制，重视民众心理调节。试验区农地退出全过程几乎都在政府主导下完成，在退地补偿过程中可能出现各种问题，如果退地农民或用地方没有合适机制反馈退地问题表达自己利益，很可能会导致农民权益与能力、社会、制度运行、粮食安全等方面较高风险或用地企业利益无法保障等问题进一步严重，应鼓励群众监督举报农地转让中相关违规行为。完善相关监督考核机制，保障各政府部门能及时高效处理农户问题并及时反馈解决；退地农户获取相应经济补偿及安置、享受社会保障等无可厚非，但必须保证其所提补偿要求合理合规，用地主体可充分享有其农地种植或生产的经济收益。此外，要加强心理服务体系建设，由退地所在村镇集体或基层政府出资建立心理服务或咨询中心，定期为农民集体或用地主体提供咨询服务和政策宣传，以减轻农民退地心理压力，使其可依法依规通过正常途径或渠道反映自身利益诉求，从而降低退地风险。该机制可逐级反映农民或用地主体的权益维护。利益诉求的表达机制能拓宽退地农户或用地主体意见诉求与沟通渠道，降低退地农户或用地主体反映诉求的难度、缩短诉求政务流程，提高各基层政府或村组集体对退地相关利益主体诉求的反应能力，从而降低相关风险发生可能性。

二、施行退地风险分摊（或分担）

风险分担或分摊又称风险转移，指通过契约或合同将原本集中于某个或某些风险承担者身上的风险分摊转移到更多个风险承担者身上，使得每个风险承担者所承担风险变小或降低；风险分担多采用基金、购买商业保险、发展资本市场或农村保险市场等方式（王双全等，2019；胡建，2014）。土地转出方在签订租赁协议时，通常会考虑选择合适风险分担方式以便农民选择和接受，从而有效规避风险（Fukunaga，2009）。本书土地承包权退出的风险分担制度有以下两个：

（1）减少退地农民集体风险。可将众多具有不同退地风险的农户结合在一起建立保险基金，通过严谨科学的第三方风险评估得到不同农户面临的不同退地风险点（高低）等级，据此对遭受较高风险损失的投保退地农户提供经济补偿或资金补助。要定期对这些农户评估退地风险，如果没有风险或风险很低，该农户只需付极少的保险费；如果退地风险较高，那么保险公司必须按契约或合同规定给与农户经济赔偿。退地农户通过这种选择性购买保险的行为以规避退地风险。此外，也可学习借鉴四川省邛崃市首创的具有市场机制特征、引入保险公司的农地流转履约保险制度做法，鼓励或支持保险公司将业务向农村退地区拓展来实现退地风险分担。具体可由政府牵头，组织退地相关的自然资源、农业、财政、金融、保险或信用合作社等部门结构以及退地的农民集体代表等共同明确保险举措及落实方法等，按照"市场运作、政府引导、合力推进、风险可控"等原则引入一定数量的保险公司，开发出农地退出相关履约保证保险产品、明确各主体参保费用比例，商议出台具有可操作性的实施细则。在此基础上，尝试采取政府补贴、农户低费甚至免费参保（刘润秋等，2018）、农地承退方承担较少保费等方式在一些条件合适的乡镇进行实践探索，并逐步推进，待条件成熟时再大规模展开，最终实现以市场化方式防控农地退出方等风险，降低退地农户或农业经营者风险或受损程度。

（2）分散退地使用方风险。由于经营不善或履约诚信等问题，用地主体在经营或利用退出农地上也可能面临着诸多风险。用地主体也应强化风险意识，通过购买农业保险等防止由于洪涝、干旱等不可抗力因素造成退出农地上产生经营风险或其他严重后果，通过农业保险及时为农地承包商提供资金补偿、分担部分风险，稳定其粮食种植等农业经营活动，防止农地承包商对退地农民或当地政府的履约风险等发生，避免由此引发更严重的社会稳定风险、制度风险及粮食安全风险等。

三、多主体协同化解退地风险

农村土地承包权退出是我国推进新型城镇化、实现农业转移人口城镇化进程的重要路径，是国家、政府、村集体、农户、农地承退方等新型农业经营主体之间围绕农地产权变更发生的博弈，关系到各个退地参与主体的切身利益，牵一发而动全身，每个环节都存在着利益交叉点，暗藏诸多风险点。必须多主体协同努力以降低风险。考虑导致土地承包权退出风险的影响因素，可从承退者选择、集体经济组织行为、退地合同规范性及中介组织完善度等方面出发，由政府、农村集体组织、退地农户、用地企业、社会中介组织等多主体共同努力制定有效防控措施降低退地风险。首先，考虑到社会中介组织是退地过程中村集体或大部分退地农户获取信息、联系其他承退方的重要场所，所以要重视其作用并加大监管，即要明确规定其创建资格、经营范围与收费标准，要求其整理相关土地交易记录并上交，并加强对组织成员培训和业务能力提高。其次，要求村集体定期检查退出土地使用情况，要求用地方上交土地使用计划书及保证书，保证土地用途不发生改变、不损害农地资源。最后，政府应通过定期检查或随机抽查、实地深入考察调研等方式了解民意，不断调整政府工作方向，进一步明确各相关职能部门在土地退出中的职责、细化分工任务，将各项职责落到实处，持续降低退地风险。

作为退出土地承包权的用地方，其在资本实力及社会关系等方面占据绝对优势，如果操作不当、政策执行不到位必然导致纠纷甚至引发制度及履约等社会风险、退地粮食安全风险及农民权益或能力损失风险等更大风险产生，必须规范各级地方政府、村组集体组织、退地农户等不同利益主体行为，政府在最开始退地政策制定中要充分保障农户合法土地权益，联合金融或保险机构为退地农户提供免息或低息贷款及创业资金，在创业初期免除税费激励农民创业就业。村集体组织需要积极贯彻执行政府政策、提高工作能力、更多从农户角度出发开展工作，土地承包权承退要严格履约、集约利用土地、切实保障农民集体权益，综合制定平衡各方利益、满足各方需求的退地利益协调政策方案，避免出现政策目标与退地政策实施效果相背离的情况，构建激励相容的多主体风险化解政策体系。

第九章　农村土地承包经营权退出的风险防范政策保障及制度设计

为做到风险管控，在对农村土地承包权退出的风险识别和评估之后，须进一步研究应对风险的有效方法，尽最大可能将风险控制在可接受范围内。从经济学视角来看，风险是客观存在的，管理者会采取各种措施控制风险损失或减小风险发生概率（胡建，2014）。为保障农村土地"三权分置"政策供给体系有效运行，需要将从局部层面考量每一政策体系的关键因素与从整体层面考虑这些政策目标的一致性协同性相结合（孙德超和周媛媛，2020）。

因此，在我国农村农用地"三权分置"背景及现有法律法规条件体系下，为设计土地承包权退出风险防范政策制度，既需要仔细分析各种退地风险应对政策的关键点，又需要综合设计实现退地风险防范政策目标的重要制度，必须在我国当前基本法律法规框架下做好与现有退地相关政策制度的衔接，不仅需要充分发挥政府在完善法规优化环境、协调主体社会关系与及行为、完善退地利益分配结构、强化社会基层治理、促进集体经济发展等方面的作用，而且必须依靠市场机制来拓宽资金来源、保障粮食安全、联动安置退地农民、注重发挥中介组织作用降低退地成本等，以满足不同地区不同类型退地农户的要求，制定出更科学、更有操作性的政策方案以防范化解土地承包权退出所导致的农民权益与能力保障、社会、自然生态、制度及粮食安全等各类型风险，推动农户顺利退出土地承包权。

第一节　政策建议

一、丰富多元化补偿模式、缓解退地农民权益与能力保障风险

完善土地承包权退出的补偿模式，主要从优化经济补偿、维护农民土地财产权益、健全社会福利补偿和完善生计权益保障多方面综合治理，从多个维度对退地农民进行补偿和提高保障水平，预防和化解退地农户经济收入减小风险、失业风险、生活秩序混乱风险，同时加强对退地农民的心理引导和社会主义思想宣传和深入，减小农民产生边缘化心理风险。

（一）注重退出农地的权益补偿、保障农民土地财产权益

目前实施的退地农民退地补偿方式单一，大多通过现金等方式对退地农民进行补偿，完善退地补偿制度十分必要。退地农民的土地补偿不应采取"一刀切"方式，不同农民个人情况不同，应具体问题具体分析，根据不同农民的需求等提供多样、高效、合理的土地补偿，以解决农民退地问题，保障农民生活水平不降低。

（1）确定科学的资金补偿标准。在土地经济补偿方面，切实保障退地农民土地财产权益。土地承包权退出是农户生产生活的重要调整或变动，作为土地承包权退出的直接利益方，农户更倾向于表现出明显的风险规避偏好；但很多地区农地退出导致部分农户尤其是老农民无法再维持在当地的正常生活，故在退出补偿机制及保障模式等方面应适当调整，格外关注退地农户尤其是老年农民退出土地的权益保障或补偿机制。各级政府及相关部门或中介机构可参考国外对农地流转或农地交易的动态补偿标准，以农地市场价格为基础，参考退地农户土地权益损失（或成本），结合条件价值法（CVM）等科学测算综合确定农户退地经济补偿标准并按时足额发放退地补偿金，并建立起与当地物价和收入水平相衔接的退地经济补偿动态调整制度。

（2）探索长效经济补偿方式。做好确权赋能工作，明确退地范围，将农民退出土地情况登记在册并及时公布，据此把退地经济补偿款支付给退地农户：一是直接将全部或部分现金补偿款付给退地农民；二是采取类似贵州省湄潭、武汉市黄陂区等地退地与特色产业发展有效衔接的退地补偿模式，即由相关政府出面引入有较好发展前景、回报收益稳定的农业企业，将退出的土地与用地企业产业发展相结合，将退地经济补偿款作为本金入资使用所退出土地的农业企业；只要退出的农地在经营，退地农民就可以得到持续的分红收益，如果农民想要增加收益和分红比例也可再加大注资，从而得到持续稳定提高的退地经济补偿款，切实维护退地农民的土地财产权益。

（二）健全退地农民社会保障体系

农户彻底退出土地实现完全城镇化是项复杂的系统性工程，退地后农民在城市成功"落地"是推动退地的主要困难（张广财等，2020b）。调研黄陂试验区村组干部及部分农民发现，退地区域受访退地农民多数是中老年人，当前其最大担忧就是未来养老保障问题该如何解决，而目前退地养老保障水平尚需提高。若中老年农民愿意退出农村土地承包权进城，则必须要充分考虑其未来进城后的长远社会保障。

此外，未来在农村要依靠农地财产价值及国家财政补贴等，建立国家保障与集体保障相协调、农民个人缴费做补充的新型农村社会保障体系（韩松，2010）。可借鉴国内外先进经验或者做法，对于经济困难农民提供教育补贴或助学贷款，在物质及精神上补偿保障农民，努力提高退地进城农民住房、医疗、就业、养老、子女教育等社会保障水平，使其与城市居民享有同等水平，离地农民退出土地后如果遇到大病或其他重大事件导致家庭生活贫困、生产生活陷入困境的，应纳入当地政府贫困救济对象范围，及时给予救济帮扶，以切实保障退地农民多方面社会权益，力求降低退地农户因补偿不合理导致的致贫风险，真正提高退地农户获得感，以化解或者减少退地农户风险。

（三）优化退地农户就业环境、提升农民就业能力

（1）优化退地农户生产环境。保障农民的自主权关键在于解决好退地农民的转移就业和家庭生计的长远保障（张勇，2020）。访谈中发现，未来长久就业

问题也是黄陂区农地退出试验区政府相关部门及街道领导非常关注的内容。相比城市居民来讲，目前退地试验区乃至我国相当大部分农村农民教育水平、技能培训较低或较差，就业观念很难适应城市，在城市就业较难，尤其是年龄较大的退地农民如果进城更难在城市中寻求到合适就业机会。

因此，退地基层政府应充分尊重退地农户诉求，创造和谐积极有利于土地承包权退出的社会氛围及工作生活环境，进一步提升政府服务水平，完善社会中介组织建设并充分发挥其对退地服务保障作用，健全退地农民就业服务体系，完善退地农民的用工管理，从各方面优化退地保障制度设计，力争改变退地风险发生条件防止退地风险蔓延，维护退地农户合法权益，引导退地劳动力外出进城劳务创收，增强其在城市竞争力；作为用地方的企业则应为当地退地农户提供工作岗位或就业培训；作为离农户最近的组织机构，退地区域各级政府及村集体应深入群众、排忧解难，想方设法在当地引进更好企业或项目，积极谋划退地后农民工作就业安置等问题，化解退地农民就业能力损失风险。同时，加大创业扶持力度促进退地农村转移劳动力就近在城镇就业，未就业的退地农民劳动力如果有就业能力及愿望的，与当地城市或城镇居民一样纳入城镇就业失业登记范围。

（2）激发退地农民内在动力，政府助推退地农户就业能力提升。退地农民缺乏持续维持生计能力及社会保障会使农民对退出土地承包权心存疑虑。保障退地后能维持生计甚至改善生活才能让农民退地更无后顾之忧，仅通过政府对退出土地承包权的农民进行补偿，并不能全面保障退地农民生计及其他正当权益。

当地政府必须要增强退地农民信心，激发其内在奋斗拼搏意志，并在基础上加大对退地进城落户农民岗前就业扶助力度或免费技能培训，组织退地农户到相关单位实习或锻炼，使其真正掌握一定的生产就业技能，同时为他们介绍多种就业方式并让进城农户依据自己特长或意愿进行选择，扩大就业方向减少就业压力，必要时给予就业优待或倾斜，减少其在城市或城镇生活成本，提升退地农民非农就业能力以降低退地生产就业风险。

二、协调各参与主体社会关系、化解农地退出社会风险

（一）完善农民社会网络关系、增强对政府及各主体间彼此信任度、提升退地农民的生活幸福感

（1）增强退地主体间信任度，拓宽农户互帮互助关系，降低农户风险认知。总体上讲，降低农村土地承包权退出的社会风险应加强退地农户间联系，在增强退地农户自身实力基础上，注重亲戚间互动合作方式及互助效果，强调亲戚及邻居间信息和人情资源交流共享，不断增强退地群众对村组干部或基层政府的信任感，各级政府、村集体、农民、农业经营业主等利益体之间应明确职能关系，齐心协力、各司其职，强化风险意识，协同应对承包权退出风险；考虑到转型期农村社会发展及风险分散承担必然要求积极倡导农民重新走合作之路（曹海林和童星，2010），应鼓励并引导退地农民重视发挥其社会资本等非正式保险作用，大力巩固拓展退地农户之间社会网络关系及信任度，在日常农村生活生产中加强联系、互帮互助、积极参加集体劳动，充分发挥血缘和地缘社会关系的非正式保险作用，大力提高农民家庭间风险分担能力，减少退地后生产生活成本，不断增强对基层政府或村组集体经济组织信任度，形成合法守信、和谐团结、积极进取等做事氛围，以增强农民集体及地方抵御退地风险的能力，协同应对土地承包权退出风险。同时，也可将农户风险认知纳入退地风险应对制度设计中，从重视退地农户风险角度分析农户社会资本，协调退地各主体行为等以降低退地农户的风险认知。

（2）使退地农民尽快恢复正常社会生活秩序，增强其生活幸福指数。彻底退出农村土地承包权后农民永久失去承包地，部分农民进城落户或留在当地，但又可能没有取得工作所在城市的福利或社会保障，这在一定程度上会造成退地农民陷入社会身份窘境，打乱农民原有熟悉的社会生活秩序或方式。地方政府应加强对退地农村的城镇生活方式的接受程度，改善退地农村生活环境，改善城市退地农民居住条件、加快惠及退地农民的城市卫生计生等服务，增强其生活幸福感；增加对农村各项资源投入，鼓励城乡教育互动交流，移风易俗，逐步恢复乃至改善退地农户在当地社会关系及生活生产秩序，及时做好城乡身份衔接或对

接，使农民退出土地之后可尽快适应新生活，使其社会身份不至于因此陷入窘境。

（二）降低退地履约风险、防范出现信用危机

一方面，当地政府应规范合同约束，坚持农民自愿方式退出土地承包经营权，并深化此思想，不鼓励高退出率，以避免产生群体性事等而加剧社会风险（秦成龙，2020）。地方政府要做好宣传教育发动，使农户充分了解退地试点的相关政策制度知识或好经验好做法，在农村要加强培训稳步提高退地农民文化素质与生产技能，扩大其就业渠道与范围，减轻农户对农村土地承包经营权财产功能或价值的过度依赖，积极引导用地主体或农地承包商信守承诺并加强对其履约行为监管力度，加强退地农民主体和用地方合约意识或契约精神；建议由当地政府规定土地承包权转让的合同形式，土地承包权转让合同或协议中内容要详细，合同内容应包含农地具体位置、农地的面积、农地转让方、农地承包方、土地承包权转让费用及农地供需方责权利与违约处罚等细则，注重退地后农地用途方向，必要时将违规用地方拉入政府黑名单，限制其未来的投资活动，以减小农业经营业主不遵守合约而造成的退地后信用危机；对于不遵守合同的用地方采取惩戒措施，对违约用地方或承包方采取惩戒、罚款乃至法律措施，从而防止退地方或者用地方违背承诺造成信用危机，想方设法提高农民失地后的家庭总收入，防止出现养老保障水平降低等退地威胁或风险，避免由于造成农户或集体权益损失而带来的农户两极分化贫富差距拉大、私自退出农地非农化非粮化及破坏农地生态环境等风险发生。

另一方面，首先，要提高基层政府机构人员工作水平，应当加强其工作素质培养，端正其服务态度，充分了解群众需求，规范村干部行为，信守承诺，答应群众或用地企业的就务必做到。对损害农民权益的基层干部给予处罚或惩戒，使农民权益不受到损害。其次，政府层面要加强对退地处理管控，协调政府和村集体经济组织关系，提高农地经营门槛，加强农业经营培训和指导，把具有丰富农地经营经验的经营业主引入退出的农业经营中去。最后，把土地承包权退出流程规范化程序化的同时保证信息公开透明，保护退地农户或者用地企业的知情权，实现程序公开透明，减小寻租行为发生，减少用地企业或农业经营业主与基层干

部的暗箱操作、违反承诺等行为。

（三）做好政策解释工作、减少退地两极分化风险、预防农民价值观偏离

（1）加强对退地农民普法及退地政策解释工作。农村土地承包权退出意味着集体土地彻底退出，退地农民可能对农村土地制度改革的理解产生偏差，需要对农民加强退地政策和党的路线方针的宣传教育，使农民认识到农村土地承包权退出的重要理论价值及现实意义，其最终的目的是为了农民致富，农业提质和乡村振兴，从而引导农民进一步坚定中国特色社会主义道路、理论、制度和文化的高度自信，切实降低农民产生价值观偏离等一系列风险，坚定坚持社会主义公有制制度的信心与意识，切实降低农民产生价值观偏离等一系列风险。

（2）加强对农民的宣传教育和心理疏导。在农村土地承包权退出过程中，部分农民由于年龄、家庭、技能等原因导致非农就业困难甚至失业；农民把土地承包权退还给村集体后，再由村集体把退地重新发包给农业投资者等，或者由退地农户直接将土地转让给农业经营大户，可能导致部分文化水平差农户由于失去最重要生产资料而生活陷入困境，产生两极分化，贫穷退地农户可能更难以融入社会，导致农民心理失衡，产生被边缘化等风险。对此，政府须积极制定农户心理干预政策，并对农民进行退地知识普及和心理教育引导，降低农民退地的心理负担，完善退地农户各项权益保障，让农民明白退出土地承包权不会必然导致贫富差距拉大，同时强化一系列退地补偿及权益。政府应加强退地两极分化风险防控，给贫困农民更多补贴及补偿；村集体也应当加强对农业经营业主监督，在法律法规允许范围内创造更多条件放宽经营限制；尽量为退地农户提供更为持续稳定的权益补偿，消除由于退地导致的农民心理问题，防止农民产生被边缘化风险，防止因贫富两极分化使退地农民产生悲观心理。

（3）地方政府应从法律法规监控、奖励激励、市场引导等方面强化农地承退方种粮意识，积极引导农业经营业主加大对粮食的生产投资，增强经营业主的粮食种植与经营能力，保障粮食安全，并在一定程度上注重与农民共享收益；应拓宽政府和农民的沟通渠道，加快打造政府和农民或农村集体之间快捷有效的沟通渠道，团结互助，使农民可以更加便捷地向政府反馈相关情况，各级政府也应及时传达中央政策精神或下发补贴资金等，鼓舞农民拼搏奋斗信心，防止退地农

民难以融入社会、社会主义思想观念不坚定、整体价值观偏离等社会风险发生。

（四）防止当地发生退地导致的群体事件

基层政府通常在政策压力下参与农户承包权退出，实现高退地率，以取得政绩，而如此推动土地承包权退出在一定程度上可能损害农户利益，造成农户与当地政府之间的纠纷。各级政府应坚持农民自愿退出土地承包权并深化此思想，不鼓励高退出率，避免产生群体性事件等加剧社会风险产生。要加快农村人口城镇化的进程，保障退地农民在城镇可以享受城镇基本权益保障，使农民有稳定就业，满足基本生活水平保障标准，使农民可以安心离开退地进城（朱强，2013）。依据预防为主、及时处理为辅等原则有效规避退地群体性事件发生。首先，要做好预防工作，在退出农村土地承包权之前对农民宣传解释退地流程、权益变化及补偿措施等，在农民充分了解退出土地承包权的政策后，再进行农地退出协议签订，给农民预留相对充足时间发现并反馈问题，同时，安排专人对接退地农民，及时收集并有效解决农民集体反馈的问题，在源头上减少群体性事件等风险发生；其次，如果群体性事件已经发生，那么要及时了解导致的群体性事件严重后果，及时主动联系相关农户进行沟通协商，安抚群众以防止负面消息进一步扩大，迅速应对严厉打击蓄意滋事的闹事分子，但同时又不随便对退地农民群众作出承诺，维护政府在退地农民心中的权威及公信力。

三、贯彻生态文明理念、重视可持续发展、降低退地自然生态风险

推进农村土地承包权退出过程中，对农地的处理可能会造成农村生产环境变差造成生产污染和生活污染、破坏农地自然景观以及降低土地肥力等，产生自然生态风险。对此，要从政府、村集体、农业经营业主和农民多方面采取措施，加快发展农业经济，保护退地区域自然环境与生态效益，实现农村可持续化发展。

（一）健全多主体参与的退地生态风险管理体系

首先，增强退地使用方生态文明理论与风险防范理念，强化农业经营主的生态环保意识，对退地使用者或农业经营业主定期进行生态环保政策宣传或教育，从源头上减少经营或利用退出的承包地而带来的生态风险或环境风险，对不遵从环境保护要求的经营业主进行惩罚或收回该土地的农业经营权利；其次，地方各

级政府及村组集体组织要加强对本区域退出土地承包权的生态环保问题监管，惩罚对退地生态造成严重破坏的农业经营组织或个体；再次，加大对退地自然生态问题处理的资金或财政投入，进一步完善退地区域自然生态风险管控或应对的设施设备，加强各种退地区域生产污染或污水生活垃圾治理；最后，须重视农村生产经营装备技术及基础设施建设、加强农业科技创新力度，可尝试将退地生态风险防控指标纳入到农村土地综合治理指标体系中（朱强，2013），以有效减少推出土地的经营或利用过程中生态风险。

（二）防止农村生产环境变差，减少生产污染

（1）在政策制度层面，政府要加强退地区生态环境保护规划等与国土空间规划衔接，强化对退出农地生态管控，把农地经营状况纳入业主经营准入标准检验及政府政绩考核范围，对不符合条件的退地经营业主进行警示或排查，减少经营退地农地所带来的生产污染。

（2）在政策落实方面，定期对土地利用情况做调查，由村集体登记上报给当地政府，加强基层政府及村组集体对农用地生产经营状况的监督，退地政策的环保理念要宣传到位，把环保指标纳入农业经营业主考核体系内，对尚未取得农业经营许可的经营业主，不满足条件的不予准入；农业经营业主应当信守土地生产经营合约，加强道德建设，在追求经济效益的同时，注重生态环保，减少生产污染风险。作为政府，应明确生产噪声标准，加强农村土地经营的施肥力度管控，对不同类型农田喷洒农药的类型及含量进行严格管控；设置严格的监管制度并雇佣技术人员对农地进行采样检测农药含量，在明确相关权责利关系的基础上设立激励或惩罚机制，对农地化肥或农药含量超标的用地者进行惩戒性罚款、处罚、追责，对于农药或化肥使用标准合格的用地者进行现金奖励及表彰等。

（三）保护农民农村生活环境，减小农村生活污染

虽然我国已经相继出台相关政策对城市及大规模工业生产区的污水排放进行严格管控，但对农村地区的污水排放并没有严格的管控制度，造成水体污染，有很高的自然生态风险。建议在农村土地退出区域内根据农村人口密集程度，在每个镇或每间隔几个村建立污水处理厂，对污水进行处理后还可进行污水的二次利用，进行农业灌溉及农村的厕所工程等，实现水资源的循环利用，以减小农地经

营的生产风险。

当前我国农村地区在生活垃圾的处理上也存在着很大的问题，农村生活垃圾主要通过填埋的方式进行处理，很少进行无害化处理。如果垃圾未进行无害化处理而直接简单填埋，不仅会导致土壤污染，甚至还会使地下水源受到污染。农地退出后不加以整治防控，可能会造成生活污染，影响村民的生活和身心健康。建议在农村退地区域做好退地后农地生活污染防控：从政府方面要完善生活污染的法律法规，对造成生活污染的行为进行罚款或者收回经营地等方式进行惩罚并且公示；加强监督管理，赋予村集体更多的处置权，同时加强环保经营教育，下乡宣传环保政策等，强化农业经营业主和当地农民的环保意识；从村集体方面，加强对生活污染的管控力度，明确污染指标，对造成生活污染的用地方进行思想教育和惩罚；用地方应当注重农业生产要素的投入和产出，在追求经济效益的同时兼顾生态环境保护，做好环境污染防治措施；农民应当根据农地特征和农地功能差异，合理使用土地，因地制宜，发展循环经济，减小生活污染；同时加强防控污染设施建设，对污染治理的农民或者用地方进行经济补贴，加大政府对生态保护的支持力度，切实保障退地区域优质的生态环境质量。

（四）保护退地田园生态景观，防止破坏农地景观风貌

农民自愿退出土地承包权后，土地被转让或统一流转给农业经营主体，如何实现在土地规模化经营和保护农田自然景观两者之间平衡，预防农田景观被破坏而带来的生态风险，是土地承包权退出风险防范政策机制设计的重要内容。但目前不少地方政府仍存在将绩效和经济发展放在第一位而可能不顾退出农田生态环境或景观等老旧思想。因此，在退出土地承包权的同时，要注重退出农地的生态环境及景观保护。

（1）政府部门要严格土地用途管制，规范退出承包权的农地用途，最大限度地防止农地经营者或其他用地企业以各种理由随意改变土地用途，防止农地种植区域被非法来建设农村住房等，保证农地农业用途和基本粮食种植面貌；尊重农地自然格局和面貌，不强行改造农地格局，适当调整原本的河流、沟渠等。

（2）合理整治开发农田，在不破坏农地基本格局等前提下适当建设生态走

廊，突出当地农村传统手艺或者种植特色等，保护和改善农田景观（王堞凡，2017）；在退地前就须充分了解该地区特有风貌，要保留这些对外来游客具有吸引力的自然景观风貌；结合现有乡土风貌，适度发展相关涉农项目，不单纯追求经济增长，将经济价值与自然效益相结合评价退出土地的综合利用效益。

（3）对于总体经济条件较差的乡村地区，政府也应采取措施给予适当财政补贴或农用地转用指标倾斜，鼓励新的退地使用者发展原生态乡村旅游项目等，实现发展经济与维护乡村土地原始风貌双赢目标。

（五）多措并举防止退地农田自然肥力下降

农地肥力下降不仅对农业生产经营造成一定经济损失，还会使农地生态平衡遭到不同程度的破坏。因此要合理使用和有效保护退出农地，有效防止其生产肥力下降。首先，要对退出农地上经营作物的种类或品种进行规定或限制，使农地产生经济效益的同时不会损害农地粮食安全及生态效益；其次，要对农地使用者或经营者进行思想教育及严格管理，加强其生态环保意识，使其充分认知农地可持续利用理念，力保不降甚至提高退地农田质量增加农地生态效益；最后，政府方面也可考虑把农地肥力等农田质量指标纳入考核指标体系，对农地肥力下降的土地进行整改，建立承包权退出的农田肥力保障体系，并对有效保护甚至提升农地肥力的用地企业进行适当表扬或奖励，鼓励其他用地企业向其学习（杨卫书，2017）。

四、有效降低制度风险、完善退地法律法规

（一）稳定退地补偿政策

鉴于农村土地承包权退出还处于试点阶段，有关农地补偿和安置的政策制度都不够完善和稳定，在一定程度上会使农民对土地承包权退出产生很多顾虑，降低农民退出土地承包权的意愿，无法给予退地农民相对稳定的保障，因此急需稳定农地退出的补偿政策；要建立退地后收益长效机制，使农民退出土地承包经营权后得到稳定长效补偿及安置，减小失地农民的保障风险等（李国健，2008）。对此，各地方政府，尤其是地方基层政府及集体组织作为退出土地的补偿和安置主体，要充分发挥各自职责或作用，坚决承担应尽责任，不因政府换届或更替而

改变对退出农地的补偿安置政策，保持相关补偿条款及安置措施连续性、稳定性，为农民退出土地承包权提供法律保障，维护退地农民合法权益。

（二）加强补偿安置制度监管落实

健全的制度是保障退地农民获得合理补偿及权益保障的重要保证，而在实际土地承包权退地后，现行退地补偿安置政策制度得到严格落实则更为重要。因此，在稳定已有补偿安置政策制度的同时，要加强当地基层政府和村集体组织的制度执行力，防止农民退出土地承包权的补偿安置制度监管落实差，建议以村为单位成立专门监管部门，专门负责监督土地承包权退出的制度落实情况，定期检查土地退出情况并把制度落实情况做好统计和公示，促进相关制度政策有效落实；另外，建议拓宽监管渠道，强化信息化监管建设，把制度落实到实际行动上来，切实为退地农民提供制度保障。

（三）完善退出土地法律法规

农地退出相关法律制度供应不足使我国农民面临巨大风险（肖光坤，2020），须注重弥补立法空白才能更好化解土地承包权退出带来的法律与政策冲突，要建立并完善退地法律保障体系，规范退地程序及相关主体行为，提升退地所涉主体的法律意识，增强退地各方之间所签合同或协议的规范性，保障双方合法权益及社会稳定，制定完善的退地规则及退地纠纷解决机制，充分利用仲裁来解决矛盾，减轻退地所涉利益体之间的诉讼压力，当退地纠纷或矛盾难以靠仲裁解决时，可利用协商、诉讼等其他解决路径，以便退地纠纷发生时各方全面妥善应对。

五、完善政府职能、坚持市场化方向、强化退地后粮食安全

注重政府职能转变，防止政府越位及缺位从而更好防范农地退出风险。切实保障粮食安全，既要考虑从国家层次保障粮食供给数量能力，也要从集体和个人层次保障粮食获取能力。保障粮食安全，仅仅靠政府行政力量是不够的，要充分发挥政府宏观调控和政策引领作用、规范市场运作机制，采取政府规范引导与市场手段相结合的方式协同预防农地非农化和非粮化风险，实现退地之后切实保障粮食安全、降低退地区域粮食安全风险。

（一）防止农地非粮化

1. 防止农地非粮化，保障粮食供给数量质量

（1）政府方面应不断改进粮食作物品种，保障农作物的质量，提高农作物的产量（朱强和李民，2012）。制定和坚持贯彻落实农地退出后相关的法律法规和政策制度，限制退出农村承包经营权的农地用途规划，保障粮食生产，可以在退出农地里规划一部分专门用于粮食生产的区域，规定粮食产出指标，保障粮食供给水平；同时也要防止种植经济作物收益远高于种粮收益而出现的退地"非粮化"行为（朱强，2013），鼓励绿色高品质有机粮食等产品生产，提高种粮效益。

（2）政府还应当起到监督引导等管理职能。各地区自然资源局或农业农村部门需运用信息系统或遥感系统监测耕地种粮或土地利用变化情况，及时加强与村组集体情况反馈与信息交流；村组集体也应该关注本集体农民种粮情况，制定退地使用者的种粮能力审查制度，定期检查上报退出土地上的粮食种植数量及质量状况，防止生产低质量甚至不合格粮食。要加强对农业经营业的监管，建立粮食质量安全检测体系，加强退出土地上的粮食种植及粮食流通各环节质量监控检查，保障粮食的种植面积和供给数量。对不遵守合约的经营业主进行一定处罚，必要时可实施惩罚，情节严重要上报自然资源管理部门或农业管理部门处理；对不符合食品安全标准的粮食做好处理工作，严防其流入市场；对生产销售劣质粮食的退地经营企业或合作社采取惩罚、取消土地合同强制退出等措施；在种植粮食培训方面，应当加强对农业经营业主粮食种植培训，增强经营业主的粮食种植能力，减小经营成本；以引导经营业主对退出承包权的农地上粮食的经营，切实保障粮食质量安全。

（3）注重科技投入，确定合理精准的粮食补贴制度及政策。政府应当重视农业科技发展，加大资金支持和投入（胡大武，2010），加强对农业基础设施建设，同时提高粮食种植科学技术，建设区域性粮食增产科研基地等，以期实现粮食种植机械化和规模化。当退地经营方遇到重大自然灾害或其他不可预计情况时，可向当地政府申请重大灾害的补贴，补贴款按照市场人工扶持成本及农作物减产损失计算，实行粮食"市场化定价、政府补贴"收储机制，避免农民因考

虑利益因素造成农作物的减产。保障退出承包权的农地能持续稳定提供数量质量符合要求的粮食产品，充分利用市场机制建立粮食品种或粮食质量与其价格相挂钩的联动机制，可提高粮食产出价格，采取措施尽量弥补经济作物与粮食作物间价格差以提升农户种粮积极性，引导农业经营业主加大对粮食的生产经营。同时，设立粮食安全专项基金，用于对农业大户，粮食生产量高的农民的补贴，建立以亩均粮食产量为标准的农业补贴政策，加大对农村种粮精准补贴力度，探索将农业补贴直接发放给种粮大户或退地种粮企业或合作社，激励其积极进行种粮，使退地农业经营业主自愿增大粮食种植面积，保障退地后该地区的粮食质量与产量。

（4）坚持粮食市场化改革大方向不变。应深入研究粮食市场价格形成机制，充分发挥市场机制作用扩大粮食有效供给，要探索各种先进的市场化手段，引导退地后用地企业或村组集体组织优化粮食种植结构、增加粮食供应数量、提高粮食供应质量，形成科学的退地区域粮食安全供应体系，加大对农业种植企业的各种支持或扶持，推动粮食产业高效融合，提升用于供应市场且具有较大需求的优质粮油产品生产加工能力，不断提高粮食种植企业的利润率；重视粮食应急保障能力，升级改造粮食加工业，强调供给侧结构性改革，增加中高端、深加工粮食产品供应，持续增加退地后种粮收益，提高粮食供给能力，保障粮食安全防范退地后粮食安全风险。

2. 防止农地非粮化，保障粮食获取能力

退地农民一旦退出其土地承包权，其粮食获取能力就可能存在一定风险。故应加大对退出土地承包权后退地区域民众的粮食获取能力方面保障。严格监管粮食的市场准入，确保高质量粮食优先进入市场（朱强，2013）。可由政府出台相应的法律法规，规定按照退地面积比例，退地农民可以无偿或者有偿申请相应比例的粮食数量，保障粮食获取的渠道，提高粮食获取能力；对于农业经营业主即用地方，产出的粮食应当优先供给本地农民购买，多余的粮食再转出市场或者由政府回购，保障当地农民的粮食获取能力和粮食安全，同时加强信息平台的构建，保障农粮食价格、分配公开公正；积极发展农业现代化，实现粮食种植、加工、运输等三产融合，减少粮食收割与运输等过程中的粮食损失，让广大群众能够持续获得高质量粮食供应。

此外，充分发挥政府与市场两种模式增强民众粮食获取能力。为确保退地所在区域不出现"卖粮难"等问题，要深入推进多主体购粮储粮，加快政策性粮食竞价交易，探索形成粮食市场化收购资金保障的长效机制，可引导商业金融机构开展粮食收储加工等金融模式及粮食保险业务等发展尝试通过市场化方式创新农业用地企业的贷款方式，满足多元主体收购粮食的融资需求，拓展退地区域民众粮食获取渠道，从而充分保障退地区域民众粮食获取顺畅高效。

（二）加强对退地所涉主体管控，避免退地后耕地非农化

如何在农村土地承包权退出之后，防止承包地变为建设用地造成耕地非农化是农村土地承包权退出所要解决的重点问题之一。要科学引导工商资本下乡，在保障耕地农用前提下提高农业产出效率、获得更大经济效益，并参考相关农村三产融合发展政策措施（李慧，2020），主动防控有效防止耕地非农化，加强对退出农地上非农化的监督与打击力度，即严格遵照退地所在区域土地利用规划乃至国土空间规划等用途管制要求，明确退出承包权的农地未来大致用途并将其落实到具体地块上，加强对农地非农化的规划管控建设，建立政府、村集体、农民和农业经营业主共同监督体系，各地方政府相关部门在应用现有管理体制及信息系统或遥感系统监测耕地利用变化情况基础上，充分鼓励群众举报，加强上下级信息沟通反馈。村组集体也应该关注本集体退地耕种情况，保障种粮面积，对不遵守合约的经营业主进行处罚或者惩罚，情节严重要上报自然资源管理部门、农业管理部门乃至法院等部门处理，严禁在退出农地上随意退地非农化。

六、大力发展农村集体经济、强化基层治理、促进乡村振兴

（一）加大政府支持力度、完善激励制度

（1）政府要完善退地所在区域农村集体经济发展的法律法规，保障其科学性可行性，建议退地所在地基层政府要减免一些好经济项目或新办企业的相关税费，设立农村集体经济补贴基金或其他专项基金以扶持农村技术型、环保型、高科技产业或企业等来增加退地农民收入；为符合条件的村镇集体经济企业提供无息或低息贷款以解决村镇企业资金周转问题；要对退地区域村镇集体经济发展进

行一定税费减免，引导退地集体组织及退地农户主动参与农村集体经济发展，增强集体经济实力，以更好地保障退地农户权益、降低农户风险等，助推退地区域乡村振兴。

（2）依据退地区域地方文化特色，开发从城镇通往退地乡村的旅游专线，政府引导农村集体组织与相关企业在退地周边村镇合作开发旅游产品，生产并销售当地特产纪念品，实现退地农村经济发展与有效保护当地文化资源的共赢（廖永伦，2015）。设立农村集体经济专项补贴基金，扶持农村创新型、技术型、可持续发展企业发展，并对符合条件的用地企业在申请无息贷款、解决资金或技术问题等方面提供倾斜。

（3）建立促进集体经济发展的激励机制。合理的集体经济收入分配制度不仅能够吸引退地农民参与农村集体经济中，还能够协调好农民与农民、农民与承退方或退地经营主体之间的关系，促进集体经济快速高质量发展。各级政府可通过制定相关政策为农地经营企业提供资金等奖励，以鼓励使用退出土地承包权进行经营的企业或组织接受退地农民劳动力；加强对政府人员培训，增强集体经济组织负责人能力提升其知识水平，以把握市场机会规避市场风险，同时处理好集体产业成员之间利益关系与权责利关系，以推动农村集体经济可持续性发展。采取参股分红、个人收益与参与度工作能力挂钩等方式增加退地农户收益及工作积极性。同时，在进行集体收益分配时，除去依据退地农户注资参股分红等方式，还可将每个人的分红与集体经济参与度、工作能力等挂钩，切实增强退地农民抵御退地风险的能力。

（4）优化对各类农业新型经营主体的支持和服务，促进所在区域农村一、二、三产业融合发展。各县区、乡镇要根据本地的经济、社会、人口、资源和环境的实际情况，按照突出特色优势的原则，科学安排产业发展、生态环境保护等事项，积极引导职业农民、家庭农场、农民合作社、农业企业等新型农业经营主体进入本地区的优势农业产业，把产业链、价值链、供应链等现代经营理念和产业组织方式引入农业，激励并推动传统农业加速向现代农业转型升级，优化要素资源配置，促进一、二、三产业融合发展，鼓励通过利益联结机制带动农民共同致富，支持"公司+农户"共同发展，让农民更多地分享产业增值收益，以激发农村互利共赢和乡村全面振兴以来降低退地风险。

（二）加强基层组织党建凝聚人心、完善农村基层治理

乡村振兴是否取得进展，在很大程度上与基层党建工作水平息息相关。基层党建要落到实处，完善村镇集体组织建设，并由退地村组集体经济组织两委成员担任直接管理角色。退地所在区域各级政府及村镇集体及退地党员农民要深刻领会当前国家最新农村发展政策，不断加强党的路线方针政策学习，提高党性修养，不断顺应省市县发展要求，设计有利于当地乡村振兴的方法和路径，完善基层治理，增强基层活力（王丽双和王春平，2015a），以优秀党员标准要求自己，团结带领退地区域退地农民积极投身于农村生产生活中，构建和谐稳定的农村基层环境。

退地区域各级政府聘请相关行业或领域专家对退地村组集体两委成员、村集体经济主要参与人员进行专业课程教育培训，包括市场营销、财务管理、电子商务等，增强集体经济经营管理人员知识能力水平，增强其把握市场机会的能力以规避市场风险，同时协调好集体经济组织发展过程中各利益主体之间关系，合理分配成员工作任务，规范企业账目管理等，实现农村集体经济可持续性发展。

加大对农业产业发展和基层治理的力度，进一步增加对退地集体经济组织或农村基层建设的资金投入，成立基层建设服务中心，由政府等社会出资，对农村基层建设提供基本资金保障，然后根据农村特色加快建设农村特色产业，为农村基层增加更多就业岗位。提高村集体经济组织的整体产生经营水平，为农民改善就业环境，提高更多就业机会，以有效防范农地退出后导致农民面临社会就业和生计保障风险，加快农村产业发展，促进乡村振兴。

第二节　制度设计

农村土地承包权退出涉及各种风险，本书从退地参与主体的角度出发，综合考量政府、村集体、用地方、农民等多主体需求，按照政府引导、市场运行、因

地制宜等原则，创新土地承包权退出风险的防范制度。

一、优化退地风险的绩效考核制度

（1）划清职责界限、明晰职责分工。农村承包权退出风险防范要以明确基层政府责任及问责标准为前提，注重基层政府防范化解各项退地风险的具体要求，明确退地所在区域的政府及其相关职能部门权责利关系，进一步加强政府内部组织建设，提升政府服务意识，优化退地服务体系，制定合理奖惩制度，定期进行内部工作审查及绩效考核；在此基础上，根据农村土地承包权退出工作流程或内容，设立专门用于协调农村土地纠纷、监督退地农民权益保障等部门，注重在风险发生前问责执纪，各部门合理分工各司其职；要充分尊重农民在农地退出中的自愿选择权，充分发挥村组集体组织作用，尤其要规范村组集体行为、强化对村组退地工作监督评价。村组集体作为拥有集体土地所有权的群众自治组织，是退地农户最先获得相关退地信息的组织或个体，其在工作中可能会从自身利益出发推进土地承包权退出而导致退地农户及国家、社会利益受损等，故应加强对退地村组集体组织监管，严格执行风险责任追究制度，一旦出现问题就直接加以解决，充分接受退地基层群众及社会监督，对可能违反退地工作流程或要求的村组干部采取警告、撤职、追究法律责任等不同措施。

（2）注重外部社会公众参与评价。应加强基层政府与所在村组、退地农民或用地企业等联系反馈，建立科学评价体系，把农户退地满意度作为衡量政府绩效、村组年度考核的重要标准。政府在退地风险防范考核中不能仅采用政府内部评价，可探索引入社会公众、让退地农户参与退地风险应对绩效的考核评价，在以退地农民满意度为主要衡量标准基础上，结合基层政府及村组集体组织日常考勤等综合评价工作绩效；同时，引入社会民众评价考核时也须注意认真审核民众意见，避免恶意评价导致绩效评价失真，形成科学全面的退地风险防范考核制度。

二、退地供需方安置联动制度

农民将土地承包权退回给村集体后，作为村集体应保障退地农民权益，妥善安置退地农民，及时足额实施合理的退地经济补偿，给予农民就业、医疗、教育等生活保障，减轻农民退地后对未来生活的担忧和焦虑；集体可把退出的农地重新发包给农地使用者，通过合同形式保障村组集体组织对发包后农地后续耕种使用等情况的检查监督权及相应收益权，村集体权益应得到保障；或者农户要在村集体同意情况下把退出的农地转让给农业投资者，农地经营者或者投资者应对本区域退地农户做好安置，维持土地承包权退出资金流转，妥善安置好退地方。

具体来说，构建退地供需方安置联动制度应注重规划引领、市场化推进并选择有实力的用地方以保证经营收益稳定性。基层政府及村组集体须依据相关规划确定农地拟退出区域，尽量保证退地连接成片，委托专业公司或服务机构对退出的农地进行综合整治或管理或直接发包给有前途的有实力的优势农业经营者，避免土地撂荒、废弃或者过度开发等，保证农地利用或农业经营收益的持续性；如果由村组集体组织把土地重新发包给第三方农业经营者或者农地投资者，农业经营或生产需遵守规范的合同条款，在保障耕地红线基础上，适时根据实际情况对接本地国土空间规划或农业发展规划，将退地区域内农地按照不同的产业规划要求或农业用途目标进行划分，在相应区域内开展一定规模的生产经营，通过整体性运营或利用退出土地来提高土地经济收益，并将这些收益与退地农户补偿安置就业等结合起来，妥善安置好退地农户，助推减少农户退地风险。

三、完善退地风险防范市场机制

在信息模糊、风险很大的交易状况下，没有一个维护和促成交易的制度建设，农村"三权"退出市场机制很难建立（杨照东等，2019）。退地风险防范市场机制主要是针对具有市场交易行为的农地转让这一退地方式而构建，农地转让风险很多方面是由于农地转让市场不健全等带来的，本课题从农地转让价格机制、竞争机制、供求机制等来构建风险防范市场机制。

（一）优化农地转让价格形成机制

（1）充分发挥政府及市场作用定价。改变直接由政府定价等非市场行为，通过农地转让双方的直接谈判而不由政府定价这一方式来确定具体地块的农地转让价格。对于用地方来说，接受农地转让价格前要充分考虑农地经营利润、未来农产品市场供求等；对于退地农民来讲，农地转让价格可根据当前农民生活生产状况、农产品价格等综合决定；最终，各退地区域基层政府可因地制宜统筹确定本片区农地转让指导价，土地转让双方再据此结合家庭及自身情况确定各具体地块农地转让价格。

（2）试行农地转让最低限价制度。退地区域各级政府须定期发布农地供求及转让价格波动信息，加大对农地转让价格不当竞争等行为惩处力度，增强农村集体的农地转让价格谈判及维权能力等。

（二）建立农村土地转让供求机制

构建农地转让等土地承包权退出的激励机制，多措并举增强符合退地条件的农户主动转让土地的意愿或行为，防止资本下乡后对农民及生态、社会、粮食安全等造成风险或破坏，大力推进有助于退出农地粮食种植的相关市场交易行为，一方面，使农业种植主或用地企业等通过退出土地的规模化经营，推广应用现代农业种植技术或农产品加工技术，提高退出土地的利用率及产出效益，产出稳定收益；另一方面，退地农民在获得经济补偿之外也可通过在用地企业工作等增加家庭收入，退地双方都从中受益，实现双赢。要充分发挥地方政府在农地转让中的调控引导作用，保证退地农户在农地转让中的独立自主性，以形成结构功能完整的农地转让市场。

（三）构建农村土地转让竞争机制

严格约束地方囤积或垄断待转让农地等行为，加强农地用途管制，规范退地市场竞争环境。鼓励和发动退地区域农民进行退地合并经营等行为，采取各种扶持或补贴等政策手段培养农村适度规模经营主体，完善转让退地的相关管理方法，建立与退出土地利用效益相适应的财政税收、降费补贴、金融服务、人才引培等激励机制，鼓励竞争、价高者得，持续提升退出土地的农业经营者收益，引导并激励更多有实力农业企业进入退地交易市场，不断提高退出农地的利用效率、提升退地农民集体效益，创造高效、公平、操作性强的退出农地转让市场。

四、积极培育农地退出中介组织体系

大力发展农地转让交易或农地发包的中介机构或平台并充分发挥其作用。在县级、乡镇、村设立土地承包权退出服务机构，土地转入转出双方可通过中介机构使用统一标准的合同文本签订合同，详细记录承包权转让相关情况或信息等（胡建，2014；方志权，2010；王丽双和王春平，2015a），充分发挥退地市场中的中介组织在信息搜集、谈判签约等方面优势，吸引更多潜在农地经营者参与退出农地的经营，及时发布退地供需信息拓宽退地交易信息渠道，科学测度退出的农地价值为同一集体经济组织内部转包农地提供基础，签订专业土地协议，提供退地相关法律法规咨询等，使农民及农地使用方能获得农地转让相关的法律规定、退地供需、租金及地价信息、退地补偿标准等专业服务，保障不同中介组织合法地位、权利及作用，以降低农地转让成本、规范退地契约、提升退地效率，维护农地转让市场稳定运行促进农地发包顺利进行，保障农地退出环境公平公正，确保退地市场高效顺畅运行，营造良好的土地承包权退出社会经济环境。

五、建立土地承包经营权退出反悔机制

为避免农村承包权退出造成农户生活立即陷入贫困，可尝试构建退地农户中采用的退地反悔机制（刘同山等，2016b）。当前我国不少地方越来越多农户不愿退出承包地或者即使得到承包权退出补偿也不愿进城落户。针对我国新时期新发展阶段特征、城乡融合过程中城乡之间人口双向流动及退地农户后续发展等问题，不应"一刀切"地让所有退地农户都一次性永久退出农村土地承包权，可尝试设置"退出保险"和"优先回购权"，尝试允许部分家庭经济条件差、缺乏足够知识或就业能力的退地农民在城镇化失败情况下重新获取农村土地承包权等。

完善农村土地承包权退出反悔机制各环节须完善反悔流程各环节，强化制度设计，协调退地所涉各主体利益分配、实现各主体权责利统一。退地反悔机制针对的保障对象主要是退地农民，政府应当从农民退地风险防范措施入手，不断完善法规制度建设，设定反悔期限，进行农地退出反悔机制的顶层设计；对于退地农户，如果各级政府或相关部门在一定时间内发现主要家庭成员无法在城市或当地城镇稳定工作生活或者全家陷入贫困，政府等部门应妥善回应农民收回土地承包经营权的申请。可由基层政府组织审核机构或者村组集体组织审核农民生活生

产状况，确认无误之后正式接受农民申请，在各级政府与当地村集体经济组织监督或支持下，经村民大会或村民代表小组同意后，可从储备的集体土地或从退地所在农村集体经济组织内回购以前退出土地中一定面积（可不超过已退出土地总面积比例的50%或者按前期规定的农地承包面积标准）的耕地，重新申请成为该集体经济组织成员，同时适当回收前期对退地农民的经济补偿措施。

同时，也要不断总结规范农地退出的反悔机制设计，防止一味维护部分退地农户权益而给农村集体带来较大经济损失或经营风险，确保该反悔机制能实现退地所涉各利益主体的利益均衡及权责利统一，妥善解决好不同类型退地农民群体的多元化补偿要求或保障诉求，尽量减少退地风险。

六、探索风险保障金制度等资金保障体系

在风险评估基础上，进一步完善风险准备金制度，以避免可能发生的地权争端和社会冲突（杨一介，2018）。我国农户在土地退出中处于弱势地位，对于土地退出政策或规定知之甚少，也缺乏足够的风险规避与转移意识，因此，在退地风险评估基础上，从兼顾公平与效率角度建立退地补偿保障与各风险点之间联动关系，对于所识别出的风险等级高低的不同，划分出不同额度的风险保障金并予以设立。农村土地承包商缴纳保障金后就需承担更大经济风险，这使其愿扩大土地投资以避免经济损失，从而有效消除社会矛盾（张湖东和杨帆，2019）。风险发生概率越大风险后果越严重，退地风险保障金数额就越大，可尝试学习湖南株洲等地农村产权交易中心"政、企、银、交、担、保"六位一体农地金融实践模式及国外发达国家或地区的先进做法，在充分发挥政府引导监督作用的同时，积极探索引进相关银行或其他金融机构为农地承退方提供资金保障等，主要采取以下四项措施：

（1）实施农村退地保障金制度首先要提前做好资金准备，由退地补偿金、风险准备金和退地保险金三部分组成退地风险保障金，分别由政府有关部门、村集体和保险公司承担。实施农村退地保障金制度首先要筛选优质农业经营主体进入农村，要求土地承包商拿出一定资金用于退地农民安置及承包经营；退地补偿金在农地退出之初就须及时发给退地农户以保证农户正常生活生产，风险准备金是村集体在经济危机刚发生时可及时遏制退地风险的工具，退地保险金作为前两种保障金的补充，主要利用保险公司商业保险等建立保险基金以应对严重的退地风险。

（2）退地风险保障金数额应当与风险强度挂钩，构建并完善多主体资金投入及封闭运行的风险保障金制度。当土地退出后农民集体自身遭受巨大风险且无力应对时，拿出相应保障金来处理或应对相关风险，防止浪费退出承包权的农村耕地、侵害当地农民集体土地权益，以避免可能发生的退地争端或风险冲突。

（3）在保证公平前提下，应在风险保障金设立、审批、发放及使用过程中，向农户宣传普及保障金申报流程，加强对农民的使用培训，简化审批流程等。此外，为防止财务危机如风险保障金不当使用、个别工作人员贪污腐败等发生，各级政府、村组集体和保险公司应协同监控风险保障金使用。

（4）可学习发达国家土地银行等做法，在法律法规允许情况下，由当地政府或政府投资公司（集团）出资收购退出土地进行土地整治提高农地质量，再以可观价格将其转让给有丰富农业生产经验或能力的用地主体用于农业经营，由此获得的收益再用于支付农地退出成本并给予农民更高水平保障的退地统一经营模式，以解决退地资金短缺、退地农民能力欠缺等难题，增强对退地农民权益保障的能力，减少退地农民权益损失；加大金融改革创新力度，构建多渠道立体化农村金融服务体系，在退出土地上进一步扩大农业生产技术、农业开发、农田水利等方面投入，持续丰富农村金融信贷产品种类，鼓励保险公司扩大承保范围、创新保险险种以抵御退地风险；探索采取退地股份制等市场化工具，如退地农民可以根据退地的面积和比例，对同规模化经营土地进行认购和购买，由专业人员对合并和整治后的农地进行规模化经营，退地农民可按比例参与退地经营分红保持稳定收入，以应对潜在退地风险。

七、常住退地农户均等享有城镇基本公共服务

（1）完善顶层设计，加强政府财政及市场资金支持力度。有序示范带动更多地方推进以县城为重要载体的退地农户城市基本公共服务保障水平。要健全农业转移人口市民化机制，使退地农民可在城市享受基本保障；根据当地退地进城农户人数及家庭情况实际调整公共服务水平及布局，退地农民在农村参加的养老保险、医疗保险等规范接入城镇养老保障体系及医疗保障体系中，保障退地农民及其子女在当地也能享受养老、医疗保障，乃至公共教育及住房保障等高水平公共服务；如果退地转移农民符合生活区域城镇最低生活保障救助政策的，可按属地管理原则纳入当地城市或城镇居民最低生活保障范围，推动本地居住的退地农户逐步与本地户籍居民享受同等水平的基本公共服务。

设立专项公共服务建设资金，加大地方政府财政投入，尤其要增加对特殊退地民众包括残疾人等无行为能力者补助，进一步完善所在城镇财政转移支付与退地后农业转移人口市民化直接挂钩的相关政策，在正视城乡地域差异基础上，根据经济发展水平加大对退地后的农村公共服务资金投入。此外，要加快政府资金拨款速度，对政府拨款进行专项管理，避免因资金投入问题造成相关项目停滞等问题发生。

（2）加快退地农民实现城乡公共服务均等化制度创新。建立完善社保调转制度很有必要，要构建社保网络运用信息手段对社保网络实时更新、保障社保调转制度有效实施（许秀文，2021），制定城乡公共服务均等化规划，更多考虑当地公共服务建设水平及退地农民意愿等决定建设的优先次序，提高公共服务建设中退地农户参与度，完善以城镇居住证为载体、与本城镇居住年限等直接挂钩的退地农户城镇基本公共服务提供途径，鼓励退地农户接受地的地方政府提供更高水平的基本公共服务、更加便捷的办事流程，构建网络信息平台为退地农民合理表达意见提供渠道；同时，要坚持优先考虑已进城镇的退地农户，逐步考虑新增进城农户群体，统筹推进退地农户户籍制度改革及基本公共服务全覆盖，加快促进农业转移人口全面融入城市。

（3）注重城乡社保衔接并轨。地方政府应在经济能力允许情况下尽可能增加政府对公共财政的投入，扩大农村社保覆盖面积（张明斗和王姿雯，2017）。当前我国传统的以家庭为基础的保障体系逐渐不起作用或日渐淡化，社会保障制度及其体系是社会安全网与稳定器（曹海林和童星，2010）。

在退地农户加入城乡社会保障管理实现衔接并轨过程中，各级政府要强化制订政策、筹措资金、监督管理等工作，统一社会保险缴费标准，构建省、市、县、乡四级医疗保障委员会，整合城乡医疗资源、整合管理职能，构建退地农户可受益的全省城乡统一的社保管理中心；将退地进城农民纳入到城镇医疗保险体系中，享受低成本的城镇医保；提高退地农村居民社保待遇，明确每笔财政支出的去向，确保资金用在农村乡村建设上来；构建并完善城乡社会保障基金考评机制，根据社保资金使用等情况进行审计考核，并将考评结果作为退地各区域分配资金的重要依据；对于低保户、残疾人，丧失劳动能力等特殊的农民群体，政府应该给予相应的援助补贴或慰问；同时，退地区域应努力提高退地农村集体经济发展水平，使得集体组织有实力有资金提高退地农民社保水平等，缩小城乡公共服务差距，力争保障退地农户享有城镇基本公共服务等。

八、农业转移人口市民化下户籍制度

（一）退地农户城镇落户制度

降低城镇落户门槛，尝试实践以经常居住地登记户口的落户制度，推动在城镇有稳定就业居住的退地转移农民有序落户城镇。可将退地农户具体分为投靠子女型、购房型、投资经商型、人才型、务工型、教育型，确定不同的退地转移农民在大中型城市（超大城市除外）或城镇的中心城区落户方式，明确具体操作流程与实施重点，有序放开大中型城市中心城区落户限制。超大特大城市要完善积分落户政策，鼓励有条件的城市取消年度落户名额限制。

参考大中型城市或城镇中心城区落户方式，拥有稳定住所及合法稳定工作的退地农民及其生活在一起的夫妻子女父母等都能在当地申请登记常住户口；对其他类型的退地农户家庭，则按照自愿主动原则，可依据已有的大中型城市中心城区落户方式来进行，并且逐步放开在县（市）城区及所辖建制镇同等条件退地农民的落户限制。

此外，不断改进户籍改革，实现土地承包权退出农民的就近城镇化。小城镇吸引周边退地农民落户是解决户籍城镇化较好的选择，不会给退地农民带来太大的生活压力。小城镇距离退地农民生活村庄距离近，生活习惯及文化理念等都相近，退地农民进入附近城镇生活后还可维系之前的人际关系和生活圈，能够很快适应环境。同时依法维护好退地进城落户农民的农村宅基地使用权及集体收益分

配权。

（二）建立健全居住证制度

探索取消退地农民户口与非农户口之间的性质区分，严格按照退地农民意愿合法有序登记为城镇居民户口，构建城乡统一户口登记制度并完善与之相适应的各项配套政策制度。根据居住地申领居住证规定，退地农民自身只要符合长期生活和工作在城市或城镇等条件均可发放居住证，应全面覆盖退地农民，在退地农民领取居住证满一定年限或满足各地不同条件后均可申请在居住地申请登记常住户口，从居住证申领日至居住证发放之间时间应尽量缩短，尽量结合各地实际情况采取科学可行的居住制度设计。

此外，退地所在区域各级政府应加强基层治理，建立并完善基础人口信息数据库，分类完善各类基本服务信息系统，建立网上人口数据库并实时更新，逐步实现跨部门跨区域信息整合及共享，便于当地政府对退地农民进行管理服务，为未来户籍制度改革做好过渡。

参考文献

[1] Alexander V. Prishchepov, Daniel Müller, Maxim Dubinin, et al. Determinants of Agricultural Land Abandonment in Post-Soviet European Russia [J] . Land Use Policy, 2013 (30): 873-884.

[2] Alwang J, Norton G W. What Types of Safety Nets Would be Most Efficient and Effective for Protecting Small Farmers and the Poor Against Volatile Food Prices? [J] . Food Security, 2011, 3 (S1): 139-148.

[3] Ambrus A, Mobius M, Szeidl A. Consumption Risk-Sharing in Social Network [J] . The American Economic Review, 2014, 104 (1): 149-182.

[4] Angus A, Burgess P J, Morris J, Lingard J. Agriculture and Land Use: Demand for and Supply of Agricultural Commodities, Characteristics of the Farming and Food Industries, and Implications for Land Use in the UK [J] . Land Use Policy, 2009 (26): 230-242.

[5] Avent, Renno. On Risk Defined as an Even Where the Outcome is Uncertain [J] . Journal of Risk Research, 2009 (1): 1-11.

[6] Axelrod R, Michael D Cohen. Harnessing Complexity: Organizational Implications of a Scientific Frontier [M] . New York: Free Press, 2000.

[7] Bauer R A. Consumer Behavior as Risk Taking in Hancock [R] //R S Dynamic. Marketing for a Changing World. Chicago, Proceedings of the 43rd Conference of the American Marketing Association, 1960.

［8］ Baumgartner P, Joachim Von Braun, Degnet Abebaw, Marc Müller. Impacts of Large-scale Land Investments on Income, Prices, and Employment: Empirical Analyses in Ethiopia ［J］. World Development, 2015（72）：175-190.

［9］ Beilin R, et al. Analysing How Drivers of Agricultural Land Abandonment Affect Biodiversity and Cultural Landscapes Using Case Studies from Scandinavia, Iberia and Oceania ［J］. Land Use Policy, 2014（36）：60-72.

［10］ Binswanger H P, Deininger G E. Power, Distortions Revolt and Reforming Agricultural Land Relations ［J］. Handbook of Development Economics, 1993, 3 （2）：2661-2772.

［11］ Bogaerts T, Williamson L P, Fendel E M. The Role of Land Administration in the Accession of Central European Countries to the European Union ［J］. Journal for Land Use Policy, 2002, 19（1）：29-46.

［12］ Burger A. Agricultural Development and Land Concentration in a Central European Country: A Case Study of a Hungary ［J］. Land Use Policy, 2001（18）：259-268.

［13］ Colin J P. Securing Rural Land Transactions in Africa: An Ivorian Perspective ［J］. Land Use Policy, 2013（31）：430-440.

［14］ Corbelle-Rico E, et al. Evaluating IRENA Indicator "Risk of Farmland Abandonment" on a Low Spatial Scale Level: The Case of Galicia（Spain）［J］. Land Use Policy, 2014（38）：9-15.

［15］ Corbelle-Rico E, et al. Multi-scale Assessment and Spatial Modelling of Agricultural Land Abandonment in a European Peripheral Region: Galicia（Spain）, 1956-2004 ［J］. Land Use Policy, 2012（29）：493-501.

［16］ Cox D F. Risk Taking and Information Handing in Consumer Behavior ［M］. Boston: Harvard University Press, 1967：82-108.

［17］ Deininger K, Zegarra E, Lavadenz I. Determinants and Impacts of Rural Land Market Activity: Evidence from Nicaragua ［J］. World Development, 2003, 31 （8）：1385-1404.

［18］Deininger K, Fang Xia. Assessing the Long-term Performance of Large-scale Land Transfers: Challenges and Opportunities in Malawi's Estate Sector ［J］. World Development, 2018 (104): 281-296.

［19］Deininger K, Jin S. The Potential of Land Rental Markets in the Process of Economic Development: Evidence from China ［J］. Journal of Development Economics, 2005, 78 (1): 241-270.

［20］Douglas C M. An Economic Case for Land Reform ［J］. Land Use Policy, 2000 (117): 49-57.

［21］Duesberg S, Pat Bogue, Alan Renwick. Retirement Farming or Sustainable Growth-Land Transfer Choices for Farmers Without a Successor ［J］. Land Use Policy, 2017 (61): 526-535.

［22］Feder G, Nishio A. The Benefits of Land Reg is Tration and Titling: Economic and Social Perspectives ［J］. Land Use Policy, 1998, 15 (1): 25-43.

［23］Feng S. Land Rental, Off-farm Employment and Technical Efficiency of Farm Households in Jiangxi Province, China ［J］. Journal of Life Sciences, 2008, 55 (4): 363-378.

［24］Fukunaga K. The Role of Risk and Transaction Costs in Contract Design: Evidence from Farmland Lease Contracts in U. S. Agriculture ［J］. American Journal of Agricultural Economics, 2009, 91 (1): 237-249.

［25］Galiani S, Schargrodsky E. Property Rights for the Poor: Effects of Land Titling ［J］. Journal of Public Economics, 2010, 94 (9): 700-729.

［26］Ghatak M, Dilip Mookherjee. Land Acquisition for Industrialization and Compensation of Displaced Farmers ［J］. Journal of Development Economics, 2014 (110): 303-312.

［27］Gorton M. Agricultural Land Reform in Moldova ［J］. Land Use Policy, 2001, 18 (3): 269-279.

［28］Holcombe R G. The New Urbanism Versus the Market Process ［J］. The Review of Austrian Economics, 2004, 17 (2-3): 285-300.

[29] Hooper K. The Relationships in Private Placements of Equity [J]. Economic Behavior & Organization, 2007 (5): 28-32.

[30] Hoops B. Legal Certainty is Yesterday's Justification for Acquisitions of Land by Prescription [J]. What is Today's, 2018, 7 (2): 182-208.

[31] Hu J, Xu Yueming. Risk Position of Farmland Circulation Based on the Analytic Hierarchy Process [C]. International Conference on Management, 2013.

[32] Huy H T, Nguyen T T. Cropland Rental Market and Farm Technical Efficiency in Rural Vietnam [J]. Land Use Policy, 2019 (81): 408-423.

[33] Jacoby J, Kaplan L. The Components of Perceived Risk [R]. Proceedings of the 3rd Annual Conference for Consumer Research, 1972.

[34] Jin S, Deininger K. Land Rental Markets in the Process of Rural Structural Transformation: Productivity and Equity Impacts from China [J]. Journal of Comparative Economics, 2009, 37 (4): 629-646.

[35] Jin S, Jayne T S. Land Rental Markets in Kenya: Implications for Efficiency, Equity, Household Income, and Poverty [J]. Land Economics, 2013, 89 (2): 246-271.

[36] Kada R. Part-Time Family Farming: Off-Farm Employment and Farm Adjustments in the United States [J]. Center for Academic Publications, 1980 (1): 154-160.

[37] Kung J K. Off-farm Labor Markets and the Emergence of Land Rental Markets in Rural China [J]. Journal of Comparative Economics, 2002, 30 (2): 395-414.

[38] Li R, Li Q, Lv X, Zhu X. The Land Rental of Chinese Rural Households and Its Welfare Effects [J]. China Economic Review, 2019 (54): 204-217.

[39] Lisec A, Ferlan M, Lobnik F, et al. Modelling the Rural Land Transaction Procedure [J]. Land Use Policy, 2008, 25 (2): 286-297.

[40] Lohmar B, Zhang Z, Somwaru A. Land Rental Market Development and Agricultural Production in China [J]. American Agricultural Economics Association,

2001 (1): 5-8.

[41] MacMillan D C. An Economic Case for Land Reform [J]. Land Use Policy, 2000, 17 (1): 49-57.

[42] Markowski-Lindsay Marla, Paul Catanzaro, Kathleen Bell, et al. In Forest and Intact: Designating Future Use of Family-Forest-Owned Land [J]. Journal of Forestry, 2018, 116 (4): 357-366.

[43] Mayer R C, J H Davis, F D Schoorman. An Integrative Model of Organizational Trust [J]. Academy of Management Review, 1995, 20 (3): 709-734.

[44] Miller R, Lessard D. Understanding and Managing Risk in Large Engineering Projects [J]. International Journal of Project Management, 2001, 19 (8): 437-443.

[45] Mohapatra S, Verma P. Bhoodān-based Land Acquisition (BhaLāi): Creating Stakeholder Bhalai, Spiritually [J]. Iim Kozhikode Society & Management Review, 2020, 9 (1): 62-71.

[46] Mowbray A H, R H Blanchard, C A Willianms Jr. Insurance [M]. N. Y., McGraw-Hill, 1995: 17.

[47] Odozi J C, Elliott C. Cross Border Trade in Grain Between Nigeria and Neighbouring Niger: Risk Management Assessment along Sokoto Illela-Konni Borderland [J]. Cogent Economics & Finance, 2015, 3 (1): 55-59.

[48] Peter T G, Jens O Z. Current Directions in Risk Research: New Developments in Psychology and Sociology [J]. Risk Analysis, 2006, 26 (2): 397-411.

[49] Raspotnig C, Andreas Opdahl. Comparing Risk Identification Techniques for Safety and Security Requirements [J]. Land Use Policy, 2013 (86): 1124-1151.

[50] Restuccia D, Santaeulalia-Liopis R. Land Misallocation and Productivity [R]. NBER Working Paper, 2017.

[51] Saltmarshe D. Local Government in Practice: Evidence from Two Villages in

Northern Albania [J] . Public Administration and Development, 2000, 20 (4):
327-337.

[52] Shannon C E. A Mathematical Theory of Communication [J] . Bell System
Technical Journal, 1948 (27): 379-429.

[53] Sitkin S B, Weingart L R. Determinants of Risky Decision-making Beha-
vior: A Test of the Mediating Role of Perceptions and Propensity [J] . Academy of
Management Journal, 1995 (38): 1573-1593.

[54] Sitkin S, Pablo A. Reconceptualizing the Determinants of Risk Behavior
[J] . Academy of Management Review, 1992 (17): 9-384.

[55] Slovic P . Perception of Risk [J] . Science, 1987, 236: 280-285.

[56] Starr C. Social Benefit Versus Technological Risk [J] . Science, 1969,
165 (3899): 1232-1238.

[57] Terres J M, et al. Farmland Abandonment in Europe: Identification of Dri-
vers and Indicators, and Development of a Composite Indicator of Risk [J] . Land Use
Policy, 2015 (49): 20-34.

[58] Van Dijk T. Scenarios of Central European Land Fragmentation [J] . Land
Use Policy, 2003, 20 (2): 149-158.

[59] Wegeren S K. Why Rural Russians Participate in the Land Market: Socio-
economic Factors [J] . Post Communist Economics, 2003, 15 (4): 483-501.

[60] Wossen T, Berger T, Di Falco S. Social Capital, Risk Preference and
Adoption of Improved Farm Land Management Practices in Ethiopia [J] . Agricultural
Economics, 2015, 46 (1): 81-97.

[61] Yami M, Snyder K A. After All, Land Belongs to the State: Examining
the Benefits of Land Registration for Smallholders in Ethiopia [J] . Land Degradation &
Development, 2016, 27 (3): 465-478.

[62] Yao Y. The Deve Lopment of the Land Lease Market in Rural China [J] .
Land Economics, 2000, 76 (2): 252-266.

[63] Yu G M, et al. The Identification and Assessment of Ecological Risks for

Land Consolidation Based on the Anticipation of Ecosystem Stabilization：A Case Study in Hubei Province, China ［J］. Land Use Policy, 2010 （27）：293-303.

［64］Zhang L, Feng S, Heerink N, Qu F, Kuyvenhoven A. How Do Land Rental Markets Affect Household Income? Evidence from Rural Jiangsu, P. R. China ［J］. Land Use Policy, 2018 （74）：151-165.

［65］Zhang Y, et al. Determinants of Cropland Abandonment at the Parcel, Household and Village Levels in Mountain Areas of China：A Multi－level Analysis ［J］.Land Use Policy, 2014 （41）：186-192.

［66］鲍海君，施经纶等. 基于层次分析法的滩涂资源开发项目风险识别及其对策 ［J］. 生态经济, 2014, 30 （5）：93-97.

［67］边燕杰，王文彬，张磊. 跨体制社会资本及其收入回报 ［J］. 中国社会科学, 2012 （2）：110-126+207.

［68］蔡德仿，梁文捷. 后发地区农村集体土地流转机制问题研究 ［J］. 南宁职业技术学院学报, 2016, 21 （2）：94-97.

［69］曹丹丘，周蒙. 土地承包权退出：政策演进、内涵辨析及关键问题 ［J］. 农业经济问题, 2021 （3）：17-27.

［70］曹海林，童星. 农村社会风险防范机制的建构依据及其运行困境 ［J］.江海学刊, 2010 （3）：105-112+238-239.

［71］柴姣，柴苗苗. 农地流转中农民土地权益保障的问题和对策 ［J］. 安徽农业大学学报 （社会科学版）, 2019, 28 （4）：55-59+102.

［72］常露露，吕德宏. 农地经营权抵押贷款风险识别及其应用研究——基于重庆 639 个农户样本调查数据 ［J］. 大连理工大学学报 （社会科学版）, 2018, 39 （5）：41-50.

［73］常伟，李梦. 农地大规模流转中的风险及其防范化解 ［J］. 湖南社会科学, 2015 （5）：83-87.

［74］车蕾，杜海峰. 就近务工农民工就业风险感知现状及其影响因素研究 ［J］. 西安交通大学学报 （社会科学版）, 2019, 39 （4）：48-56.

［75］陈传波. 中国小农户的风险及风险管理研究 ［D］. 华中农业大学博

士学位论文，2004.

［76］陈菁泉，付宗平．农村土地经营权抵押融资风险形成及指标体系构建研究［J］．宏观经济研究，2016（10）：143-154.

［77］陈军亚，龚丽兰．互利共生：小农户与现代农业有机衔接的实践路径——以广东省梅州市的改革探索为例［J］．理论月刊，2019（10）：132-136.

［78］陈霖．国外征地补偿实践对我国的启示［J］．经济研究导刊，2010（20）：67.

［79］陈鹏．农村宅基地退出驱动力及机制研究——基于黑龙江省的调研数据分析［D］．东北农业大学博士学位论文，2019.

［80］陈姝洁，马贤磊等．中介组织作用对农户农地流转决策的影响——基于经济发达地区的实证研究［J］．中国土地科学，2015，29（11）：48-55.

［81］陈帅鹏．中部地区农村土地承包经营权有偿退出机制研究——基于供求双方的需求视角分析［J］．山西农经，2017（6）：16-17.

［82］陈园园，安祥生等．欠发达山区土地流转的生态效应分析——以晋西北地区为例［J］．水土保持研究，2018，25（1）：370-375.

［83］陈振，郭杰，欧名豪．资本下乡过程中农户风险认知对土地转出意愿的影响研究——基于安徽省526份农户调研问卷的实证［J］．南京农业大学学报（社会科学版），2018a，18（2）：129-137+161-162.

［84］陈振，欧名豪，郭杰等．农地资本化流转风险的形成与评价研究［J］．干旱区资源与环境，2018b，32（9）：13-18.

［85］陈振．农地流转风险：国内外研究进展、述评及改进［J］．农业经济问题，2021（6）：76-88.

［86］陈振．农地流转风险识别与管控研究［D］．南京农业大学博士学位论文，2020.

［87］程令国，张晔，刘志彪．农地确权促进了中国农村土地的流转吗？［J］．管理世界，2016（1）：88-98.

［88］代利明，陈玉明．几种常用定量风险评价方法的比较［J］．安全与环境工程，2006，23（4）：1.

［89］党德强．我国农村土地流转的法律制度构建研究——基于 117 份判例的实证分析［J］．河北农业大学学报（社会科学版），2019，21（5）：82-86.

［90］党国英．农村产权改革：认知冲突与操作难题［J］．学术月刊，2014，46（8）：18-25.

［91］邓聚龙．灰色理论基础［M］．武汉：华中科技大学出版社，2002.

［92］邓晓华．土地流转与实现规模化经营的相关思考［J］．农业技术与装备，2020（12）：90-91.

［93］丁延武，王萍，郭晓鸣．不同禀赋农民土地承包经营权有偿退出机制研究——基于四川省内江市市中区的经验和启示［J］．农村经济，2019（9）：57-64.

［94］董欢．农地承包经营权有偿退出的现实合理性及可行性分析——基于农业转型、新型城镇化和乡村治理视角的考察［J］．农业经济，2017（4）：117-124.

［95］董欢．土地承包经营权退出改革何去何从——来自四川省内江市市中区的经验与启示［J］．中州学刊，2020（7）：34-39.

［96］杜文骄，任大鹏．农村土地承包权退出的法理依据分析［J］．中国土地科学，2011（12）：16-21.

［97］段开龄．风险及保险理论之研讨——向传统的智慧挑战［M］．天津：南开大学出版社，2000：9.

［98］范传棋，谭静，雷俊忠．农民承包地有偿退出模式比较研究［J］．农村经济，2017（4）：37-41.

［99］范丹，邱黎源，刘竞舸．我国土地流转违约风险防范机制研究——以邛崃市开展履约保证保险为例［J］．四川师范大学学报（社会科学版），2018，45（1）：98-105.

［100］范毅，赵军洁，张晓旭．法国农地退出对城乡融合发展的启示［J］．宏观经济管理，2020（9）：66-88.

［101］方志权．农村土地承包经营权流转市场运行机制研究［J］．科学发展，2010（4）：76-82.

［102］房绍坤.《农村土地承包法修正案》的缺陷及其改进［J］.法学论坛，2019，34（5）：5-14.

［103］冯鸿雁.财政支出绩效评价体系构建及其应用研究［D］.天津大学博士学位论文，2004.

［104］冯晓平，江立华.阶层分化下的失地农民风险研究［J］.中州学刊，2011（5）：78-81.

［105］弗兰克·H.奈特.风险、不确定性与利润［M］.安佳译.北京：商务印书馆，2006：54.

［106］弗朗西斯·福山.信任：社会美德与创造经济繁荣［M］.彭志华译.海口：海南出版社，2001.

［107］付钟堂.欠发达地区农村土地流转问题研究——以甘肃省定西市安定区为例［J］.生产力研究，2018（6）：42-49+53.

［108］傅小徐.国有土地资源资产的委托代理关系探讨［J］.中国经贸导刊（中），2020（3）：147-148.

［109］高飞.进城落户农户承包地处理之困境与出路［J］.法学论坛，2019，34（5）：15-22.

［110］高佳，宋戈.产权认知及外部环境对农户土地流转行为影响模型分析［J］.农业工程学报，2017，33（5）：248-256.

［111］高佳.土地承包权退出及经济补偿研究［D］.西北农林科技大学博士学位论文，2016.

［112］高强，鞠可心.农地确权提升了农户承包地退出意愿吗？［J］.西北农林科技大学学报（社会科学版），2021，21（4）：123-131.

［113］高强，宋洪远.农村土地承包经营权退出机制研究［J］.经济与管理科学学报（社会科学版），2017，17（4）：74-84+158.

［114］高山，李维民，凌双.社会资本对风险的社会放大的阻抑作用研究［J］.中南大学学报（社会科学版），2019，25（1）：147-153.

［115］高圣平，范佳慧.不动产上抵押权与利用权的冲突与协调［J］.山东大学学报（哲学社会科学版），2020（6）：57-70.

［116］郜亮亮．中国农地流转市场的现状及完善建议［J］．中州学刊，2018（2）：46-52.

［117］格哈德·班塞．风险规制：德国的理论与实践［M］．北京：法律出版社，1978：24.

［118］古承宗．风险社会与现代刑法的象征性［J］．（台湾）科技法学评论，2013（1）：140-143.

［119］《管理学》编写组．管理学［M］．北京：清华大学出版社，2019.

［120］郭强．构建土地流转总体性风险的立体监测体系［J］．探索与争鸣，2014（2）：23-25.

［121］郭晓鸣．警惕土地承包经营权退出的潜在风险［J］．农村经营管理，2018（12）：22.

［122］郭晓亭，蒲勇健，林略．风险概念及数量刻画［J］．数量经济技术经济研究，2004（2）：25.

［123］郭云南，姚洋．宗族网络与农村劳动力流动［J］．管理世界，2013（3）：69-81+187-188.

［124］韩立达，韩冬．市场化视角下农村土地承包经营权有偿退出研究——以成都市为例［J］．中州学刊，2016（4）：43-48.

［125］韩丽，曾添文．生态风险评价的方法与管理简介［J］．重庆环境科学，2001（3）：21-23+60.

［126］韩丽芳．我国农村土地承包经营权流转制度的缺陷和完善对策［J］．地产，2019（19）：37.

［127］韩松．农地社保功能与农村社保制度的配套建设［J］．法学，2010（6）：63-74.

［128］何国俊，徐冲．城郊农户土地流转意愿分析——基于北京郊区6村的实证研究［J］．经济科学，2007（5）：111-124.

［129］何晖．新型农村社会养老保险风险识别与防范研究［D］．武汉大学博士学位论文，2012.

［130］洪银兴，王荣．农地"三权分置"背景下的土地流转研究［J］．管

理世界，2019（10）：113-120.

[131] 侯学博等. 风险规避、非牧用途使用与牧户草原流转行为 [J]. 自然资源学报，2022，37（1）：233-249.

[132] 侯志阳. 土地流转风险及防御的福利经济学分析 [J]. 重庆工商大学学报（社会科学版），2010，27（1）：20-24.

[133] 胡大武. 我国农地流转中的粮食安全风险防范机制研究 [J]. 西南民族大学学报（人文社会科学版），2010（7）：106-110.

[134] 胡惠英，刘啸山. 农村土地家庭承包经营权流转的风险与对策 [J]. 河北学刊，2012，32（5）：132-135.

[135] 胡继亮，刘心仪. 农户土地承包权退出意愿及其影响因素研究——基于湖北省的微观调查数据 [J]. 江汉论坛，2017（4）：36-40.

[136] 胡建. 农地流转风险规避研究——以华北五省（市、区）为例 [D]. 河北农业大学博士学位论文，2014.

[137] 胡宣达，沈厚才. 风险管理学：数理方法 [M]. 厦门：东南大学出版社，2001.

[138] 黄季焜，Rozelle Scott. 技术进步和农业生产发展的原动力——水稻生产力增长的分析 [J]. 农业技术经济，1993（6）：21-29.

[139] 黄季焜，齐亮，陈瑞剑. 技术信息知识、风险偏好与农民施用农药 [J]. 管理世界，2008（5）：71-76.

[140] 黄蕾. 我国新型农村社区治理研究 [D]. 兰州大学博士学位论文，2017.

[141] 黄善林等. 农地流转、农地退出与宅基地退出的联动机制研究 [J]. 学习与探索，2021（3）：137-144.

[142] 黄晓慧，王礼力，陆迁. 农户认知、政府支持与农户水土保持技术采用行为研究——基于黄土高原1152户农户的调查研究 [J]. 干旱区资源与环境，2019，33（3）：21-25.

[143] 黄祖辉. 我国农地产权制度的变迁历史——基于农地供求关系视角的分析 [J]. 甘肃社会科学，2009（3）：1-5.

[144] 江激宇，张士云，李博伟. 社会资本、流转契约与土地长期投资 [J]. 中国人口·资源与环境，2018，28（3）：67-75.

[145] 金晶. "一带一路"国际铁路通道建设风险评估研究 [D]. 中国铁道科学研究院博士学位论文，2019.

[146] 金立印. 服务保证对顾客满意预期及行为倾向的影响——风险感知与价值感知的媒介效应 [J]. 管理世界，2007（8）：104-115.

[147] 金励. 城乡一体化背景下进城落户农民土地权益保障研究 [J]. 农业经济问题，2017，38（11）：48-59+111.

[148] 瞿忠琼，章明，余道. 城乡建设用地两种置换模式下单项预警的比较研究 [J]. 山东农业大学学报（社会科学版），2015，17（4）：84-89+120.

[149] 凯斯·R. 孙斯坦. 风险与理性——安全、法律及环境 [M]. 师帅译. 北京：中国政法大学出版社，2005：287.

[150] 赖泽栋，杨建州. 消费者食品安全风险认知与风险规避行为 [J]. 福建农林大学学报（哲学社会科学版），2014（17）：63-66.

[151] 劳东燕. 风险社会与功能主义的刑法立法观 [J]. 法学评论，2017（6）：12-27.

[152] 冷智花，谭乐梅. 土地流转区域模式创新比较研究 [J]. 粮食经济研究，2020，6（1）：105-114.

[153] 黎洁，孙晶晶. 易地扶贫搬迁农户土地承包权退出意愿研究——基于陕西4个安置社区的调查 [J]. 西北农林科技大学学报（社会科学版），2021，21（6）：94-104.

[154] 李炳秀，李明生. 供应链企业间知识转移之风险作用路径实证研究 [J]. 系统工程，2011b，29（9）：41-48.

[155] 李炳秀. 供应链企业间知识转移风险的识别、评估及防控研究 [D]. 中南大学博士学位论文，2011.

[156] 李长健，杨莲芳. 三权分置、农地流转及其风险防范 [J]. 西北农林科技大学学报（社会科学版），2016，16（4）：49-55.

[157] 李翠珍，孔祥斌，孙宪海. 北京市耕地资源价值体系及价值估算方法

［J］．地理学报，2009，63（3）：321-329．

［158］李国健．被征地农民的补偿安置研究［D］．山东农业大学博士学位论文，2008．

［159］李慧．民革中央建议：区别对待耕地"非粮化" 严控耕地"非农化"［J］．粮食科技与经济，2020，45（10）：9-10．

［160］李景刚，高艳梅，臧俊梅．农户风险意识对土地流转决策行为的影响［J］．农业技术经济，2014（11）：21-30．

［161］李亮．乡村振兴视域下的"城乡等值化"政府执行研究——基于山东枣庄农村地区的调查研究［J］．四川行政学院学报，2020（3）：96-104．

［162］李刘艳．美日农地流转市场建设及对我国的启示——基于制度层面的分析［J］．河南师范大学学报（哲学社会科学版），2012，39（2）：127-129．

［163］李录娟，邹胜章．综合指数法和模糊综合法在地下水质量评价中的对比——以遵义市为例［J］．中国岩溶，2014，33（1）：1-2．

［164］李路路．社会变迁：风险与社会控制［J］．中国人民大学学报，2004（2）：10-16．

［165］李孟星，秦宏毅．经济新常态下农村土地流转的成效及问题——以周口市太康县为例［J］．河南工业大学学报（社会科学版），2018，14（2）：1-7．

［166］李庆海，孙光林，何婧．社会网络对贫困地区农户信贷违约风险的影响：抑制还是激励？［J］．中国农村观察，2018（5）：45-66．

［167］李雪萍．基于层次分析法的农村土地流转风险评价研究［J］．科技经济市场，2012（4）：63-66．

［168］李一川．风险认知与信任视角下的消费者食品安全风险行为研究［D］．武汉大学博士学位论文，2012．

［169］李毅，罗建平，林宇静，牛星．农村土地流转风险：表现、成因及其形成机理——基于浙江省 A 乡的分析［J］．中国农业资源与区划，2016，37（1）：120-130．

［170］李悦．农村土地承包经营权抵押的发展及其运行保障［J］．产业与科技论坛，2020，19（2）：32-33．

［171］廖永伦．就地就近城镇化：新型城镇化的现实路径选择［J］．贵州社会科学，2015（11）：123-127.

［172］林超，陈泓冰．农村宅基地流转制度改革风险评估研究［J］．经济体制改革，2014（4）：90-94.

［173］林建伟．农地经营权抵押贷款的风险研究：认知与影响［D］．福建农林大学博士学位论文，2015.

［174］林晶．多重心理距离与解释水平对风险认知的影响［D］．吉林大学博士学位论文，2018.

［175］林旭．论农地流转的社会风险及其防范机制［J］．西南民族大学学报（人文社会科学版），2009，30（8）：206-210.

［176］刘成玉，黎贤强，王焕印．社会资本与我国农村信贷风险控制［J］．浙江大学学报（人文社会科学版），2011，41（2）：106-115.

［177］刘佳燕，沈毓颖．面向风险治理的社区韧性研究［J］．城市发展研究，2017，24（12）：83-91.

［178］刘金平，周广亚，黄宏强．风险认知的结构、因素及其研究方法［J］．心理科学，2006，29（2）：370-372.

［179］刘金平．理解·沟通·控制：公众的风险认知［M］．北京：科学出版社，2011.

［180］刘敬杰，夏敏，刘友兆．基于多主体的省域内补充耕地指标交易风险评价与防控——以江苏省为例［J］．南京农业大学学报（社会科学版），2018，18（3）：113-121+155.

［181］刘钧．风险管理概论［M］．北京：清华大学出版社，2008.

［182］刘平．承包地退出规则之反思与重构——以《农村土地承包法》修改为中心［J］．华中农业大学学报（社会科学版），2019（2）：153-162+170.

［183］刘群红．基于AHP方法的老年地产项目投资风险评价研究［J］．城市发展研究，2014，21（11）：2.

［184］刘荣．企业合作创新风险的识别、传导与评估研究［D］．大连理工大学博士学位论文，2010.

［185］刘瑞新，吴林海．消费者搜寻食品安全信息行为关键因素的识别研究——基于模糊集理论的 DEMATEL 方法［J］．食品与机械，2015，31（4）：243-247+265.

［186］刘润秋，李鸿，张尊帅．工商资本投资农业的土地退出机制研究［J］．贵州财经大学学报，2018（1）：39-46.

［187］刘润秋．利益协调推进农村土地流转［J］．人民论坛，2012（2）：27-29.

［188］刘守英，高圣平，王瑞民．农地三权分置下的土地权利体系重构［J］．北京大学学报（哲学社会科学版），2017，54（5）：134-145.

［189］刘守英．以地谋发展模式的风险与改革［J］．国际经济评论，2012（2）：7+92-109.

［190］刘同山，牛立腾．农户分化、土地退出意愿与农民的选择偏好［J］．中国人口·资源与环境，2014，24（6）：114-120.

［191］刘同山，吴刚．农业机械化与经营权流转提升了农地退出意愿吗？［J］．中国农业大学学报（社会科学版），2021，38（1）：123-133.

［192］刘同山，赵海，闫辉．农村土地退出：宁夏平罗试验区的经验与启示［J］．宁夏社会科学，2016b（1）：80-86.

［193］刘同山．农业机械化、非农就业与农民的承包地退出意愿［J］．中国人口·资源与环境，2016a，26（6）：62-68.

［194］刘卫柏．我国农村土地流转机制研究［D］．中南大学博士学位论文，2013.

［195］刘英博．农村土地流转配置效率分析［J］．统计与决策，2019，35（12）：107-110.

［196］刘昭乐．乡村振兴战略下特色农业发展的困境与对策——以广东省湛江市为例［J］．现代化农业，2020（8）：45-48.

［197］刘祖云，陈明．从"土地冲突"到"土地风险"——中国农村土地问题研究的理论进路［J］．中国土地科学，2012，26（8）：23-28+35.

［198］卢新海，陈丽芳．基于层次分析法的海外耕地投资风险评价［J］．

资源开发与市场，2013，29（3）：257-306.

[199] 鲁春阳，文枫，秦岩．农村土地承包经营权退出影响因素研究[J]．农村经济与科技，2018，29（23）：19-21.

[200] 鲁春阳，文枫．农村土地承包经营权退出研究[J]．农村经济与科技，2019，30（1）：48-49.

[201] 陆红．政府干预农村土地流转的法律问题研究[D]．南京农业大学博士学位论文，2012.

[202] 吕琳．农地流转的风险规避与化解[J]．法制与经济（中旬刊），2010（5）：93-95.

[203] 吕晓，臧涛，张全景．土地政策的农户认知及其农地转出响应研究——基于山东省287份农户问卷调查的实证[J]．南京农业大学学报（社会科学版），2017，17（5）：100-110+154.

[204] 罗必良，何应龙，汪沙，尤娜莉．土地承包经营权：农户退出意愿及其影响因素分析——基于广东省的农户问卷[J]．中国农村经济，2012（6）：4-19.

[205] 罗必良．农地保障和退出条件下的制度变革：福利功能让渡财产功能[J]．改革，2013（1）：66-75.

[206] 毛开江．煤矿安全风险评价若干方法分析研究[J]．山东煤炭科技，2020（9）：3.

[207] 毛小苓，倪晋仁．生态风险评价研究述评[J]．北京大学学报（自然科学版），2005，41（4）：646-654.

[208] 孟博，刘茂．风险感知理论模型及影响因子分析[J]．中国安全科学学报，2010，20（10）：59-66.

[209] 苗绘．中国农村土地流转信托模式创新与机制研究[D]．河北大学博士学位论文，2021.

[210] 牛海鹏，孙壹鸣．农户土地承包经营权退出意愿影响因素及退出模式研究[J]．农业工程学报，2019，35（11）：265-275.

[211] 牛星，李玲．不同主体视角下农地流转的风险识别及评价研究——基

于上海涉农郊区的调研［J］. 中国农业资源与区划，2018，39（5）：20-27.

［212］牛映武. 运筹学（第2版）［M］. 西安：西安交通大学出版社，2006.

［213］潘彬，黄靖等. 基于熵权改进的模糊综合方法对大型基础设施项目的风险评价——以温州轨道交通建设项目为例［J］. 经济地理，2015，35（10）：44-49.

［214］潘亚楠. 农村土地承包经营权流转中存在的问题及建议［J］. 山西农经，2021（291）：59-60.

［215］裴丽平. 我国农村土地承包经营权退出机制的完善［J］. 淮海工学院学报（人文社会科学版），2017，15（6）：26-29.

［216］秦成龙. 长江流域农业生产污染及相应处理建议［J］. 智能建筑与智慧城市，2020（6）：102-104.

［217］秦光远，谭淑豪. 农户风险认知对其土地流转意愿的影响［J］. 西北农林科技大学学报（社会科学版），2013，13（4）：61-67.

［218］卿海琼，黄鸿翔，周冠文. 论农村土地流转的风险及其规避［J］. 商业时代，2009（29）：58-59.

［219］全世文，胡历芳，曾寅初等. 论中国农村土地的过度资本化［J］. 中国农村经济，2018（7）：2-18.

［220］任立，甘臣林，吴萌等. 基于感知价值理论的移民安置区农户土地投入行为研究［J］. 资源科学，2018，40（8）：1539-1549.

［221］任立，吴萌，甘臣林等. 城市近郊区农户土地投入风险认知及影响因素研究——基于分布式认知理论的微观调查实证［J］. 中国土地科学，2019，33（9）：66-73.

［222］邵彦敏. 马克思土地产权理论的逻辑内涵及当代价值［J］. 马克思主义与现实，2006（3）：149-151.

［223］沈建明. 项目风险管理［M］. 北京：机械工业出版社，2003.

［224］盛艳，王桂华，包斯琴. 国外土地征收制度对我国征地制度改革的启示——以和林格尔县农村土地改革试点为例［J］. 中国国土资源经济，2017，30（9）：47-52.

[225] 史恒通，睢党臣，吴海霞等. 社会资本对农户参与流域生态治理行为的影响：以黑河流域为例 [J]. 中国农村经济，2018（1）：34-45.

[226] 斯蒂芬·布雷耶. 打破恶性循环：政府如何有效规制风险 [M]. 宋华林译. 北京：法律出版社，2009.

[227] 单平基. 分解、舍弃抑或改造：《民法典》编纂中土地承包经营权的定位 [J]. 南京农业大学学报（社会科学版），2020，20（3）：123-131.

[228] 杨欣，吕本富. 突发事件、投资者关注与股市波动——来自网络搜索数据的经验证据 [J]. 经济管理，2014（2）：147-158.

[229] 宋洪远. 稳步推进国家粮食储备制度改革 [J]. 中国乡村发现，2017（3）：28-35.

[230] 苏芳，殷娅娟，尚海洋. 甘肃石羊河流域农户生计风险感知影响因素分析 [J]. 经济地理，2019，39（6）：191-197+240.

[231] 苏海珍，刘学录，张明明. 基于 ISM 模型的土地流转风险评价 [J]. 云南农业大学学报（自然科学版），2016，31（5）：930-936.

[232] 苏克轩. 越南土地制度的变迁、现状及展望 [J]. 经营与管理，2013（12）：24-26.

[233] 苏治，胡迪. 农户信贷违约都是主动违约吗——非对称信息状态下的农户信贷违约机理 [J]. 管理世界，2014（9）：77-89.

[234] 速水佑次郎，神门善久. 农业经济论 [M]. 沈金虎，周应恒，张玉林译. 北京：中国农业出版社，2003.

[235] 孙德超，周媛媛. 农村土地"三权"分置面临的现实困境、政策供给体系及其保障措施 [J]. 经济问题，2020（1）：79-86+102.

[236] 孙立平. "关系"、社会关系与社会结构 [J]. 社会学研究，1996（5）：22-32.

[237] 孙亮. 土地，公正，农业发展：拉美与前苏联东欧国家的土地产权改革比较 [J]. 国际论坛，2006（6）：55-60+78-79.

[238] 孙月蓉，代晨. 中国农地资本化流转风险分析 [J]. 经济问题，2015（5）：107-110+129.

［239］谭贵华．承包地"三权"分置中土地承包权的法解释［J］．中国不动产法研究，2019（2）：95-106.

［240］童彬．土地承包经营权退出机制的法律困境和制度建构［J］．农村经济，2017（2）：38-45.

［241］童星．中国应急管理：理论、实践、政策［M］．北京：社会科学文献出版社，2012：60-63.

［242］汪晓春，李江风，王振伟，张志．新型城镇化背景下进城农民土地退出补偿机制研究［J］．干旱区资源与环境，2016，30（1）：19-24.

［243］汪忠，黄瑞华．国外风险管理研究的理论、方法及其进展［J］．外国经济与管理，2005，27（2）：25-31.

［244］王常伟，顾海英．城镇住房、农地依赖与农户承包权退出［J］．管理世界，2016（9）：55-69+187-188.

［245］王常伟，顾海英．老年农民土地承包权有偿退出机制探讨——"以承包权补充养老"的政策讨论［J］．社会科学，2017（3）：33-42.

［246］王常伟，顾海英．农地财产权强化、农业发展权诉求与农户土地承包经营权的留恋［J］．财贸研究，2019（9）：54-66.

［247］王常伟．农村土地承包经营权退出机制和相关法律问题研究［Z］．上海市行政法制研究所，2018.

［248］王传连．生理因素对驾驶人风险认知及驾驶行为影响研究［D］．长安大学博士学位论文，2018.

［249］王春超，李兆能．农村土地流转中的困境：来自湖北的农户调查［J］．华中师范大学学报（人文社会科学版），2008（4）：51-56.

［250］王春超，袁伟．社会网络、风险分担与农户储蓄率［J］．中国农村经济，2016（3）：25-35+53.

［251］王堞凡．江苏地区农业景观的保护与更新［D］．南京林业大学博士学位论文，2017.

［252］王锋．当代风险感知理论研究：流派、趋势、论争［J］．北京航空航天大学学报（社会科学版），2013（3）：18-24.

［253］王刚，宋锴业．西方环境风险感知：研究进路、细分论域与学术反思［J］．中国人口·资源与环境，2018，28（8）：169-176.

［254］王建友．完善农户农村土地承包经营权的退出机制［J］．农业经济与管理，2011（3）：47-53.

［255］王俊秀．面对风险：公众安全感研究［J］．社会，2008（4）：206-221+227.

［256］王丽双，王春平，孙占祥．农户分化对农地承包经营权退出意愿的影响研究［J］．中国土地科学，2015b，29（9）：27-33.

［257］王丽双，王春平．实现农地承包经营权退出制度的路径选择［J］．学术交流，2015a（11）：155-159.

［258］王良健，陈小文，刘畅等．基于农户调查的当前农村土地征收易引发的社会稳定风险评估研究［J］．中国土地科学，2014，28（11）：19-29.

［259］王明涛．证券投资风险计量、预测与控制［M］．上海：上海财经大学出版社，2003.

［260］王萍．产权改革背景下农地承包经营权退出的利益协调研究［D］．四川农业大学博士学位论文，2020.

［261］王萍等．"三权分置"背景下的农地承包经营权退出：利益诉求、利益结构与利益冲突［J］．农村经济，2021（4）：25-31.

［262］王倩，管睿，余劲．风险态度、风险感知对农户农地流转行为影响分析——基于豫鲁皖冀苏 1429 户农户面板数据［J］．华中农业大学学报（社会科学版），2019（6）：149-158+167.

［263］王双全，刘静，杨锦秀．中国农村土地金融产品风险：类型、特点及其防范［J］．农村经济，2019（11）：110-117.

［264］王天琪．工商资本进入土地流转的风险及其防范机制研究［J］．现代营销（下旬刊），2020（1）：19-20.

［265］王宇．论农村集体土地流转的法律障碍及解决途径［J］．齐齐哈尔大学学报（哲学社会科学版），2011（1）：81-83.

［266］王兆林，杨庆媛，范垚．农户土地退出风险认知及规避能力的影响因

素分析［J］．经济地理，2013b，33（7）：133-139.

［267］王兆林，杨庆媛，李斌．农户农村土地退出风险认知及其影响因素分析：重庆的实证［J］．中国土地科学，2015，29（7）：81-88.

［268］王兆林，杨庆媛．重庆市不同类型农户土地退出决策的影响因素分析［J］．中国土地科学，2014，28（9）：32-38.

［269］王兆林．户籍制度改革中农户土地退出行为研究：重庆的实证［D］．西南大学博士学位论文，2013.

［270］王政．国内风险认知研究文献综述［J］．济宁学院学报，2011，3（5）：95-99.

［271］王志晓，赵凯，薛欧等．苍山县农地流转意愿特征及影响因素的调查研究［J］．华中农业大学学报（社会科学版），2010（6）：75-79.

［272］韦留柱，杨盼盼．农地承包经营权退出机制构建的阻滞与排解［J］．河南师范大学学报（哲学社会科学版），2015，42（6）：90-94.

［273］蔚霖，郭鑫，汤义鹏．农村土地信托流转模式差异性研究［J］．江西农业学报，2020，32（8）：125-130.

［274］魏陈磊．青海农村土地流转问题探究［J］．广东蚕业，2020，54（8）：133-134.

［275］魏亚男，宋帅官．完善农村土地承包经营权退出机制［J］．农业经济，2014（5）：16-18.

［276］温铁军，郎晓娟，郑风田．中国农村社会稳定状况及其特征：基于100村1765户的调查分析［J］．管理世界，2011（3）：66-76+187-188.

［277］邬文帅．基于多目标决策的数据挖掘方法评估与应用［D］．电子科技大学博士学位论文，2015.

［278］吴楚月．论农村土地承包权有偿退出的实现路径［J］．农业经济，2021（10）：84-86.

［279］吴春宝．国外监管农地流转市场的模式及启示［J］．中国土地，2009（2）：50-53.

［280］吴冠岑，牛星，许恒周．乡村旅游开发中土地流转风险的产生机理与

管理工具［J］．农业经济问题，2013，34（4）：63-68+111.

［281］吴冠岑，牛星，许恒周．乡村土地旅游化流转的风险评价研究［J］．经济地理，2013b，33（3）：187-191.

［282］吴昊，赵朝．吉林省西部地区农户农地流转行为影响因素研究［J］．东北师范大学学报（哲学社会科学版），2018（5）：100-105.

［283］吴康明．转户进城农民土地退出的影响因素和路径研究——以重庆为例［D］．西南大学博士学位论文，2011.

［284］吴诗嫚，叶艳妹，林耀奔．德国、日本、中国台湾地区多功能土地整治的经验与启示［J］．华中农业大学学报（社会科学版），2019（141）：140-148+165-166.

［285］吴爽．农民土地承包权有偿退出法律机制的建构［J］．农村经济，2017（9）：25-29.

［286］吴学兵等．有偿抑或无偿：政府补贴、农户分化与农地流转租金［J］．经济问题，2021（12）：59-66.

［287］吴泽斌，陈婉菁，吴立珺．农户对现行宅基地政策认知水平测度及其影响因素分析［J］．江西理工大学学报，2020，41（4）：53-61.

［288］伍骏骞，齐秀琳，范丹等．宗族网络与农村土地经营权流转［J］．农业技术经济，2016（7）：29-38.

［289］夏诗园．地方政府债务宏观风险实证分析［D］．首都经济贸易大学博士学位论文，2017.

［290］肖光坤．浅议农村土地承包经营权互换流转纠纷的风险与防范［J］．法制与社会，2020（34）：114-115.

［291］肖鹏．农村土地"三权分置"下的土地承包权初探［J］．中国农业大学学报（社会科学版），2017（1）：118-125.

［292］肖雯，何灵．土地经营权抵押贷款不良资产管理探讨［J］．华北金融，2018（2）：62-66.

［293］谢保鹏．基于土地财政的地方政府债务研究：规模、风险及其传导［D］．中国农业大学博士学位论文，2017.

［294］谢根成，蒋院强．农村土地承包经营权退出制度的缺陷及完善［J］．农村经济，2015（3）：32-36．

［295］谢晓非，徐联仓．风险认知研究概况及理论框架［J］．心理学动态，1995（2）：17-22．

［296］邢冬静．农村土地承包经营权退出机制研究［J］．法制博览，2015（27）：132-133．

［297］徐琪峰．国外农村土地产权经验的分析与启示［J］．中共郑州市委党校学报，2018（2）：71-74．

［298］许晖．风险感知与国际市场进入战略决策的互动研究［J］．经济问题探索，2004（10）：10-12．

［299］许谨良．风险管理（第四版）［M］．北京：中国金融出版社，2011．

［300］许科．风险视角的信任研究［D］．华东师范大学博士学位论文，2008．

［301］许秀文．新型城镇化进程中城乡社保制度统筹发展的困境及对策［J］．农业经济，2021（2）：111-113．

［302］薛晓源，刘国良．全球风险世界：现在与未来——德国著名社会学家、风险社会理论创始人乌尔里希·贝克教授访谈录［J］．马克思主义与现实，2005（1）：44-55．

［303］严金明，张雨榴，夏方舟．土地利用规划管理的供给侧结构性改革［J］．中国土地科学，2017，31（7）：12-19+59+97．

［304］阎晓磊，黄红霞．农村土地产权结构、经营权流转与相关法律问题探讨［J］．农业经济，2019（7）：77-79．

［305］杨保勤，陈景春．农村宅基地使用权退出的现实风险、法治理念和路径选择［J］．现代经济探讨，2015（10）：78-82．

［306］杨卫书．论实施农地生态报偿的必要性和合理性——以马克思的农地肥力观为中心［J］．云南社会科学，2017（1）：108-113．

［307］杨雪冬等．风险社会与秩序重建［M］．北京：社会科学文献出版社，2006．

[308] 杨一介. 论"三权分置"背景下的家庭承包经营制度 [J]. 中国农村观察, 2018 (5)：82-95.

[309] 杨艺, 朱翠明, 张淇. 农村土地经营权流转中政府与市场的关系研究 [J]. 西南民族大学学报 (人文社会科学版), 2017, 38 (10)：206-212.

[310] 杨云. 林权抵押贷款运行机制及其绩效评价研究——基于福建的案例分析 [D]. 福建农林大学博士学位论文, 2010.

[311] 杨照东, 任义科, 杜海峰. 确权、多种补偿与农民工退出农村意愿 [J]. 中国农村观察, 2019 (2)：93-109.

[312] 叶继红, 孙崇明. 农民上楼：风险与治理——基于"结构-过程"的分析框架 [J]. 浙江社会科学, 2020 (3)：62-72+158.

[313] 叶明华, 汪荣明, 吴苹. 风险认知、保险意识与农户的风险承担能力——基于苏、皖、川3省1554户农户的问卷调查 [J]. 中国农村观察, 2014 (6)：37-48+95.

[314] 叶前林, 何伦志. 农村土地流转中的潜在风险及防范策略研究——基于企业参与农地经营框架下的分析 [J]. 农业经济, 2015a (1)：26-27.

[315] 叶前林, 何伦志. 越南推进农村土地改革的经验及启示 [J]. 世界农业, 2015b (430)：149-152.

[316] 叶青, 易丹辉. 中国证券市场风险分析基本框架的研究 [J]. 金融研究, 2000 (6)：66.

[317] 叶青. 中国证券市场风险的度量与评价 [M]. 北京：中国统计出版社, 2001.

[318] 游丽, 陈安旭, 张宇等. 我国耕地撂荒驱动因素及对策研究 [J]. 农村经济与科技, 2020 (16)：11-12.

[319] 于立. 英国城乡发展政策对中国小城镇发展的一些启示与思考 [J]. 城市发展研究, 2013, 20 (11)：27-31.

[320] 于丽红, 李辰未, 兰庆高. 农村土地经营权抵押贷款信贷风险评价——基于AHP法分析 [J]. 农村经济, 2014 (11)：79-82.

[321] 余晓洋. 农户土地承包权退出：目标、难点及其条件 [J]. 经济学

家，2022（1）：115-126.

［322］余晓洋等．农村土地承包权退出的缘起及实践模式比较［J］．新疆社会科学，2020（3）：32-41.

［323］余振国，胡小平．我国粮食安全与耕地的数量和质量关系研究［J］．地理与地理信息科学，2003（5）：45-49.

［324］俞德鹏．社会问题论从城乡社会从隔离走向开放中国户籍制度与户籍法研究［M］．济南：山东人民出版社，2020：426.

［325］占治民．农地承包经营权抵押贷款试点风险控制研究——以陕西、宁夏试点地区农户调查数据为例［D］．西北农林科技大学博士学位论文，2018.

［326］张朝辉．新一轮退耕还林工程农户风险感知的影响因素分析——基于新疆阿克苏地区的调研数据［J］．资源科学，2018，40（7）：1387-1396.

［327］张广财，何东伟，顾海英．农户分化何以影响农户土地承包权退出决策？［J］．经济与管理研究，2020b，41（2）：66-81.

［328］张广财，张世虎，顾海英．农户收入、土地保障与农地退出——基于长三角地区微观调查数据的实证分析［J］．经济学家，2020a（9）：104-116.

［329］张广财等．农户承包地退出：土地保障还重要吗？［J］．农村经济，2021（11）：17-25.

［330］张湖东，杨帆．农地流转风险保障金的经济效应——从流入方视角分析［J］．粮食科技与经济，2019，44（11）：129-133.

［331］张辉，韩耀超．渑池县农村土地流转和适度规模经营调查［J］．现代农业科技，2016（24）：293-294.

［332］张娇娇，桂云苗，曹兵．行为经济学视角下农户土地流转意愿分析［J］．信阳农林学院学报，2019，29（3）：50-53.

［333］张克俊，李明星．关于农民土地承包经营权退出的再分析与政策建议［J］．农村经济，2018（10）：9-15.

［334］张克俊．农村土地"三权分置"制度的实施难题与破解路径［J］．中州学刊，2016（11）：39-45.

［335］张坤．土地承包权退出存在的问题及机制构建［J］．农业与技术，

2020, 40 (19): 162-166.

　　[336] 张立平. 农村土地承包经营权退出的现实诱因、退出路径及法律保障 [J]. 农业经济, 2018 (2): 110-111.

　　[337] 张明斗, 王姿雯. 新型城镇化中的城乡社保制度统筹发展研究 [J]. 当代经济管理, 2017, 39 (5): 42-46.

　　[338] 张妮. 我国农村土地流转保险法律制度的构建 [J]. 法制与社会, 2018 (12): 37-38.

　　[339] 张青贵. 人工神经网络导论 [M]. 北京: 中国水利水电出版社, 2004.

　　[340] 张庶, 金晓斌, 魏东岳等. 土地整治项目绩效评价指标设置和测度方法研究综述 [J]. 中国土地科学, 2014, 28 (7): 1-3.

　　[341] 张霞, 严飞. 乡村振兴战略实施中农村土地流转问题研究——以思南县农村土地为视角 [J]. 河南农业, 2017 (35): 63-64.

　　[342] 张晓梅, 刘钟霞. 农村土地"三权分置"中存在的风险及防范措施——以重庆市忠县新立镇精华村为例 [J]. 重庆行政, 2019, 20 (3): 27-29.

　　[343] 张学浪, 笪晨. 农业转移人口市民化社会风险源分析及防范策略 [J]. 农村经济, 2020 (1): 137-144.

　　[344] 张学敏. 离农农民承包地退出机制研究 [D]. 西南大学博士学位论文, 2014.

　　[345] 张亚洲, 杨俊孝. 深度贫困地区土地流转的减贫效应研究——基于新疆南疆地区1386户农户调查实证 [J]. 干旱区资源与环境, 2020, 34 (7): 16-22.

　　[346] 张勇. 农户退出土地承包经营权的意愿、补偿诉求及政策建议 [J]. 中州学刊, 2020 (6): 39-45.

　　[347] 张瑀芮, 田敏等. 云南高原山地农户旱灾风险感知研究——以元谋县为例 [J]. 地域研究与开发, 2021, 40 (1): 156-160.

　　[348] 张云昊. 社会风险的整合治理机制与模型建构 [J]. 南京农业大学

学报（社会科学版），2011（4）：128-132.

［349］赵晓峰等．资本下乡与农地流转秩序的再造［J］．北京工业大学学报（社会科学版），2022，21（5）：30-38.

［350］赵雪雁，赵海莉，刘春芳．石羊河下游农户的生计风险及应对策略——以民勤绿洲区为例［J］．地理研究，2015，34（5）：922-932.

［351］赵振宇，陈红霞，赵繁蓉．论集体经营性建设用地增值收益分配——基于博弈论的视角［J］．经济体制改革，2017（4）：77-83.

［352］钟涨宝，聂建亮．论农村土地承包经营权退出机制的建立健全［J］．经济体制改革，2012（1）：84-87.

［353］周诚．论我国土地产权构成［J］．中国土地科学，1997（3）：1-6.

［354］周春芳．经济发达地区农户土地流转影响因素的实证研究［J］．西北农林科技大学学报（社会科学版），2012，12（6）：37-43.

［355］周慕．农村土地流转过度集中的风险防范研究［J］．河南农业，2018（23）：52-53.

［356］周琬馨．应用型大学教师教学能力评价体系研究［D］．厦门大学博士学位论文，2017.

［357］周忻，徐伟，袁艺等．灾害风险感知研究方法与应用综述［J］．灾害学，2012（4）：114-118.

［358］朱继胜．农村承包地"三权分置"改革的法律风险及其防范［J］．理论月刊，2017（11）：5-12.

［359］朱锦丰，管文行．农村土地流转中农民权益受损与保障策略［J］．长春金融高等专科学校学报，2015（1）：12-17.

［360］朱静怡，朱淑珍．金融风险的传导机制及防御对策分析［J］．东华大学学报（自然科学版），2001（5）：16-20.

［361］朱强，李民．论农地资本化流转中的风险与防范［J］．管理世界，2012（7）：170-171.

［362］朱强．农地流转风险与防范研究［M］．北京：北京师范大学出版社，2013.

［363］朱文珏，罗必良．农地流转、禀赋效应及对象歧视性——基于确权背景下的 IV-Tobit 模型的实证分析［J］．农业技术经济，2019（5）：4-15.

［364］朱新华，陆思璇．风险认知、抗险能力与农户宅基地退出［J］．资源科学，2018，40（4）：698-706.